***ACCESO GRATIS** a la Lectura en la Nube*

Para visualizar el libro electrónico en la nube de lectura envíe junto a su nombre y apellidos una fotografía del código de barras situado en la contraportada del libro y otra del ticket de compra a la dirección:

ebooktirant@tirant.com

En un máximo de 72 horas laborables le enviaremos el código de acceso con sus instrucciones.

RELECTURAS DE LA OBRA DEL PROFESOR GERMÁN BARREIRO GONZÁLEZ. UN RECUERDO DE SUS DISCÍPULOS. *IN MEMORIAM*

RELECTURAS DE LA OBRA DEL PROFESOR GERMÁN BARREIRO GONZÁLEZ. UN RECUERDO DE SUS DISCÍPULOS. *IN MEMORIAM*

Directores

JUAN JOSÉ FERNÁNDEZ DOMÍNGUEZ
SUSANA RODRÍGUEZ ESCANCIANO
Mª DE LOS REYES MARTÍNEZ BARROSO

tirant lo blanch
Valencia, 2024

En caso de erratas y actualizaciones, la Editorial Tirant lo Blanch publicará la pertinente corrección en la página web www.tirant.com.

© TIRANT LO BLANCH
EDITA: TIRANT LO BLANCH
C/ Artes Gráficas, 14 - 46010 - Valencia
TELFS.: 96/361 00 48 - 50
FAX: 96/369 41 51
Email: tlb@tirant.com
www.tirant.com
Librería virtual: www.tirant.es
DEPÓSITO LEGAL: V-3172-2024
ISBN: 978-84-1071-727-5
MAQUETA: Innovatext

Si tiene alguna queja o sugerencia, envíenos un mail a: *atencioncliente@tirant.com*. En caso de no ser atendida su sugerencia, por favor, lea en *www.tirant.net/index.php/empresa/politicas-de-empresa* nuestro procedimiento de quejas.

Responsabilidad Social Corporativa: http://www.tirant.net/Docs/RSCTirant.pdf

Beatriz Agra Viforcos

Henar Álvarez Cuesta

Ana María Castro Franco

Javier Fernández-Costales Muñiz

Juan José Fernández Domínguez

Roberto Fernández Fernández

María Purificación García Miguélez

Francisco Xabiere Gómez García

Cristina González Vidales

María De Los Reyes Martínez Barroso

Diego Megino Fernández

Natalia Ordóñez Pascua

Patricia Prieto Padín

Jose Gustavo Quirós Hidalgo

Susana Rodríguez Escanciano

Jose Manuel Santos Blanco

Rodrigo Tascón López

"Pues es mi profesión favorecer y acorrer a las necesidades de este mundo, también lo seré para acorrer y ayudar a los menesterosos del otro mundo…"

(Ius Quijotescum. Una visión literaria del Derecho en la Novela Don Quixote de la Mancha. Germán José María Barreiro González, p. 138)

Índice

Capítulo III

REFLEXIONES A LA LUZ DE LA MONOGRAFÍA "LA SUSTITUCIÓN DEL TRABAJADOR CON DERECHO DE RESERVA. EL CONTRATO DE INTERINIDAD" DE DON GERMÁN BARREIRO GONZÁLEZ

Susana Rodríguez Escanciano

Capítulo IV

LA PERFECTIBLE CONFIGURACIÓN LEGAL DE LAS CONTRATAS Y SUBCONTRATAS DE PROPIA ACTIVIDAD

Diego Megino Fernández

Capítulo V

SOBRE EL DEBER DE DILIGENCIA Y LA ACREDITACIÓN DEL BAJO RENDIMIENTO

Mª de los Reyes Martínez Barroso

Cristina González Vidales

Capítulo VI

LA SUSPENSIÓN DEL CONTRATO POR NACIMIENTO DE HIJO Y POR ADOPCIÓN, GUARDA O ACOGIMIENTO: SU EVOLUCIÓN NORMATIVA COMO EXIGENCIA DE LA IGUALDAD EFECTIVA ENTRE HOMBRES Y MUJERES, DE LA CONCILIACIÓN DE LA VIDA LABORAL Y FAMILIAR Y DE LA CORRESPONSABILIDAD EN LOS CUIDADOS

José Gustavo Quirós Hidalgo

Capítulo VII

EL ACOSO SEXUAL: LOS PROTOCOLOS FRENTE AL ACOSO Y EL CIBERACOSO

Henar Álvarez Cuesta

Capítulo VIII

LA HIGIENE PERSONAL DEL TRABAJADOR Y SU CONSIDERACIÓN COMO TIEMPO DE TRABAJO: AVANCES Y OPORTUNIDADES DE MEJORA DESDE 1990

PATRICIA PRIETO PADÍN

Capítulo IX

LOS DELEGADOS DE PREVENCIÓN: PERSONIFICACIÓN DE LA VERTIENTE COLECTIVA DEL DERECHO A LA SEGURIDAD Y SALUD EN EL TRABAJO

BEATRIZ AGRA VIFORCOS

Capítulo X

EL CRÉDITO HORARIO DE LA REPRESENTACIÓN DE LOS TRABAJADORES

FRANCISCO XABIERE GÓMEZ GARCÍA

Capítulo XI

SOLUCIÓN EXTRAJUDICIAL DE CONFLICTOS EN EL PUNTO DE MIRA DE UNA POSIBLE EFICIENCIA JUDICIAL

Natalia Ordoñez Pascua

Capítulo XII

LAS MEJORAS VOLUNTARIAS DE LA SEGURIDAD SOCIAL EN LA OBRA DEL PROFESOR BARREIRO GONZÁLEZ

Roberto Fernández Fernández

Ana María Castro Franco

Capítulo XIII

LA ENFERMEDAD COMO CONTINGENCIA PROTEGIDA EN CONVENIO COLECTIVO Y LA FUNCIÓN CUASI-NORMATIVA ASUMIDA POR EL TRIBUNAL SUPREMO A TRAVÉS DE UN EJEMPLO EMBLEMÁTICO

Juan José Fernández Domínguez

Capítulo XIV

EL PROCESO SOCIAL COMO GARANTÍA CRUCIAL DE LOS DERECHOS LABORALES: UNA MIRADA AL PASADO, AL PRESENTE Y AL PORVENIR

RODRIGO TASCÓN LÓPEZ

Prefacio

Quizá no sea éste el momento de ensalzar los abundantes méritos personales y profesionales de D. Germán, pues tan titánica labor de síntesis ha sido ya acometida de forma insuperable por insignes juristas y amigos que compartieron largas andanzas con él, y ha sido recopilada y publicada a través de diversos cauces. Baste señalar los de María Emilia Casas, Carlos Palomeque, Juanjo, Estebanillo, Gustavo, Salvador...

Es más, quizá el jurista del trabajo veterano esté en la certidumbre, preñada de buenos argumentos, de que la figura del Profesor Germán Barreiro González no necesita presentación alguna, pues su vida y obra son de sobra conocidas por quienes frecuentaron sus avatares. Pero, comoquiera que la memoria —individual y colectiva— es más frágil de lo que debiera, y cada año nuevas generaciones de iuslaboralistas acceden al ejercicio de alguna de las profesiones propias del sector, rectificando la opinión inicial, quienes integramos el Área de Derecho del Trabajo y de la Seguridad Social de la Universidad de León hemos considerado conveniente encabezar esta humilde obra con unas sucintas líneas de lo que ha sido la trayectoria de un gran jurista, en su doble condición de lucense *ius sanguini* y de leonés *ius soli*, y, más allá de eso, de un gran intelectual y un excepcional ser humano.

El Profesor Germán Barreiro González, universitario santiagués, complutense y leonés, fue discípulo directo y uno de los herederos legítimos del maestro de maestros, el Profesor Manuel Alonso Olea y, desde el año 1987, primer catedrático de Derecho del Trabajo y de la Seguridad Social de la Universidad de León. Secretario de la Revista Española de Derecho del Trabajo durante su edad dorada inicial bajo la dirección del Profesor Alonso Olea, primer Decano de la Facultad de Ciencias del Trabajo de la Universidad de León y Magistrado y, más tarde, Presidente de la Corte del Banco Interamericano de Desarrollo de Whasington, por citar algunos de sus méritos profesionales más relevantes. Ha sido distinguido, además, con la Cruz de primera clase de San Raimundo de Peñafort.

Es muy conocida la construcción de Sir Isaiah Berlin, quien toma la idea del poeta griego Arquíloco, que distinguía entre los intelectuales que actúan como el erizo (es decir, aquellos que, concentrados en un punto, saben mucho de una gran cosa) y los que actúan como un zorro (es decir, aquellos otros que abarcan perspectivas panorámicas y saben algo de muchas cosas); y el pensador judío, de origen lituano y nacionalizado inglés, consideraba que había algunas (muy pocas) personas excepcionales que son capaces de destacar de ambas formas a la vez, poniendo de ejemplo a León Tolstoi. No es exagerado afirmar que, *mutatis mutandi,* al Profesor Germán Barreiro González se le podría aplicar el mismo criterio que al autor de Anna Karenina. Cuando se ha centrado en un asunto concreto, como el erizo, ha sido capaz de aportar algunas de las más brillantes páginas de la literatura jurídico laboral. Ahí están sus inigualables *Diligencia y negligencia en el cumplimento* o el *Trabajador con derecho de reserva del puesto de trabajo,* que son clásicos en todo el sentido del panorama iuslaboralista. En efecto, decía Borges que clásico es el que sobrevive a su generación y es visto por las futuras como algo valioso que merece ser leído y estudiado. Es aquel libro del que no se dice "lo estoy leyendo" sino "lo estoy releyendo". Esto es lo que ocurre en la actualidad con la obra científica del Profesor Barreiro, que todavía es estudiada y citada, lo cual acrecienta de forma inequívoca que algunos de sus trabajos, más de cuarenta años después de haber sido escritos, se han convertido en auténticos referentes del Derecho del Trabajo español.

Pero, de otro lado, el Profesor Germán Barreiro ha sido mucho más que un jurista. Sabiendo mucho de muchas cosas, como el zorro de la fábula, especialmente, de nuestro siglo de oro, ha sido sin género de duda el mejor cervantinista no filólogo de todos los tiempos. Desde su jubilación, emulando a su querido D. Quijote (que cuando es derrotado por el caballero de la Blanca Luna y vuelve hacia su aldea ya va pensando con su inseparable Sancho Panza en mudar su oficio de caballero andante y hacerse pastor) se convirtió en ensayista, escritor, conferenciante, articulista…, en definitiva, intelectual, para reflexionar sobre algunas de las más altas creaciones del ingenio humano.

Pero, además, debemos añadir que, para nosotros, para los profesores del Área de Derecho del Trabajo y de la Seguridad Social de la Universidad de León, el Profesor Germán Barreiro es todavía más; es un pionero, un creador. Llegó a León en 1987, a un departamento en el que apenas si había unos cuantos manuales de la disciplina y sólo asumían la labor docente en la Facultad de Derecho los recordados profesores asociados, los magistrados José Rodríguez Quirós y José Luis Cabezas Esteban; y 35 años después la "Escuela leonesa", como le gusta llamarla al Profesor Martínez Girón, está formada por una sólida plantilla que cuenta con 15 profesores en León (más otros varios que lideran grupos de investigación en otras universidades españolas como Murcia, Burgos o Valladolid) y goza de un gran prestigio a nivel nacional y aún internacional, y quienes escriben estas breves líneas lo afirman con todo el orgullo y sin ninguna soberbia, sabiéndose cada quien un eslabón —acaso el más débil— de esta muy sólida y acendrada cadena.

En esta "Escuela leonesa", de la que el Profesor Germán Barreiro es *alma pater*, acudiendo de nuevo a nuestro querido genio coruñés, se han desarrollado innúmeros proyectos de investigación, se ha tenido la fortuna (mezcla de suerte y pericia) de ganar casi todos los premios de investigación y distinciones jurídicas habidos en el panorama nacional actual y se han elaborado, así, a ojo de buen cubero, cerca de 2000 publicaciones jurídico-laborales. Toda saga tiene un comienzo, y el alfa de esta es el buen hacer del Profesor Germán Barreiro González.

Por eso hoy nos atrevemos (por segunda vez) a desobedecerle. En efecto, nos había pedido en reiteradas ocasiones (quizá recordando aquel pasaje bíblico tan conocido) que no le llamásemos maestro, porque nuestro maestro directo, quien nos dirigió las tesis doctorales y ha seguido nuestra trayectoria más de cerca es el Profesor Fernández Domínguez. Por supuesto que hay mucho que agradecer a ese gran continuador de su obra, pero estas líneas están dedicadas a la figura de D. Germán Barreiro González, quien, sin ningún género de dudas y por méritos propios, además de maestro del iuslaboralismo español, ha sido maestro de todos nosotros en la cátedra de Derecho del Trabajo de la Universidad de León; y así es de justicia que se lo reconozcamos, aún en contra de su prohibición expresa.

Nos ha acercado a una generación fundacional de grandes iuslaboralistas, que algunos de nosotros, los más jóvenes, casi no hemos llegado a conocer, tales como el propio Manuel Alonso Olea, Efrén Borrajo Dacruz, Juan Rivero Lamas, Fernando Valdés Dal-Ré, Aurelio Desdentado Bonete … gigantes de la disciplina que ya no están entre nosotros y que el Profesor Barreiro nos ha hecho familiares a través de sus anécdotas e historias contadas tantas veces en las alegres y amenas sobremesas que hemos compartido. Nos ha enseñado, además, los mejores modos y maneras universitarias, lo que hoy en las facultades de económicas se llamaría el *know how*: cómo recibir a los profesores invitados, el exquisito trato a dispensar al alumnado, la perspectiva que hay que adoptar siempre ante el devenir coyuntural del mundo académico…

Maestro en tantos aspectos, también en el cultivo del gusto por los clásicos, porque a su socaire hemos disfrutado redescubriendo algunos de ellos, cosa que, sin su benigna influencia, quizá no se hubiera llegado a producir (al menos no en la intensidad debida).

Tiempo es de terminar esta presentación; y, para ello, resulta apropiado acudir a aquel verso de Rubén Darío, que aunque el poeta guatemalteco se la dedica a un lugar, vale también para dedicársela a una persona y recoger el agradecimiento que todos le profesamos: "Por doquiera donde vaya/el recuerdo irá conmigo,/Del corazón de Barreiro/tan hidalgo y tan amigo". Muchas gracias por todo, querido y admirado Profesor y Maestro Germán Barreiro.

Sirvan las páginas que siguen de humilde, emotivo y merecido homenaje que compañeros y discípulos queremos rendir como prueba de admiración, afecto y gratitud a nuestro añorado Maestro, siquiera sea a modo de modesto y recíproco obsequio póstumo a su larga saga de opúsculos con los que, bajo los sellos de "*Lucus Augusti*" y "*Legio VII Gemina*", nos deleitó los últimos años, sirviéndose de su pícara y quijotesca pluma. El agudo ingenio que siempre le caracterizó, su vastísimo conocimiento, su prudente y sabio consejo, su cercanía, su generosidad y sus sonoras carcajadas han dejado una huella indeleble en nosotros, que esperamos sepa encontrar, quien ahora transite estas líneas introductorias, en los entresijos de la obra que se presenta.

Profesores y profesoras del Área de Derecho del Trabajo y de la Seguridad Social
Universidad de León

Capítulo I

Los retos del derecho del trabajo y de la Seguridad Social frente a las nuevas realidades de la movilidad internacional. Globalización, migraciones y expatriación de trabajadores

JAVIER FERNÁNDEZ-COSTALES MUÑIZ
Catedrático de Derecho del Trabajo y de la Seguridad Social
Universidad de León

SUMARIO: 1. GLOBALIZACIÓN Y MIGRACIONES. LOS CAMBIOS PRODUCIDOS EN LAS NECESIDADES DE DESPLAZAMIENTO INTERNACIONAL DE PERSONAS Y TRABAJADORES. 2. LOS DESPLAZAMIENTOS COMO VARIANTE DE MOVILIDAD LABORAL INTERNACIONAL. DE LA MOVILIDAD POR EL EMPLEO A LA MOVILIDAD EN EL EMPLEO. 3. EL DESPLAZAMIENTO COMO RESPUESTA A LAS NUEVAS NECESIDADES Y VARIACIONES EN LA DEMANDA DE SERVICIOS INTERNACIONALES. 4. BIBLIOGRAFÍA

A lo largo de su dilatada trayectoria investigadora el Prof. Germán Barreiro abordó los más variados temas de estudio en el marco del Derecho del Trabajo y de la Seguridad Social, tratando desde su particular punto de vista cuestiones clásicas y temas de absoluta actualidad. Ya en el año 2003 se hizo eco de la cuestión que aquí se trata en el artículo *Globalización económica y Derecho del Trabajo* y un tiempo después amplió está cuestión en el trabajo *La globalización económica como manifestación especial de la propiedad de la empresa. Efectos sobre el Derecho del Trabajo y posibles soluciones,* investigaciones que tuvieron una permanente continuidad y actualización a través de las numerosas ponencias impartidas en torno a un tema que a día de hoy sigue siendo de actualidad y controvertido, lo que demuestra la vigencia de su obra y la importancia de su legado jurídico hoy en día.

1. GLOBALIZACIÓN Y MIGRACIONES. LOS CAMBIOS PRODUCIDOS EN LAS NECESIDADES DE DESPLAZAMIENTO INTERNACIONAL DE PERSONAS Y TRABAJADORES

El análisis de las implicaciones que cuestiones como la inmigración y la globalización tienen en el campo de las relaciones laborales resulta una tarea compleja en virtud de la cantidad de variables, problemas y situaciones específicas que pueden llegar a plantearse, siendo uno de sus efectos más particulares la multiplicación de los fenómenos de movilidad geográfica internacional de trabajadores.

Los grandes movimientos de personas se erigen actualmente, y lo seguirán haciendo, al margen de las motivaciones que los impulsen, uno de los elementos clave que ya caracterizaron el final de siglo pasado y el inicio y sin duda el resto del actual siglo XXI[1].

Las razones de tal movilidad hay que buscarlas fundamentalmente en cuestiones de índole económica, en la medida en que el desplazamiento al extranjero es un instrumento de organización y de producción cada vez más utilizado por empresas que buscan una mayor internacionalización y que son en muchos casos tendencialmente globales.

Los avances en el campo de la tecnología y el transporte han sido uno de los factores de este aumento exponencial de situaciones de expatriación laboral y han permitido el avance imparable del fenómeno globalizador. Las nuevas tecnologías ligadas a esas comunicaciones le han dado una nueva dimensión que ha permitido superar limitaciones de carácter técnico y material haciendo posible un mayor desarrollo del intercambio económico.

El proceso de mundialización o globalización ha pasado a ocupar un lugar trascendental en los debates políticos de la mayor importancia, llevando a posiciones de resistencia activa y pasiva, pero en todo caso imponiéndose por la fuerza de los hechos. Sus defensores sostienen que "favorece la expansión de la circulación por encima de las fronteras, de ideas e informaciones, de bienes y servicios, de tecnología y de capital"[2]. Sin embargo, resulta sencillo descubrir en última instancia que al sustantivo le falta un adjetivo: la globalización es, ante todo, y principalmente, económica.

---

1 CAMAS RODA, F.: *Trabajo decente e inmigrantes en España. Un estudio sobre los derechos laborales de los trabajadores migrantes y el objetivo internacional de un trabajo decente*, Huygens, Barcelona, 2016, p. 13.

2 Comunicado final de la reunión de Jefes de Estado y de Gobierno del Grupo de los Ocho, celebrada en Denver, de 22 de junio de 1997.

El capital, los bienes y los servicios disfrutan del derecho y la libertad de moverse a nivel internacional en búsqueda de mejores condiciones, mientras que las personas que los acompañan no pueden disponer de la misma, en tanto no existe un derecho y una libertad de entrada y salida de los diferentes Estados[3], de forma tal que el orden social de la globalización en relación a las personas resulta nulo[4].

Habiendo recibido el extraordinario impulso de los acuerdos adoptados en el seno del Acuerdo General sobre Aranceles Aduaneros y Comercio (GATT) y de la Organización Mundial del Comercio, la apertura general de mercados convierte paulatinamente al mundo en un único y gigantesco lugar de intercambio de todo tipo de bienes y servicios.

El Acuerdo General sobre Aranceles y Comercio (General Agreement on Tariffs and Trade) fue firmado como un acuerdo multilateral sobre comercio internacional en 1947 (y al cual ya se han adherido más de cien naciones). Vino a fijar un conjunto de reglas de conducta en el marco de las relaciones comerciales, constituyendo, además, un foro para las negociaciones multilaterales sobre problemas de comercio internacional. Su propósito más general es la gradual eliminación de los aranceles y de otras barreras al libre intercambio de bienes y servicios. Bajo su amparo han tenido lugar amplias y numerosas negociaciones colectivas que llevan el nombre de "ruedas" o "rondas"[5]. Estos acuerdos han facilitado los intercambios internacionales, reduciendo los aranceles y otras barreras al comercio mundial[6].

Este fenómeno adquiere lógicamente un reflejo muy notable en el sistema de relaciones laborales que lleva, de la mano de las libertades de establecimiento y prestación de servicios, a la presencia de tejidos industriales transnacionales capaces de presionar a la integración económica y cambiar

---

3 GEORGE, S.: "¿Globalización de los derechos?", en AA.VV. (GIBNEY, M. J., Ed.): *La globalización de los derechos humanos*, Barcelona, Crítica, 2004, p. 32 y ss.

4 Así, MONEREO PÉREZ, J. L. y TRIGUERO MARTÍNEZ, L. A.: "Modelos jurídico políticos actuales de regulación de la inmigración y extranjería: revisión e implicaciones en una sociedad globalizada", *Revista de Derecho del Trabajo y de la Seguridad Social. Justicia Laboral*, núm. 47, 2011, p. 17.

5 Como la Kennedy Round o la Ronda Uruguay. Al respecto, OLCESE SANTONJA, A.: *La conclusión de la Ronda Uruguay del GATT*, FAES, Madrid, 1995 o JUNTA DE CASTILLA Y LEÓN: *Acuerdos de la Ronda Uruguay del GATT en el sector agrario: repercusión en Castilla y León*, Junta de Castilla y León, Valladolid, 1994.

6 Sobre esta materia, entre otros, MAGRO MAS, A.: *Comercio internacional. El GATT*, Guadiana, Madrid, 1968; GARCÍA LÓPEZ, J. A.: *La crisis del sistema GATT y el derecho anti-dumping comunitario*, Colex, Madrid, 1992 o DÍAZ MIER, M. A.: *Del GATT a la Organización Mundial de Comercio*, Síntesis, Madrid, 1996.

el sentido tradicional de los movimientos migratorios y los principios de actuación de los Estados a este respecto.

En todo caso, la globalización y los desequilibrios que ha generado, a pesar de haber incidido muy intensamente en la dinámica de las migraciones, jurídicamente no ha producido realmente una mundialización de los mercados de trabajo, que básicamente continúan siendo nacionales, excepción hecha del establecimiento de la libre circulación de trabajadores como ocurre en el caso de la Unión Europea respecto a sus ciudadanos[7].

Las fronteras físicas y geográficas, antaño difíciles obstáculos, en la actualidad se difuminan en muchos sentidos, el capital se mueve con casi total libertad entre distintos territorios y es lógicamente seguido por las actividades comerciales empresariales. Desde un punto de vista económico empresarial este movimiento globalizador se traduce, en cuanto al Derecho Social hace e interesa, fundamentalmente en dos fenómenos: la formación de empresas o grupos multinacionales y el traslado de las empresas o de partes de su producción a otros países (o, incluso, la constitución de la empresa o de sus centros en esas zonas).

El primero plantea, entre otros, el problema de que los trabajadores desplazados prestan servicios en territorios distintos y sometidos, a su vez, a regímenes jurídicos también distintos e independientes. El segundo, por su parte, es el resultado de la búsqueda de lugares más rentables económicamente dónde trasladar la actividad productiva.

Así, el primer fenómeno "resulta de la complejidad actual de las organizaciones empresariales, de la facilidad de los movimientos financieros, del interés por controlar verticalmente servicios ofrecidos en el mercado, etc."..., mientras la segunda de las manifestaciones busca esa rentabilidad más elevada, "bien por la mayor proximidad a las materias primas precisas para la confección del producto, que generalmente se comercializa una vez elaborado en otras zonas geográficas económicamente más prósperas; bien porque la mano de obra en esa región es más barata, lo que permite un considerable incremento de los márgenes de beneficios, o incluso porque la dinámica fiscal o administrativa en ese estado resulta más relajada"[8].

---

7 RODRÍGUEZ-PIÑERO Y BRAVO-FERRER, M.: "Los movimientos migratorios y la globalización: la dimensión europea", en AA.VV. (ESCUDERO RODRÍGUEZ, R., Coord.): *Inmigración y movilidad de los trabajadores*, La Ley, Madrid, 2010, p. 35.

8 MENÉNDEZ SEBASTIÁN, P.: *Proyecto Docente*, Universidad de Oviedo, Oviedo, 2005, págs. 224-225.

Esta deslocalización y fragmentación de la actividad productiva parte del aprovechamiento de la multiplicidad de derechos locales (nacionales) de contenido diverso. Esta pluralidad facilita al empresario la posibilidad de ampararse en imposiciones sociales, laborales, de Seguridad Social y fiscales que le supongan costes más bajos con el simple traslado o instalación de su actividad (en todo o en parte) en otro ámbito geográfico[9].

En este sentido, en el territorio de la Unión Europea se produce una evidente falta de europeización o comunitarización de las condiciones de trabajo que se ve materializada en la existencia de una multiplicidad de ordenamientos jurídicos estatales con niveles de protección social muy diferentes, circunstancia que "ha generado situaciones de *dumping* social que son aprovechadas por las empresas situadas en Estados con una legislación sociolaboral más permisiva para colocarse en una posición competitiva más fuerte y emprender una estrategia de expansión industrial, en claro detrimento de las conquistas sociales alcanzadas en los Estados económicamente más desarrollados... Los estándares sociales de protección son percibidos como un obstáculo en lugar de como condiciones necesarias que velan por la protección de los trabajadores y por alcanzar un clima de competencia leal entre empresas competidoras. En otras palabras, el orden económico se impone y las libertades comunitarias quedan intactas. Quizá sea éste el comienzo de un proceso de progresiva mercantilización de los derechos sociales"[10]Principio del formulario.

La globalización, de un lado, genera empleo y beneficios económicos en zonas en las cuales generalmente no lo hay, pero, de otro, obliga a numerosas personas a desplazarse para conservar su trabajo, destruyendo, a un tiempo, empleo[11]. En virtud de tal, despierta reacciones diversas y opuestas, quien la ve con entusiasmo por el crecimiento económico y la difusión y generalización del bienestar que puede crear y quien la rechaza al considerar que significa un incremento de desigualdades a escala mundial, pues la intensificación de la competencia mundial puede ejercer suficiente presión como para que se produzcan mermas de los salarios y de las normas sociales y de trabajo en todo el planeta, además de la reducción del papel garantista del Estado[12].

---

9 En este sentido, DURÁN LÓPEZ, F.: "Globalización y relaciones de trabajo", *REDT*, núm. 92, 1998, p. 869.

10 CASADO ABARQUERO, M.: "Hacia la mercantilización de la Directiva 96/71/CE sobre desplazamiento temporal de trabajadores", *JL*, núm. 40, 2009, p. 11 y ss.

11 Así, DURÁN LÓPEZ, F.: "Globalización y relaciones de trabajo", cit., p. 870.

12 Circunstancias a las que habrá que añadir el que, paradójicamente, el aumento de las dislocaciones sociales originadas con ocasión de la competitividad inter-

Las deslocalizaciones forzadas configuran un alto precio que millones deben de pagar y soportar por los cambios y evolución en el modelo económico de desarrollo que hace que los principales recursos se concentren en manos de una pequeño minoría, acentuando las diferencias y actuando como una potente arma de exclusión socioeconómica[13].

En este sentido, cabe destacar que el propio modelo de competencia global en el cual nos encontramos instalados guía la actuación de las sociedades en ella inmersas, modelo que aparece basado en una permanente competencia en materia de costes laborales entre los distintos destinos de las operaciones económicas, lo que no puede casar con los objetivos garantistas que las normas y esas mismas sociedades afirman perseguir, resultando inevitable el choque entre partidarios y detractores. Como algún autor ha venido a señalar "¿villanos o héroes? Quizá ni una cosa ni la otra. O ambas a la vez", puesto que "si algo permite la observación atenta de esta clase de instrumentos es comprobar que la respuesta depende en gran medida de la configuración interna que en cada caso se haya decidido darles"[14].

Entre las múltiples definiciones y acepciones que ha recibido el concepto de globalización cabría señalar aquella que la considera como "un nuevo sistema derivado de la liberalización del comercio internacional, la expansión de la inversión extranjera directa y la aparición de flujos financieros masivos transfronterizos, todo ello promovido por los Estados, entidades supranacionales y organizaciones como el GATT y la OMC a través de procesos de integración económica y jurídico-institucional y de decisiones políticas tendentes a reducir barreras nacionales en operaciones comerciales internacionales y favorecido por el impacto de las nuevas tecnologías y las facilidades para el transporte y las comunicaciones"[15].

---

nacional se combina con la reducción del papel del Estado, que se evidencia en los recortes de gasto público, en el menor apoyo a las medidas redistributivas y en la general liberalización de los mercados y de las políticas económicas. RODRÍGUEZ-PIÑERO Y BRAVO-FERRER, M.: "OIT, derechos humanos y libertad sindical", *RL*, núm. 1, 1999, p. 5.

13 Se ha llegado a estimar que el número de personas que pierden su empleo por el desarrollo ronda los 15 millones por año, pudiendo alcanzar los 645 millones en el año 2015. Así, DOS SANTOS SOARES, A.: *Migrantes forzosos: contextos y desafíos de responsabilidad de proteger*, Universidad Pontificia de Comillas, Madrid, 2015, p. 275.

14 SANGUINETI RAYMOND, W.: "Presentación", en AA.VV. (SANGUINETI RAYMOND, W., Dir.): *La transnacionalización de las relaciones laborales. Experiencias de gestión en las empresas multinacionales españolas*", Cinca, Madrid, 2015, p. 10.

15 QUIRÓS HIDALGO, J. G.: "La defunción del Derecho a la inamovilidad del lugar de trabajo", *RTSS (CEF)*, núm. 361, 2013, p. 201.

En todo caso, como algún autor ha señalado "el antídoto debe encontrarse en el veneno", la solución a los males de la globalización debe buscarse en la propia globalización, "y no luchando contra ella"[16]. Resulta fundamental, en este sentido, trabajar en "el aprovechamiento de sus ventajas —la creación de empleo en las zonas menos favorecidas, la revitalización de sectores geográficos, la apertura de mercados, etc.— y en el diseño de instrumentos que conjuren sus maldades, esto es: el dumping social, la rebaja de derechos sociales, etc., eso sí, siendo conscientes de que un antídoto útil no conoce alternativas individuales para países, empresas o personas"[17]. No cabe olvidar que se trata de un proceso global que requiere, en consecuencia, soluciones igualmente globales[18].

Y es que no se puede obviar el hecho de que, en el marco de esa sociedad globalizada en la cual las migraciones constituyen una realidad constante e imparable, en especial desde las zonas más desfavorecidas o menos avanzadas hacia aquellos territorios más desarrollados, la fórmula de gestión y la manera de afrontar por parte de los gobiernos de los diferentes Estados la presencia dentro de sus fronteras de personas de otra nacionalidad no puede desarrollarse de forma unitaria o independiente, en tanto se produciría una acción incompleta en la materia. Será y ha venido siendo necesario construir un marco jurídico regulador de tales situaciones en coordinación con diferentes entidades o unidades políticas y territoriales, creando una regulación marco a escala internacional que complemente y apoye y se complemente y se apoye en las legislaciones nacionales y permita afrontar con unas mínimas garantías los problemas, conflictos y litigios que puedan surgir al unir cuestiones como un mercado global, los flujos migratorios a nivel internacional y los límites territoriales y legislativos de los distintos Estados[19].

---

16 "No hay que tener la idea de una fortaleza sitiada", LYON-CAEN, G.: "Los derechos sociales: génesis y utilidad de una noción" (ROBLES, A. J., Trad.), ponencia presentada en el *Seminario internacional: Globalización y derechos sociales*, celebrado en la Facultad de Derecho de la Universidad de Buenos Aires, 1998, p. 2.

17 MENÉNDEZ SEBASTIÁN, P.: *Proyecto Docente*, cit., p. 227.

18 Por ello resulta precisa un reforzamiento del movimiento sindical mundial, y sobre todo un esfuerzo riguroso por parte de las organizaciones internacionales. CARBALLO MENA, C. A.: "Diálogo social y tripartismo en Venezuela", en AA.VV. (DURÁN LÓPEZ, F., Coord.): *Diálogo Social y su Institucionalización en España e Iberoamérica*, CES, Madrid, 1998, p. 157 y ss.

19 Derecho y política deben ir fuertemente ligadas en este punto para alcanzar un "sentido político-jurídico de conjunto para su adecuada implementación en la realidad social más cercana a los miembros de la comunidad política. Cumple así

2. LOS DESPLAZAMIENTOS COMO VARIANTE DE MOVILIDAD LABORAL INTERNACIONAL. DE LA MOVILIDAD POR EL EMPLEO A LA MOVILIDAD EN EL EMPLEO

La OIT, a finales de la década de los cincuenta[20], decidió entrar a regular el fenómeno de la emigración partiendo de un dato que entonces constituía una constante evidencia en todo planteamiento teórico sobre la materia: el movimiento de población obedecía, desde la perspectiva laboral, a una búsqueda de empleo o a la respuesta a una oferta previa de puesto de trabajo. El traslado transnacional no traía causa en un contexto laboral, sino que tenía en éste su propio fin. La movilidad se producía "para ocupar un empleo" (artículo 11 Convenio núm. 97 OIT, 1949), siendo los movilizados, aunque extranjeros, trabajadores en el país de acogida.

Ante tal circunstancia, y aunque con matices, la OIT acogió las dos grandes líneas de actuación tradicionalmente seguidas por los Estados: de un lado, y con carácter dominante, el control del flujo de personas que ingresan desde fuera en el mercado nacional de empleo a fin de evitar un perjuicio (medido en términos de competencia) para los trabajadores nacionales, la minoración de los gastos en protección social (o su reverso, el incremento de cotizantes) o el descontrol sobre la nueva población activa o los efectos del mestizaje cultural; de otro, la garantía de un estatuto jurídico específico para el trabajador migrante diseñado con la finalidad de tratar de paliar su situación particular de desprotección.

El fenómeno de las migraciones de personas y trabajadores crea, de un lado, y se encuentra acompañado, de otro, por un amplio elenco de complejos problemas de la más diversa índole, tanto a nivel político como

---

el derecho la función social clave que posee: su aplicación en la realidad mediante contenidos político-morales con la finalidad de establecer un orden social justo, en cuanto que se trata de un mecanismo regulativo al servicio de la adaptación de la sociedad a su entorno. En esta perspectiva es necesario reinventar los modos de regulación jurídico-institucional, yendo más allá de las fronteras del Derecho estatal para establecer adicionalmente instrumentos de regulación a escala internacional". Así, MONEREO PÉREZ, J. L. y TRIGUERO MARTÍNEZ, L. A.: "Modelos jurídico políticos actuales de regulación de la inmigración y extranjería: revisión e implicaciones en una sociedad globalizada", cit., p. 14-15.

20 Sobre la materia, FERNÁNDEZ DOMÍNGUEZ, J. J.: "El papel de la OIT ante la globalización económica: la búsqueda de un trabajo decente", en AA.VV. (GARCÍA MURCIA, J., Coord.): *La globalización económica y el Derecho del Trabajo,* Consejería de Industria y Empleo/Universidad de Oviedo, Asturias, 2006, p. 41 y ss.

económico, social o jurídico; aspectos, por otra parte, íntimamente relacionados entre sí en esta materia.

Este conjunto de problemas no constituye, ni mucho menos, una novedad; las migraciones han venido constituyendo una constante a lo largo de muchos siglos, tantos casi como la historia misma la humanidad (no en vano la Declaración Universal de los Derechos Humanos de 1948, en su artículo 13.2, reconoció el derecho a la libertad de circulación para la búsqueda de un trabajo; o lo que es lo mismo, a la emigración), convirtiendo a unos países en estados receptores y a otros en emisores de una mano de obra generalmente movilizada desde países menos desarrollados hacia aquéllos en los cuales las posibilidades de alcanzar un mejor nivel de vida son, en principio, más elevadas.

Siempre ha existido, desde el inicio de nuestra historia, intercambios comerciales y movimientos migratorios, de manera que la tendencia a la globalización "es uno de los rasgos de la evolución de la humanidad"[21]. No obstante, resulta obvio que las migraciones del presente son muy diferentes de las de épocas anteriores[22]. Los profundos cambios ocurridos en el escenario mundial en las últimas décadas cuestionan muchos de los viejos paradigmas sobre los que se había sustentado la regulación de estos procesos.

Así, el fenómeno de la globalización ha marcado una reestructuración de las relaciones económicas internacionales, "en las que mientras el sector financiero funciona efectivamente como una unidad en tiempo real, la libre circulación de personas es todavía un aspecto inacabado"; la deslocalización de las grandes empresas que trasladan su producción a países en los cuales carguen con menos costes ha dado también paso al desplazamiento de mano de obra hacia donde se encuentra el capital y, en fin, la revolución tecnológica sin duda ha facilitado los desplazamientos[23].

---

21 SUÁREZ GONZÁLEZ, F.: "La respuesta del Derecho del Trabajo a la globalización económica: planteamiento general", en AA.VV. (GARCÍA MURCIA, J., Coord.): *La globalización económica y el Derecho del Trabajo,* Consejería de Industria y Empleo/ Universidad de Oviedo, Asturias, 2006, p. 23.

22 Una perspectiva de la materia en DOMÍNGUEZ MÚJICA, J. y GODENAU, D.: "Las migraciones internacionales en el Siglo XXI", en AA.VV. (RAMOS QUINTANA, M. I., Coord.): *Migraciones laborales. Acción de la OIT y política europea,* Albacete, Bomarzo, 2011, p. 59 y ss.

23 Y "por lo que respecta a España, tampoco podemos decir que las migraciones constituyan una manifestación novedosa, aunque sí la dirección que han tomado. Su nivel de desarrollo y el crecimiento económico de los últimos años determina

La globalización financiera está contribuyendo al aumento de la desigualdad a un nivel internacional y mundial, al tiempo que ha favorecido, gracias a la desregulación de los mercados, la creciente importancia que han adquirido los paraísos fiscales, que al fin y al cabo terminan siendo refugio para el dinero negro o el procedente de la delincuencia (como tráfico de armas, drogas y terrorismo). Estas lacras, que no dejan de constituir la cara oculta de la economía, "quedan protegidas y salvaguardadas por la creencia de los fundamentalistas del mercado en las ventajas que se desprenden del funcionamiento de la libre circulación de capitales, y de la desregulación"[24].

En este sentido, tras los desplazamientos de capital, bienes y servicios, comienzan los de personas[25] e, igualmente, en función de ese desplazamiento de capital, bienes y servicios, la dinámica migratoria se autorregulará, aumentando o reduciendo su intensidad, aun cuando no dejará de existir, pues los flujos migratorios quedan garantizados en tanto exista un evidente diferencial de renta entre países[26], una clara desigualdad social según los territorios y zonas en las cuales la población viva en el umbral de la pobreza[27].

Conviene recordar también que las migraciones contemporáneas se han convertido en un factor de gran influencia, mostrando un importante peso en la política global y en las relaciones entre los países ricos y los países más empobrecidos[28], por lo que resulta conveniente hacer gala de

---

que ya no sea un país de emigrantes ni tampoco sólo de tránsito o de paso de inmigrantes, sino un destino atractivo y preferente en Europa para muchos extranjeros que se ven empujados a emigrar por las desigualdades latentes con otras regiones", SEMPERE NAVARRO, A. V.; CANO GALÁN, Y.; CHARRO BAENA, P. y SAN MARTÍN MAZZUCCONI, C.: *Políticas sociolaborales*, Tecnos, Madrid, 2005, p. 265.

24 BERZOSA ALONSO-MARTÍNEZ, C.: "Los efectos negativos de la globalización y propuestas alternativas", en AA.VV. (BARAÑANO CID, M., Dir.): *La globalización económica. Incidencia en las relaciones sociales y económicas*, Consejo General del Poder Judicial, Madrid, 2002, p. 141.

25 RAMOS QUINTANA, M. I.: "Inmigración y globalización económica. ¿Un lugar para el Derecho del Trabajo?", *RMTAS*, núm. 63, 2006, p. 13.

26 Sobre la cuestión en nuestro ordenamiento, SÁNCHEZ-RODAS NAVARRO, C.: *La residencia en España desde el prisma del Derecho del Trabajo y de la Seguridad Social*, Aranzadi, Pamplona, 2014, p. 17 y ss.

27 Sobre la cuestión, ELU TERÁN, A.: "Los inmigrantes ante la crisis económica: efectos, reacciones y perspectivas", *Revista Cauces*, núm. 15, 2011, p. 41.

28 DOS SANTOS SOARES, A.: "Governança e Direito Global perante as migraçoes forçadas. O papel da Uniâo Eurpeia", *Themis(RFDUNL)*, núm. 33, 2017, p. 33.

una visión a largo plazo[29] y no de las necesidades puntuales que se vayan produciendo en cada momento.

Igualmente, hay que destacar que, aunque la sociedad continuamente experimenta grandes y sorprendentes avances en aras de la mejora general de la calidad de vida, se está ante un mundo marcado por un aumento exponencial de la desigualdad donde la movilidad frecuentemente se convierte en un poderoso y peligroso factor de estratificación, una vez que, como se ha destacado, el capital, las nuevas élites económicas surgidas y las políticas globales se erigen como factores capaces de atravesar fronteras a su voluntad, mientras que otros deben permanecer en sus territorios o desplazarse por pura necesidad, de forma tal que la riqueza se convierte en algo global, y la pobreza y la miseria en algo local[30].

Puede, por tanto, señalarse que buena parte de estos movimientos de población presentan un elemento en común, pues "tienen por finalidad encontrar un trabajo, un medio de vida que permita sobrevivir a quienes se desplazan y a sus familias que han quedado en el país del que provienen"[31], poniendo de manifiesto la estrecha e inseparable relación entre el desarrollo económico y la emigración.

La globalización, entendida como supresión de fronteras, no se manifiesta en todas las disciplinas que integran la sociedad, siendo precisamente ese carácter incompleto el que "provoca el desplazamiento de personas hacia lugares donde prevén, a veces equivocadamente, que su vida mejorará"[32]. Las expectativas podrán coincidir en mayor o menor medida con la realidad objetiva del destino elegido y, en otras ocasiones, sin embargo, se tratará más bien de un profundo anhelo que de una verdadera realidad[33].

---

29 Se manifiesta "cada vez más necesario alcanzar un acuerdo sobre una política de migración y asilo estable y con visión de futuro a largo plazo", CES: *Informe anual sobre la gobernanza económica de la Unión Europea, Informe 02/2018*, CES, Madrid, 2018, p. 86.

30 CASTLES, S.: "La política internacional de la migración forzada", *MD*, núm. 1, 2003, págs. 8 y ss.

31 RAMOS QUINTANA, M.: "Trabajadores extranjeros e integración social", *TL*, núm. 54, 2000, pág. 5 ó *El trabajo de los extranjeros en España*, Madrid (Tecnos), 1989, p. 17-19.

32 VALDUEZA BLANCO, Mª. D.: *El tratamiento jurídico del trabajo de los extranjeros en España*, Lex Nova, Valladolid, 2008, p. 33.

33 MERCADER UGUINA, J.: "La protección social de los trabajadores extranjeros", en AA.VV.: *Derechos y libertades de los extranjeros en España*, CITDT, Cantabria, 2003, p. 1106.

Con la elaboración del Convenio núm. 143, la OIT reconoce la presencia de un nuevo fenómeno, que resulta abstraído de su ámbito de aplicación (al igual que ocurría en el anteriormente señalado Convenio núm. 97). Tal excepción afecta a "las personas empleadas en organizaciones y empresas que operan dentro del territorio de un país, que han sido admitidos temporal[mente] en dicho país, a solicitud de sus empleadores, para cumplir trabajos o funciones específicas por un período limitado de tiempo y que están obligados a abandonar el país al término de sus trabajos y funciones".

De tal forma, por primera vez se da cuenta en un instrumento internacional de ámbito superior al regional de un fenómeno de movilidad laboral distinto, como es el desplazamiento, considerado una vicisitud más en la relación de trabajo preexistente que aboca, a través de la preceptiva orden empresarial, a la movilidad geográfica supranacional y está llamado a cubrir un doble objetivo: por una parte, satisfacer el derecho subjetivo de crédito del empresario (mostrando así cómo el factor determinante no viene dado por la voluntad o iniciativa del trabajador —migración tradicional—, sino por el cumplimiento de la misión atribuida por quien le proporciona empleo en ejercicio de su poder de dirección con carácter temporal y no definitivo); por otra, contribuir a ampliar una prestación de servicios comprometida por su empleador en un Estado distinto a aquél en el cual se inició la relación laboral.

Desde este punto de vista, cabe destacar el hecho de que resulte necesario ahora diferenciar una nueva realidad, a tenor de la cual el desplazamiento implica un cambio temporal del lugar de trabajo del empleado y es una movilidad en el empleo y no una movilidad por el empleo, sin obviar cómo, en cualquier caso, el Estado no puede (ni debe) ceder nunca al "chantaje" en el empleo que en ocasiones plantean los empresarios en el nuevo contexto globalizador, rebajando sin más los derechos sociales conseguidos, lo que sería enormemente perjudicial para el Estado de bienestar[34].

Dados los costes implícitos en el propio desplazamiento, en anteriores décadas su operatividad parecería quedar circunscrita únicamente a trabajos cualificados o especializados, como deportistas, artistas o altos directivos, entre otros. El paso del tiempo y la evolución que ha conllevado en la esfera laboral, sin embargo, ha venido a cambiar esta tendencia, siendo posible apreciar una transformación evidente, y, dada la clara y apreciable

---

34 LYON-CAEN, G.: "Los derechos sociales: génesis y utilidad de una noción", cit, p. 2.

diferencia de los costes de trabajo entre distintos países, resulta menester reconocer actualmente el firme impulso a los desplazamientos de trabajadores no cualificados con la finalidad de aprovechar sus niveles salariales inferiores a los del Estado de acogida[35].

3. EL DESPLAZAMIENTO COMO RESPUESTA A LAS NUEVAS NECESIDADES Y A VARIACIONES EN LA DEMANDA DE SERVICIOS INTERNACIONALES

En el contexto de mundialización reseñado resulta fácil apreciar cómo las empresas, cada vez con mayor frecuencia, prestan sus servicios en territorios de Estados distintos a aquéllos en los cuales se encuentran establecidos o situados sus establecimientos principales.

En paralelo, la movilidad de los trabajadores (y de forma significativamente evidente en el caso de los grupos de empresas) deriva de ese apuntado interés en extender el ámbito de actuación más allá de las fronteras en las que en un determinado momento la desarrollara.

Los movimientos transnacionales de mano de obra parten así de una premisa indeclinable: las libertades de establecimiento y prestación de servicios reconocidas al empresario, a entender con carácter general como apertura de mercados para desarrollar actividades productivas sin cortapisas, sin barreras al comercio y a la movilidad de los factores de producción. Cuando tal concurre, y a la movilidad de las sociedades acompaña la de trabajadores por un tiempo necesariamente limitado al territorio del país de destino, será fácil comprobar la presencia de un triple fenómeno:

– En primer lugar, la competitividad como principio económico básico a partir del cual las empresas de fuera de un Estado pueden ofertar mejores precios en la prestación de servicios que las radicadas en el país, aprovechando las diferencias existentes en los costes laborales.

Aun cuando el artículo VI del GATT (viene a concebir el *dumping* como la existencia de una diferencia entre el precio de exportación del producto y el valor normal de un otro similar en el país de exportación o de origen) y el informe sobre el empleo elaborado por la OIT en 1996[36] intentaran

---

35 RODRÍGUEZ-PIÑERO Y BRAVO-FERRER, M.: "El desplazamiento temporal de trabajadores y la Directiva 96/71/CE", *RL*, núm. 23, 1999, p. 1-2.

36 OIT: *El empleo en el mundo 1996/1997. Las políticas nacionales en la era de la mundialización,* Organización Internacional del Trabajo, Ginebra, 1996.

corregir la situación, lo cierto es que esta vía abierta al *dumping social* no parece prohibida con carácter general. Es más, la Declaración de la Conferencia Ministerial de la Organización Mundial del Comercio, de 13 de diciembre de 1996, mueve a rechazar la utilización de las normas de trabajo con fines proteccionistas. A pesar de renovar su compromiso "de respetar las normas fundamentales del trabajo internacionalmente reconocidas" y reconocer a la Organización Internacional del Trabajo como "el órgano competente para establecer esas normas y ocuparse de ellas" y considerar "que el crecimiento y el desarrollo económicos impulsados por el incremento del comercio y la mayor liberalización comercial contribuirán a la promoción de esas normas", la OMC rechaza "la utilización de las normas del trabajo con fines proteccionistas y [conviene] en que no debe cuestionarse en absoluto la ventaja comparativa de los países, en particular de los países en desarrollo de bajos salarios"[37].

En la práctica, es elevado el número de empresas o empresarios que utilizan y se aprovechan de imposiciones sociales, laborales, de Seguridad Social y fiscales de un país, al ser más ventajosos, con una única finalidad, soportar unos costes laborales más bajos y, en consecuencia, obtener unos mayores beneficios[38]. Así, ello conlleva la destrucción de empleo, el estancamiento de los salarios o su reducción en zonas más desarrolladas para aprovecharse de la competencia de los nuevos países industrializados, en los cuales, aunque también se ha creado empleo, tal y como ya se destacó, se ha generado la perpetuación de malas o penosas condiciones laborales y de protección social, reducción de derechos colectivos, mayor siniestralidad laboral, degradación del medio ambiente o, por no seguir, la explotación laboral de niños y menores.

– En segundo término, la movilidad trasnacional responde habitualmente a una exteriorización del empleo ("*outsourcing*" o "descentralización productiva"), en este caso de dimensión internacional.

El objetivo principal viene dado por obtener, a través de esta vía, una nueva ventaja competitiva adicional a partir de una gestión fundada en la reducción del importe de los costes de trabajo como consecuencia y gracias al desplazamiento hacía el exterior de su organización de parte de los

---

[37] Conferencia Ministerial de la OMC: *Declaración Ministerial adoptada el 13 de diciembre de 1996. Normas Fundamentales del Trabajo,* OMC, Singapur, 1996.

[38] Sobre esta cuestión, SERRANO GARCÍA, Mª. J.: *Competencia judicial y ley aplicable en el ámbito de los contratos de trabajo internacionales. La conversión del Convenio de Bruselas y del de Roma en Reglamentos comunitarios,* Reus, Madrid, 2011, p. 15.

trabajos necesarios, los cuales serán realizados por trabajadores ajenos a la plantilla.

En este sentido, la variante más sofisticada viene dada por la creación de grandes grupos de empresas que permiten desarrollar, "a partir de una misma estrategia de carácter complejo, dos procesos aparentemente opuestos o incompatibles pero, en verdad, convergentes o "sinérgicos" en alto grado: de un lado, mejorar la dimensión empresarial a través de técnicas de concentración económico-financiera; de otro, reducir las estructuras productivas, especialmente en cuanto hace al volumen de ocupación, transmitiendo hacia otros el resto de las funciones, para cuya gestión, en buena medida indirecta, suele ser frecuente el recurso a subcontratas —ciertamente lo más habitual—, contratos de franquicia, puesta a disposición internacional o, por no seguir, arrendamiento de obras y/o servicios"[39].

Cabe destacar, en esta línea, la aparición de pequeñas y micro empresas producto de dos situaciones diferentes: de una parte, de una desintegración coordinada de grandes o medianas empresas, cuyo objetivo lo constituye la búsqueda de unidades dependientes de la matriz para aprovechar, entre otras, las ventajas de un ordenamiento laboral débil y poco predispuesto a atajar subterfugios evidentes [aunque, también resulta preciso señalarlo, capacidades de innovación tecnológica, adaptación a cambios en la demanda del mercado, facilidad para generar, mantener o reestructurar los puestos de trabajo, personalización en la atención al cliente o la consecución de una organización más humana o clima laboral de mayor proximidad]; de otra, todo lo contrario, buscando una integración igualmente coordinada (la servoproducción), acudiendo a la descentralización productiva a través de contratas y subcontratas (con variantes de distinta sofisticación como, por ejemplo, las ya señaladas franquicias), en este caso más para eludir riesgos que para aprovechar ventajas, aun cuando estas puedan ser evidentes.

– En fin, el desplazamiento no deja de ser más que la prueba fehaciente de la "deslocalización" del empleo y de la empresa.

---

39 BARREIRO GONZÁLEZ, G.; FERNÁNDEZ DOMÍNGUEZ, J. J.; FERNÁNDEZ-COSTALES MUÑIZ, J. y AGRA VIFORCOS, B.: "Introducción. Movimientos de trabajadores en un contexto de globalización. Los desplazamientos como variante de movilidad laboral internacional", en AA.VV.: *Trabajadores en el extranjero (Desplazados y expatriados). Aspectos fiscales, laborales y de Seguridad Social,* Francis Lefevre, Madrid, 2002, p. 16.

Esta posibilidad —siempre abierta— se ofrece en todo el planeta y en Europa, sobre todo, a partir de la caída del Muro de Berlín en 1989. Simultáneamente, y de manera transparente a escala mundial, se abandonan criterios simplistas de estabilidad y se empiezan a tomar en consideración un conjunto de parámetros entre los cuales figura en un lugar muy destacado la seguridad para el capital y sus intereses.

Resulta evidente, en definitiva, a través de lo expuesto, cómo la prioridad buscada es claramente económica y no social, aun cuando esta segunda se vea favorecida gracias y en virtud de los avances de la primera.

4. BIBLIOGRAFÍA

BARREIRO GONZÁLEZ, G.; FERNÁNDEZ DOMÍNGUEZ, J. J.; FERNÁNDEZ-COSTALES MUÑIZ, J. y AGRA VIFORCOS, B.: "Introducción. Movimientos de trabajadores en un contexto de globalización. Los desplazamientos como variante de movilidad laboral internacional", en AA.VV.: *Trabajadores en el extranjero (Desplazados y expatriados). Aspectos fiscales, laborales y de Seguridad Social,* Francis Lefevre, Madrid, 2002.

BERZOSA ALONSO-MARTÍNEZ, C.: "Los efectos negativos de la globalización y propuestas alternativas", en AA.VV. (BARAÑANO CID, M., Dir.): *La globalización económica. Incidencia en las relaciones sociales y económicas,* Consejo General del Poder Judicial, Madrid, 2002.

CAMAS RODA, F.: *Trabajo decente e inmigrantes en España. Un estudio sobre los derechos laborales de los trabajadores migrantes y el objetivo internacional de un trabajo decente,* Huygens, Barcelona, 2016.

CARBALLO MENA, C. A.: "Diálogo social y tripartismo en Venezuela", en AA.VV. (DURÁN LÓPEZ, F., Coord.): *Diálogo Social y su Institucionalización en España e Iberoamérica,* CES, Madrid, 1998.

CASADO ABARQUERO, M.: "Hacia la mercantilización de la Directiva 96/71/CE sobre desplazamiento temporal de trabajadores", *JL,* núm. 40, 2009.

CASTLES, S.: "La política internacional de la migración forzada", *MD,* núm. 1, 2003.

CES: *Informe anual sobre la gobernanza económica de la Unión Europea, Informe 02/2018,* CES, Madrid, 2018.

DÍAZ MIER, M. A.: *Del GATT a la Organización Mundial de Comercio,* Síntesis, Madrid, 1996.

DOMÍNGUEZ MÚJICA, J. y GODENAU, D.: "Las migraciones internacionales en el Siglo XXI", en AA.VV. (RAMOS QUINTANA, M. I., Coord.): *Migraciones laborales. Acción de la OIT y política europea,* Albacete, Bomarzo, 2011.

DOS SANTOS SOARES, A.: *Migrantes forzosos: contextos y desafíos de responsabilidad de proteger,* Universidad Pontificia de Comillas, Madrid, 2015.

— "Governança e Direito Global perante as migraçoes forçadas. O papel da Uniâo Eurpeia", *Themis(RFDUNL),* núm. 33, 2017.

DURÁN LÓPEZ, F.: "Globalización y relaciones de trabajo", *REDT*, núm. 92, 1998.

ELU TERÁN, A.: "Los inmigrantes ante la crisis económica: efectos, reacciones y perspectivas", *Revista Cauces*, núm. 15, 2011.

FERNÁNDEZ DOMÍNGUEZ, J. J.: "El papel de la OIT ante la globalización económica: la búsqueda de un trabajo decente", en AA.VV. (GARCÍA MURCIA, J., Coord.): *La globalización económica y el Derecho del Trabajo*, Consejería de Industria y Empleo/ Universidad de Oviedo, Asturias, 2006.

GARCÍA LÓPEZ, J. A.: *La crisis del sistema GATT y el derecho anti-dumping comunitario*, Colex, Madrid, 1992.

GEORGE, S.: "¿Globalización de los derechos?", en AA.VV. (GIBNEY, M. J., Ed.): *La globalización de los derechos humanos*, Barcelona, Crítica, 2004.

JUNTA DE CASTILLA Y LEÓN: *Acuerdos de la Ronda Uruguay del GATT en el sector agrario: repercusión en Castilla y León*, Junta de Castilla y León, Valladolid, 1994.

LYON-CAEN, G.: "Los derechos sociales: génesis y utilidad de una noción" (ROBLES, A. J., Trad.), ponencia presentada en el *Seminario internacional: Globalización y derechos sociales*, celebrado en la Facultad de Derecho de la Universidad de Buenos Aires, 1998.

MAGRO MAS, A.: *Comercio internacional. El GATT*, Guadiana, Madrid, 1968.

MENÉNDEZ SEBASTIÁN, P.: *Proyecto Docente*, Universidad de Oviedo, Oviedo, 2005.

MERCADER UGUINA, J.: "La protección social de los trabajadores extranjeros", en AA.VV.: *Derechos y libertades de los extranjeros en España*, CITDT, Cantabria, 2003.

MONEREO PÉREZ, J. L. y TRIGUERO MARTÍNEZ, L. A.: "Modelos jurídico políticos actuales de regulación de la inmigración y extranjería: revisión e implicaciones en una sociedad globalizada", *Revista de Derecho del Trabajo y de la Seguridad Social. Justicia Laboral*, núm. 47, 2011.

OIT: *El empleo en el mundo 1996/1997. Las políticas nacionales en la era de la mundialización*, Organización Internacional del Trabajo, Ginebra, 1996.

OLCESE SANTONJA, A.: *La conclusión de la Ronda Uruguay del GATT*, FAES, Madrid, 1995.

OMC: *Declaración Ministerial adoptada el 13 de diciembre de 1996. Normas Fundamentales del Trabajo*, OMC, Singapur, 1996.

QUIRÓS HIDALGO, J. G.: "La defunción del Derecho a la inamovilidad del lugar de trabajo", *RTSS (CEF)*, núm. 361, 2013.

RAMOS QUINTANA, M. I.: *El trabajo de los extranjeros en España*, Madrid (Tecnos), 1989.

— "Trabajadores extranjeros e integración social", *TL*, núm. 54, 2000,

— "Inmigración y globalización económica. ¿Un lugar para el Derecho del Trabajo?", *RMTAS*, núm. 63, 2006.

RODRÍGUEZ-PIÑERO Y BRAVO-FERRER, M.: "El desplazamiento temporal de trabajadores y la Directiva 96/71/CE", *RL*, núm. 23, 1999.

— "OIT, derechos humanos y libertad sindical", *RL*, núm. 1, 1999.

— "Los movimientos migratorios y la globalización: la dimensión europea", en AA.VV. (ESCUDERO RODRÍGUEZ, R., Coord.): *Inmigración y movilidad de los trabajadores*, La Ley, Madrid, 2010.

SÁNCHEZ-RODAS NAVARRO, C.: *La residencia en España desde el prisma del Derecho del Trabajo y de la Seguridad Social,* Aranzadi, Pamplona, 2014.

SANGUINETI RAYMOND, W.: "Presentación", en AA.VV. (SANGUINETI RAYMOND, W., Dir.): *La transnacionalización de las relaciones laborales. Experiencias de gestión en las empresas multinacionales españolas*", Cinca, Madrid, 2015.

SEMPERE NAVARRO, A. V.; CANO GALÁN, Y.; CHARRO BAENA, P. y SAN MARTÍN MAZZUCCONI, C.: *Políticas sociolaborales,* Tecnos, Madrid, 2005.

SERRANO GARCÍA, Mª. J.: *Competencia judicial y ley aplicable en el ámbito de los contratos de trabajo internacionales. La conversión del Convenio de Bruselas y del de Roma en Reglamentos comunitarios,* Reus, Madrid, 2011.

SUÁREZ GONZÁLEZ, F.: "La respuesta del Derecho del Trabajo a la globalización económica: planteamiento general", en AA.VV. (GARCÍA MURCIA, J., Coord.): *La globalización económica y el Derecho del Trabajo,* Consejería de Industria y Empleo/ Universidad de Oviedo, Asturias, 2006.

VALDUEZA BLANCO, Mª. D.: *El tratamiento jurídico del trabajo de los extranjeros en España,* Lex Nova, Valladolid, 2008.

Capítulo II

Trabajo decente para todos: de su atención en la literatura a ineludible aspiración plasmada en la Agenda 2030 y objeto de legítima reivindicación tras la misma

MARÍA PURIFICACIÓN GARCÍA MIGUÉLEZ
Profesora Titular de Derecho del Trabajo y de la Seguridad Social
Universidad de León

SUMARIO: 1. GERMÁN BARREIRO Y EL DERECHO EN LOS CLÁSICOS LITERARIOS. 2. OFICIOS, PROFESIONES Y CONDICIONES LABORALES EN LA LITERATURA CLÁSICA. 3. LA DIMENSIÓN SOCIAL DEL DESARROLLO SOSTENIBLE Y SU REFLEJO EN LA AGENDA 2030 Y EL PACTO MUNDIAL. 4. A MODO DE REFLEXIÓN FINAL O COROLARIO: LA VIGENCIA DE LA LEGÍTIMA ASPIRACIÓN AL TRABAJO DECENTE PARA TODOS. 5. BIBLIOGRAFÍA

"El Derecho, como otras ramas del saber, ha estado siempre presente en la Literatura de todo tipo: teatro, poesía, novela..."
Germán Barreiro González

1. GERMÁN BARREIRO Y EL DERECHO EN LOS CLÁSICOS LITERARIOS

Afirmar la existencia de una íntima conexión entre las materias propias de las disciplinas sociales, económicas y jurídicas y la vida diaria bien puede parecer una obviedad, por mor de lo evidente de dicha relación —incluso dependencia— en un sinfín de situaciones cotidianas. Lo anterior resulta particularmente cierto en el ámbito jurídico, donde la connaturalidad de la norma como pauta reguladora de la convivencia humana da pie a innumerables tesituras que ponen de manifiesto algún tipo de vínculo —más o menos cercano, pero vínculo, al fin y al cabo— con una o más ramas del Derecho, ya sean éstas las propias del ámbito público, del privado, o de ambos a un mismo tiempo[1]. Tal es así, que hay quien ha llegado a afirmar,

[1] Un interesante planteamiento a este respecto en GORDON, R.: "Critical legal histories", *Stanford Law Review*, núm. 36, pp. 57 y ss.

en un ejercicio de absoluta rotundidad, que "Derecho y sociedad son mutuamente constitutivos"[2].

No obstante, son también múltiples las ocasiones en que lo cotidiano y evidente no resulta por ello igualmente bien o conscientemente percibido e, incluso más relevante, valorado en su justa dimensión. Así lo hubo de razonar, sin duda, Germán Barreiro, al decidir el tema de la lección inaugural dictada el curso académico 2012/2013 en la Universidad de León[3]. Amén de la curiosidad suscitada por su originalidad, la disertación fue objeto de gran atención y merecido elogio por parte del amplio y multidisciplinar público académico reunido para la ocasión, muchos de cuyos miembros se extendieron en ponderar lo acertado de los matices y comentarios vertidos por el maestro sobre un texto que, aunque ellos mismos hubieran leído, en éste les habían pasado inadvertidos.

No se trataba, empero, de una alocución *ad hoc* y con fin último de proporcionar un rato de solaz entretenimiento a los presentes, sino que el discurso era uno más de los frutos de una fecunda línea de trabajo desarrollada por quien se encontraba en plena madurez de su ejemplar desempeño como catedrático universitario[4]. Antes bien, ha de estimarse versión "mejorada y actualizada" de un artículo homónimo que, tras tiempo de preparación y reflexión, había visto la luz siete años antes[5], junto a otros publicados en ese mismo y productivo 2005 para el profesor Barreiro, en los que abordaba la temática desde una serie de diferentes puntos de vista o perspectivas igualmente interesantes, permitiendo entrever el alcance de

---

2 DIAS PAES, M.A.: Esclavos y tierras entre posesión y títulos. La construcción social del derecho de propiedad en Brasil (siglo XIX), Fráncfort (Max Planck Institute for Legal History and Legal Theory), 2021, p. 11. La autora va incluso más allá en sus aseveraciones, postulando como "artificial" la división entre Derecho y realidad social propugnada por algunos investigadores.

3 BARREIRO GONZÁLEZ, G.: Trabajos, oficios y servicios. Una visión literaria del Derecho del Trabajo en la novela El Ingenioso Hidalgo y Caballero Don Quixote de la Mancha de Don Miguel de Cervantes Saavedra, León (Universidad de León), 2012.

4 Sirviendo de inspiración, a su vez, a otros autores, en cuyas obras las del profesor Barreiro aparecen citadas como referencias. Entre los textos que han abundado sobre el particular, cabe mencionar dos con un mismo título, como son FALCÓN Y TELLA, M.J.: "Derecho y literatura", Madrid (Marcial Pons), 2015; y OSSORIO MORALES, J.: "Derecho y literatura", Granada (Universidad de Granada), 2016. En este último, también reseñable el "Estudio preliminar" de J.A. LÓPEZ NEVOT.

5 BARREIRO GONZÁLEZ, G.: "Trabajos, oficios y servicios. Una visión literaria del Derecho del Trabajo en la novela El Ingenioso Hidalgo y Caballero Don Quixote de La Mancha de Don Miguel de Cervantes Saavedra", *Revista de Estudios Laborais*, núm. 6, 2005, pp. 73 y ss.

la empresa acometida. Entre ellos, el publicado en la *Revista La Ley* hacía un particular hincapié en el valor jurídico de la obra cumbre cervantina[6], esto es, el prolijo *ius quijotescum*, con un énfasis que sería recalcado en ocasiones posteriores[7] y, de un modo particular, en el epílogo que, bajo el elocuente título de "Don Quixote de la Mancha y la Justicia" daba fin al libro-homenaje a María Emilia Casas Baamonde con motivo de la conclusión de su etapa como magistrada del Tribunal Constitucional[8].

A los referidos y otros artículos de corte científico acompañarían contribuciones en congresos y jornadas del prolífico autor, artículos en prensa[9] y varios de sus más que conocidos libros, publicados entre 2006 y 2023, en los que no habría de ceñirse en exclusiva al contenido del Quijote, sino que también afrontaría el análisis de otras obras de Cervantes (caso de su novela ejemplar *Rinconete y Cortadillo*, a modo de reflejo de la exclusión social y la integración laboral de su época[10]) o la peculiaridad de las ocupaciones —numerosas veces tildadas de oficios[11]— tales como pícaros[12] y

---

6 BARREIRO GONZÁLEZ, G.: "El valor jurídico de un libro: Don Quijote de La Mancha", *Revista La Ley*, núm. 3, 2005, pp. 1682 y ss.

7 En particular, BARREIRO GONZÁLEZ, G.: "Cervantes y Don Quijote jurisperitos (una visión literaria del Derecho en Don Quijote de la Mancha", *Anales de Derecho: Colección Huarte de San Juan*, núm. 6, 2005, pp. 13 y ss.; BARREIRO GONZÁLEZ, G.: "«*Ius quijotescum*». El derecho como recurso literario en el Quijote: Cervantes y el ingenioso caballero jurisperitos", *Anuario da Facultade de Dereito da Universidade da Coruña*, núm. 9, 2005, pp. 49 y ss.; y, con un mucho mayor desarrollo, BARREIRO GONZÁLEZ, G.: *Ius quijotescum*: una visión literaria del Derecho en la novela "Don Quijote de La Mancha", Lisboa (Juruá), 2009.

8 BARREIRO GONZÁLEZ, G.: "Don Quixote de La Mancha y la justicia", en BAYLOS GRAU, A.P., CABEZA PEREIRO, J., CRUZ VILLALÓN, J. y VALDÉS DAL-RÉ, F. (Coords.): La jurisprudencia constitucional en materia laboral y social en el período 1999-2010: libro homenaje a María Emilia Casas, Madrid (La Ley), 2015, pp. 909 y ss.

9 Tras cuya amena lectura bien se pueden valorar claro ejemplo y adecuado referente en cuanto a lo que hoy en día se promueve como una parte de la labor del académico, esto es, la labor divulgadora o de transferencia de conocimiento, en términos que resulte comprensible por parte de un público no especializado.

10 BARREIRO GONZÁLEZ, G.: El Patio de Monipodio: la infame academia. Una visión literaria del Derecho en la Novela Ejemplar Rinconete y Cortadillo de Don Miguel de Cervantes Saavedra, León (Eolas), 2014.

11 A título de ejemplo, e incluso equiparando tal condición de los pícaros no sólo con la de los charlatanes, sino también con la de barberos o cirujanos, SCHMITZ, C.: "Barberos, charlatanes y enfermos: la pluralidad médica de la España barroca percibida por el pícaro Estebanillo González", *Dynamics*, vol. 36, núm. 1, 2016, pp. 143 y ss.

12 Entre otros, BARREIRO GONZÁLEZ, G. y SAN MARTÍN RODRÍGUEZ, J.: Los gremios de los pícaros clásicos, Valencia (Tirant Lo Blanch), 2013.

otras gentes de similar ralea o condición, todos ellos singulares personajes que pueblan las obras de aquél y otros próceres de las letras[13].

Determinados personajes del Quijote le darían pie para profundizar en los oficios médicos y las buenas prácticas para la salud, como el deporte[14] o la alimentación, esto último proporcionando un nuevo hilo argumental cuyo desarrollo le adentraría en el estudio de los oficios relacionados con la producción de alimentos y la restauración, así como en las circunstancias y condiciones laborales de unos y otros[15]. Prueba fehaciente de la relevancia de todo este nomenclátor fue la asiduidad con que el prócer universitario fue invitado a disertar como conferenciante sobre esta materia en una amplia pluralidad de foros, académicos y no académicos, los cuales sería demasiado prolijo enumerar[16].

2. OFICIOS, PROFESIONES Y CONDICIONES LABORALES EN LA LITERATURA CLÁSICA

Múltiple pudo ser la inspiración de todas estas obras del profesor Germán Barreiro (amén del hecho en sí de la celebración en 2005 del IV Centenario de la publicación del Quijote), llevándole a proseguir con su línea de investigación, y particularizando en cuanto a concretos desarrollos o pormenorizando en determinados aspectos.

Por ejemplo, el Premio Rivadeneira de la Real Academia Española de 1986, otorgado a Javier Salazar[17], tratado ilustrativo de relaciones entre el quehacer literario y la realidad social, donde se indica que la plena comprensión de una obra pasa por considerar las creaciones literarias como totalidades relativas que sólo alcanzan plena significación en el marco his-

---

13 Representativo a este respecto, BARREIRO GONZÁLEZ, G.: Bellacos, bergantes, bribiáticos, golfantes, granujas, malandrines y perillanes en la Ruta Jacobea (con el *Codex Calixtinus* como guía, en compañía de los pícaros del Siglo de Oro. De añadidura con curiosas y entretenidas aportaciones cervantinas), Lugo (Lucus Augusti), 2018.

14 BARREIRO GONZÁLEZ, G.: El deporte en la obra de Miguel de Cervantes, Lugo (Lucus Augusti), 2016.

15 Entre sus publicaciones más recientes, y ambas antologías de textos clásicos, BARREIRO GONZÁLEZ, G.: Entre libros y viñedos, León (Eolas), 2023; y BARREIRO GONZÁLEZ, G.: Bucólica áurea, León (Eolas), 2023.

16 Baste mencionar entre ellas la titulada “Cervantes y el Derecho”, pronunciada en la sesión de apertura del congreso “El Derecho en un Mundo Global” en 2016.

17 SALAZAR RINCÓN, J.: El mundo social del “Quijote”, Madrid (Gredos), 1986.

tórico en que fueron ubicadas y contextualizadas. Si particularizado para Don Quijote y Sancho Panza, su historia es satírico reflejo del mundo cambiante de la España de finales del siglo XVI y comienzos del XVII (la encrucijada española —o hispano-portuguesa— de 1600[18]), donde un relativo fortalecimiento nobiliario, paralelo al empobrecimiento de burgueses, hijosdalgo[19], labradores, jornaleros y otras gentes del campo, hizo que gran cantidad de estratos sociales medios e inferiores se empeñaran en adoptar miméticamente valores y formas de vida de los acomodados, medrando en cuanto fuera posible y tratando de emularles para ser (o parecer) uno de ellos, empeño en el que confluían con integrantes de otras "ocupaciones" u "oficios", como el de los pícaros, emanados de la propia necesidad de sobrevivir de quienes los desempeñaban.

En la época en la que Cervantes escribió su Don Quijote el sostén de la sociedad eran, pues, las clases medias e inferiores, en tanto ni los miembros de la realeza y la alta nobleza, ni tampoco los de las jerarquías eclesiásticas, trabajaban. Los oficios y las clases rurales (labradores y campesinos, jornaleros, pastores, arrieros, etc.) mantenían con el fruto de su trabajo al conjunto de la sociedad, junto con los gremios urbanos (manufactureros y comerciantes), al tiempo que, por carecer de certificados de hidalguía y tampoco pertenecer a los estamentos eclesiásticos, debían tributar con sus impuestos al rey y, en el caso de la mayoría de quienes faenaban en el campo, también a los propietarios de las tierras que les proveían su sustento.

Y es precisamente este singular escenario en el que el genio literario sitúa tanto a sus personajes principales, Don Quijote y Sancho Panza (unidos por una relación igualmente singular, en muchos aspectos calificable como laboral[20]), como a un amplio elenco de secundarios, unos más notables que otros, la mayoría sin nombre, pero todos ellos, cuando menos, identi-

---

18 Término acuñado, entre otros, por historiadores como SERRANO MANGAS, F.: "La encrucijada portuguesa. Esplendor y quiebra de la unión ibérica en las Indias de Castilla (1600-1668)", Badajoz (Diputación de Badajoz), 1994.

19 Aplicable al propio protagonista de la historia, como señala ALTAMIRANO FLORES, F.: "La ilusión y desilusión de la promoción social de Don Quijote", *Dialogía,* núm. 1, 2005, pp. 97 y ss.

20 Y como tal debatida por Germán Barreiro en su ponencia "Don Quijote y Sancho, ¿relación laboral?", presentada en las V Jornadas Valencianas de Relaciones Laborales, en 2011. Ello, al margen de consideraciones en cuanto a la condición social y aspiraciones de ambos personajes, como indica HERRERA, A.: "La condición social de Don Quijote", *La Colmena,* núm. 73, 2012, pp. 21 y ss.

ficados con sus respectivos oficios, algunos mantenidos, otros olvidados o en desuso, o bien "reinventados" con el transcurso del tiempo[21].

3. LA DIMENSIÓN SOCIAL DEL DESARROLLO SOSTENIBLE Y SU REFLEJO EN LA AGENDA 2030 Y EL PACTO MUNDIAL

Todas estas menciones literarias, no exclusivas de país o época concreta, no hacen sino abundar en una misma idea, cual es la reivindicación de una vertiente también social (o de justicia social, si se prefiere) en la noción de desarrollo sostenible. Con todo, ni siquiera los cambios sustantivos en los sistemas productivos a finales del siglo XIX fueron determinantes para la incorporación de las dimensiones económica[22] y/o social[23] al concepto hasta su replanteamiento por Naciones Unidas en 1987[24], operándose en

---

21 Llegando Germán Barreiro a identificar hasta casi setenta de los mismos, mencionados y aludidos "con distinta precisión y descripción", en BARREIRO GONZÁLEZ, G.: Trabajos, oficios y servicios. Una visión literaria del Derecho del Trabajo en la novela El Ingenioso Hidalgo y Caballero Don Quixote de la Mancha de Don Miguel de Cervantes Saavedra, cit., pp. 13-15. En la mayoría de supuestos, y como precisa, "en la terminología jurídica actual estaríamos según los casos y circunstancias, ante relaciones eclesiásticas, funcionariales, laborales asalariadas incluido el servicio doméstico, profesionales o liberales, trabajo forzado o semiforzado, autónomo o actividad empresarial" (p. 15).

22 En este caso, conforme a los criterios esbozados tras la primera y —sobre todo— la Segunda Revolución Industrial, como indican CERVELLÓ ROYO, R., MOYA CLEMENTE, I., PERELLÓ MARÍN, M.R. y RIBES GINER. G.: "Sustainable development, economic and financial factors, that influence the opportunity-driven entrepreneurship. An fsQCA approach", *Journal of Business Research,* núm. 115, 2020, pp. 393 y ss.

23 Al respecto, TORJMAN, S.: The social dimension of sustainable development, Toronto (Caledon Institute of Social Policy), pp. 2-9. Particularmente en consonancia con avances en la salud e higiene en el trabajo y la prevención de riesgos laborales, dadas las consecuencias que para los trabajadores y sus familias podían derivarse de una aplicación exclusiva de criterios económicos en los nuevos trabajos industriales (dando lugar a movimientos sociales, tanto de corte sindical como asistencial y de otro tipo). Sobre este particular, GARCÍA MIGUÉLEZ, M.P.: "Reflexión en torno a la certificación y percepción de la dimensión social del desarrollo sostenible y la necesidad de una normativa reguladora", en GIMÉNEZ MORERA, A. y ORTEGA GIMÉNEZ, A. (Dirs.): Derecho, Economía y Empresa. Cuestiones prácticas actuales, Madrid (Colex), 2023, p. 359; y un mayor desarrollo en GARCÍA MIGUÉLEZ, M.P.: Prevención de Riesgos Laborales, Lisboa (Juruá), 2010, pp. 31 y ss.

24 NACIONES UNIDAS: Report of the World Commission on Environment and Development: Our Common Future. Annex to Document A/42/427, Nueva York

aquel momento un cambio radical en el paradigma hasta entonces imperante, puesto que la dimensión ecológica seguiría siendo relevante, pero ya no ocupando una posición exclusiva —tal y como venía siendo pauta habitual—, sino compartida, en un modelo que sitúa a las personas en una posición central, capaz de articular el desarrollo económico y la equidad social con la preservación medioambiental, y a un tiempo tratando de integrar como propios los valores formativos de la justicia, la equidad y la inclusión[25].

Así se recalcaría en la Segunda Cumbre de la Tierra[26], al señalar que un desarrollo verdaderamente "sostenible" debería ser "equitativo" (simultaneando las dimensiones social y económica), "vivible" (aunando lo social y medioambiental) y "viable" (haciendo lo propio con lo económico y medioambiental) sobre la base de tres pilares: el progreso económico, la justicia social y la preservación del entorno natural o medio ambiente.

Pormenorizando en cuanto a aspectos de la sostenibilidad social, algunos vienen captando desde hace algún tiempo la atención de los investigadores en el campo del Derecho Laboral, como la economía colaborativa[27], las nuevas oportunidades de empleo asociadas a la economía social y a la

---

(Naciones Unidas), 1987. En la página 41 de dicho documento se concibe el desarrollo sostenible, en un sentido amplio, como aquél "que satisface las necesidades del presente si comprometer la capacidad de las generaciones futuras para satisfacer sus propias necesidades".

Dicho planteamiento (que, conforme se ha indicado, abandonaba la idea de "exclusividad" medioambiental en la consideración del desarrollo) pivota sobre dos ideas clave, igualmente especificadas en el texto de Naciones Unidas: por un lado, la de haber de tener presentes las "necesidades" (y en particular, las de los pobres del mundo, objeto de prioridad para el organismo internacional desde su fundación); por otro, la existencia de "limitaciones" a la hora de satisfacerlas, impuestas tanto por la capacidad del medio ambiente, como por el estado de la tecnología y —lo que es más relevante a los efectos de estas páginas— la organización social (pp. 47 y 16, respectivamente).

25 GARCÍA MIGUÉLEZ, M.P.: "Reflexión en torno a la certificación y percepción de la dimensión social del desarrollo sostenible y la necesidad de una normativa reguladora", cit., p. 358.

26 CARBAL HERRERA, A., ROSALES GARCÍA, C. y CASARES VIZCAÍNO, E.: "Cumbres de la Tierra entre Río-92 y París 2015: retos, logros y fracasos en el alcance de un desarrollo sostenible", *Gerencia Libre*, núm. 3, 2017, pp. 25 y ss.

27 Véase, por ejemplo, RODRÍGUEZ-PIÑERO ROYO, M.: "La agenda reguladora de la economía colaborativa: aspectos laborales y de Seguridad Social", *Temas Laborales: Revista Andaluza de Trabajo y Bienestar Social*, núm. 138, 2017, pp. 125 y ss.

calidad de vida de los mayores[28], o la posibilidad de adopción de nuevas tecnologías y del teletrabajo para contribuir a la conciliación de la vida familiar y laboral y, por ende, mejorar la calidad de vida de los trabajadores y sus familias[29]. Todos ellos compartiendo un mismo denominador común, como es reivindicar la mejora de las condiciones de trabajo, verdadero aspecto "clave" de la sostenibilidad social[30].

Tal es la importancia de la cuestión que ha dado lugar a una amplia serie de convenios y tratados internacionales[31], al tiempo que la gravedad de

---

28 Entre otros muchos, RODRÍGUEZ ESCANCIANO, S.: "Economía social, eco-empleos y cuidados de larga duración: claves para una transición justa", *CIRIEC-España. Revista Jurídica de Economía Social y Cooperativa*, núm. 42, 2023, pp. 49 y ss. De la misma autora, "Agenda 2030, envejecimiento y cuidados de larga duración: la mujer como protagonista", en GONZÁLEZ BUSTOS, M.Á. (Dir.) y DOMÍNGUEZ ÁLVAREZ, J.L. (Coord.): Agenda 2030, desarrollo sostenible e igualdad, Cizur Menor (Thomson Reuters Aranzadi), 2021, pp. 33 y ss.

29 Sobre el particular, GARCÍA MIGUÉLEZ, M.P.: "La transcendencia de la regulación de la conciliación de la vida laboral y familiar tras el RDL 5/2023, de 28 de junio de 2023: cuestiones en torno al teletrabajo y la desconexión digital para una buena calidad de vida de los trabajadores", *Revista Derecho Social y Empresa*, núm. 19, pp. 109 y ss. Previamente a la transposición de la Directiva 2019/1158/UE mediante el RDL 5/2023, GARCÍA MIGUÉLEZ, M.P.: El teletrabajo: antes, durante y tras el coronavirus, Cizur Menor (Thomson Reuters Aranzadi), 2021.

30 Propósito que trasciende al Derecho del Trabajo y al Derecho en general, por mor de integrarse en un campo de estudio más amplio e interdisciplinar, como es el de la responsabilidad o dimensión internas de la responsabilidad social corporativa (RSC). Un interesante estudio sobre los tópicos que han centrado las aportaciones de las investigaciones en esta materia, en SÁNCHEZ-HERNÁNDEZ, M.I., VÁZQUEZ BURGUETE, J.L., GARCÍA MIGUÉLEZ, M.P. y LANERO CARIZO, A.: "Internal corporate social responsibility for sustainability", *Sustainability*, vol. 13, núm. 14, 2021, pp. 1 y ss.

31 Así lo indica expresamente la propia constitución de la Organización Internacional del Trabajo (OIT) en el segundo de los considerandos de su preámbulo, siendo objeto de convenios y recomendaciones cada uno de los aspectos allí señalados: "considerando que existen condiciones de trabajo que entrañan tal grado de injusticia, miseria y privaciones para gran número de seres humanos, que el descontento causado constituye una amenaza para la paz y armonía universales; y considerando que es urgente mejorar dichas condiciones, por ejemplo, en lo concerniente a reglamentación de las horas de trabajo, fijación de la duración máxima de la jornada y de la semana de trabajo, contratación de la mano de obra, lucha contra el desempleo, garantía de un salario vital adecuado, protección del trabajador contra las enfermedades, sean o no profesionales, y contra los accidentes del trabajo, protección de los niños, de los adolescentes y de las mujeres, pensiones de vejez y de invalidez, protección de los intereses de los trabajadores ocupados en el extranjero, reconocimiento del principio de salario igual por un

la misma se veía refrendada con su reflejo en la Declaración emanada de la Cumbre del Milenio de Naciones Unidas de 2000, así como en normativas nacionales[32]. En la Declaración, dentro del primer Objetivo de Desarrollo

---

trabajo de igual valor y del principio de libertad sindical, organización de la enseñanza profesional y técnica y otras medidas análogas".

Del mismo modo, el art. 29 de la Carta de Derechos Fundamentales de la Unión Europea establece que "todo trabajador tiene derecho a condiciones de trabajo sanas, seguras y dignas" (art. 29.1), dentro de un Capítulo IV que también menciona, como derechos relacionados con la solidaridad, los de información y consulta de los trabajadores (art. 25), negociación y acción colectiva (art. 26), acceso a servicios de empleo (art. 27), limitación de la jornada de trabajo y períodos remunerados de descanso (art. 29.2), prohibición del trabajo infantil y protección de los jóvenes trabajadores (art. 30), conciliación de la vida familiar y profesional (art. 31), y Seguridad Social y ayuda social (art. 32). Análogamente a como ocurría con la OIT, todos estos aspectos han sido objeto de atención, en unos casos con más extensión y/o precisión que otros, por parte de la normativa comunitaria, principalmente a través de directivas y recomendaciones.

Un interesante desarrollo a uno y otro respecto puede verse, entre otros, en MORÁN BLANCO, S.: "Trabajo decente y crecimiento económico. Los trabajadores y el derecho internacional", en FERNÁNDEZ LIESA, C. y MANERO SALVADOR, A. (Dirs.): Análisis y comentarios a los Objetivos de Desarrollo Sostenible de las Naciones Unidas, Cizur Menor (Thomson Reuters Aranzadi), 2017, pp. 217 y ss.; y en MORÁN BLANCO, S.: "El 'trabajo decente' en la UE: políticas y normas", *Revista Española de Derecho del Trabajo*, núm. 206, 2018, pp. 27 y ss. Ya antes, un interesante planteamiento en relación con el rol a desempeñar por el organismo internacional en FERNÁNDEZ DOMÍNGUEZ, J.J. y QUIRÓS HIDALGO, J.G.: "El papel de la OIT ante la globalización económica: la búsqueda de un trabajo decente", en GARCÍA MURCIA, J. (Coord.): La globalización económica y el Derecho del Trabajo, Oviedo (Consejería de Industria y Empleo del Gobierno del Principado de Asturias), 2006, pp. 39 y ss.

32 Baste recordar en el caso de España, y sin necesitar entrar en el contenido del Estatuto de los Trabajadores y otras normas laborales, el precepto del art. 35 de la Carta Magna, en cuanto a que "todos los españoles tienen el deber de trabajar y el derecho al trabajo, a la libre elección de profesión u oficio, a la promoción a través del trabajo y a una remuneración suficiente para satisfacer sus necesidades y las de su familia, sin que en ningún caso pueda hacerse discriminación por razón de sexo" (art. 35.1), regulándose por ley un Estatuto de los Trabajadores (art. 35.2), y otros aspectos inherentes al establecimiento de las adecuadas (decentes) condiciones de trabajo, como el derecho a la negociación colectiva (art. 37.1), medidas de conflicto (art. 37.2), la formación continuada (art. 40.2), la seguridad e higiene en el trabajo (art. 40.2), la limitación de jornada y las vacaciones retribuidas (art. 40.2), el régimen público de Seguridad Social (art. 41), en enumeración de un compendio de obligaciones para el Estado que trascienden allende las fronteras nacionales, al indicar que éste "velará especialmente por la salvaguardia de los derechos económicos y sociales de los trabajadores españoles en el extranjero" (art.42).

del Milenio u ODM planteados ("erradicar la pobreza extrema y el hambre" [33]), el tercer subobjetivo propuesto era el de "promover un empleo pleno y productivo y trabajo decente para todos, incluidas las mujeres, los indígenas, los jóvenes, las personas con discapacidad y las poblaciones rurales [...] adoptando medidas adecuadas para ayudarnos mutuamente a eliminar las peores formas de trabajo infantil"[34].

Siendo de por sí significativa dicha inclusión dentro de tan elevado propósito[35], más aún lo fue su posterior elevación a la consideración de objetivo propiamente dicho[36]. De este modo, el octavo Objetivo de Desarrollo Sostenible u ODS de la Agenda 2030 se encuentra orientado a "promover el crecimiento económico sostenido, inclusivo y sostenible, el empleo pleno y productivo y el trabajo decente para todos"[37], haciéndose en sus metas mención expresa a aspectos como son: la generación de puestos de trabajo decentes (meta 8.3); el empleo pleno y productivo y el trabajo decente para todas las mujeres y hombres, incluidos jóvenes y personas con discapacidad, con igualdad de remuneración por trabajo de igual valor (meta 8.5); la promoción del empleo juvenil (meta 8.6); la erradicación del trabajo forzoso e infantil (meta 8.7); la protección de los derechos laborales y la promoción de los entornos de trabajo seguros y sin riesgos (meta 8.8); y la

---

33 Poniéndose así de manifiesto la voluntad de la comunidad internacional en cuanto a disminuir radicalmente la extrema pobreza, reduciendo el hambre y logando un empleo pleno y digno, todo ello con el horizonte del año 2015 como referente para su consecución. Naciones Unidas señalaba con relación a este propósito que era el núcleo central de los ODM, al ser el que reflejaba más directamente las intenciones que se querían plasmar en la Declaración del Milenio.

34 Resolución de Naciones Unidas "Cumplir la promesa: unidos para lograr los Objetivos de Desarrollo del Milenio", de 22 septiembre 2010 (A/RES/65/1), p. 14.

35 Debiendo recordarse una vez más que, tal y como ha sido indicado, la erradicación del hambre y la satisfacción de las necesidades de los pobres del mundo son el leitmotiv de la actuación de Naciones Unidas desde su constitución. La inclusión aquí de las condiciones dignas de trabajo es, pues, claro exponente de su importancia en cuanto a su consideración por parte del más relevante de los organismos internacionales. También recalcando la relevancia de la referencia a las condiciones dignas de trabajo en los ODM, y por todos, LOUSADA AROCHENA, J.F. y RON LATAS, R.P.: "La integración del trabajo decente de la Organización Internacional del Trabajo dentro de los Objetivos de Desarrollo Sostenible de Naciones Unidas (Agenda 2030)", *Revista Española de Derecho del Trabajo,* núm. 211, 2018, p. 124.

36 Véase LÓPEZ AHUMADA, J.E.: "La promoción del trabajo decente en virtud del Objetivo de Desarrollo Sostenible N. 8", *Revista Internacional Consiter de Direito,* vol. 8, núm. 14, 2022, pp. 429 y ss.

37 Resolución de Naciones Unidas "Transformar nuestro mundo: la Agenda 2030 para el Desarrollo Sostenible", de 25 septiembre 2015 (A/RES/70/1), págs. 22-23.

aplicación del Pacto Mundial para el Empleo de la Organización Internacional del Trabajo[38] (meta 8.b).

Más allá de lo anterior, y con el propósito de "dirigir y dar forma" al ODS 8 (al igual que otros ODS) de cara a su plasmación en el marco de las empresas y las organizaciones productivas, la aspiración al trabajo decente ha encontrado también reflejo directo en cuatro de los diez Principios que conforman el Pacto Mundial o Global Compact[39], de acuerdo con los cuales aquéllas se comprometen a defender la libertad de asociación y a reconocer el derecho a la negociación colectiva (Principio 3), eliminar toda forma de trabajo forzado u obligatorio (Principio 4), abolir la mano de obra infantil (Principio 5), y a eliminar la discriminación con respecto al empleo y la ocupación (Principio 6)[40].

4. A MODO DE REFLEXIÓN FINAL O COROLARIO: LA VIGENCIA DE LA LEGÍTIMA ASPIRACIÓN AL TRABAJO DECENTE PARA TODOS

Con independencia de lo evidente que pueda resultar cuanto ha sido expuesto en páginas precedentes respecto a la pretensión de trabajo decente para todos, no es menos cierto que los logros alcanzados hasta la

---

38 Adoptado por la OIT en 2009 con el título "Para recuperarse de la crisis: un Pacto Mundial para el Empleo", y objeto de actualización (o enmienda) en 2022. Propone diferentes medidas y políticas para generar empleo, ampliar la protección social, el respeto de las normas laborales, y la promoción del diálogo social, mediante el fomento de una globalización equitativa a escala mundial.

39 NACIONES UNIDAS: Naciones Unidas Global Compact, Estrategia del Pacto Mundial de la ONU 2021-2023, Nueva York (Naciones Unidas), 2021, pp. 10 y 19.

40 Dicho reflejo es también perceptible, aunque de manera menos explícita, en los dos primeros principios, relativos a la protección de los derechos humanos (Principio 1), y su no vulneración (Principio 2). Los demás tienen que ver con la promoción del desarrollo en su vertiente medioambiental (Principios 7, 8 y 9) y la lucha contra la corrupción (Principio 10). Véase GARCÍA MIGUÉLEZ, M.P.: "Reflexión en torno a la certificación y percepción de la dimensión social del desarrollo sostenible y la necesidad de una normativa reguladora", cit., p. 360.
Lo anterior enmarcado en un propósito garante de las condiciones decentes de trabajo, global e integrador, a lo largo de todas las cadenas productivas. Sobre el particular, interesantes aportaciones en SANGUINETI RAYMOND, W. y VIVERO SERRANO, J.B. (Coords.): Diligencia debida y trabajo decente en las cadenas globales, Cizur Menor (Thomson Reuters Aranzadi), 2022. En particular, el capítulo del primero de dichos autores sobre "La construcción de un nuevo derecho transnacional del trabajo para las cadenas globales" (pp. 31-88).

fecha resultan limitados. Así, por ejemplo, en el último disponible de los informes anuales que elabora Naciones Unidas para monitorizar los avances respecto a los ODS a nivel global y por zonas geográficas concretas, los datos muestran un claro deterioro del avance en relación con las metas del ODS 8[41], debido a los efectos de las sucesivas crisis (pandemia, cambio climático, conflictos bélicos, etc.), haciendo necesario el diseño e implementación de medidas urgentes, coordinadas y a gran escala, a fin de retomar cuanto antes la senda de avance deseada. Ese deterioro se traduce incluso en retroceso para el África Subsahariana, África Septentrional, Asia Occidental, Asia Central y Meridional, América Latina y el Caribe, y los Países Insulares del Pacífico, constatándose un progreso mediano (pero con necesidad de aceleración) en los Países Desarrollados (Europa, América del Norte, Australia y Nueva Zelanda).

Centrando el foco en la Unión Europea[42], y, tal y como indica el Informe Eurostat correspondiente a 2023[43], sí se aprecian algunos avances notorios o signos de mejora tras el brutal impacto de la pandemia en la economía y el mercado laboral, y ello a pesar del conflicto bélico en territorio ucraniano. Aun existiendo disparidades entre países, las cifras registradas en 2022 indican que la UE alcanzó un máximo histórico en cuanto a tasas de empleo, al tiempo que se lograba un mínimo igualmente histórico en los porcentajes de desempleados de larga duración, simultáneamente a un descenso en la siniestralidad laboral. Aunque los datos también apuntan a una reducción para el conjunto comunitario de la proporción de "trabaja-

41 NACIONES UNIDAS: Gráfico de Progreso de los Objetivos de Desarrollo Sostenible 2022, Nueva York (Naciones Unidas), 2022, pp. 4 y ss.

42 No en vano los ODS vienen siendo referente inspirador de las políticas comunitarias, estando firmemente arraigados en tratados, programas e iniciativas clave, sirviendo de ejemplo a estos efectos la tercera de las seis prioridades de la Comisión para el período 2019-2024 (https://commission.europa.eu/strategy-and-policy/priorities-2019-2024_es), "Una economía al servicio de las personas", donde se hace expresa mención a que "la UE debe crear un entorno de inversión más atractivo y un crecimiento que genere empleos de calidad, especialmente para los más jóvenes y las pequeñas empresas", y ello sobre la base de la Recomendación 205 OIT, de 2017, sobre el empleo y el trabajo decente para la paz y la resiliencia, pieza clave para la recuperación sostenible de la crisis, tal y como indica NAVARRO NIETO, F.: "Política de empleo", en GARCÍA MURCIA, J. (Dir.): "La influencia de los convenios y recomendaciones de la OIT en la legislación social española", Madrid (BOE), 2024, p. 149.

43 EUROSTAT: Sustainable development in the European Union. Monitoring report on progress towards the SDGs in an EU context-2023 edition, Luxemburgo (Publications Office of the European Union), 2023, pp. 10-11, y 149 y ss.

dores pobres", los avances a este respecto son más cuestionables, particularmente si se tiene en cuenta el comportamiento paralelo de las tasas de inflación en la etapa más reciente[44].

Ahora, pues, y como antes, el trabajo decente para todos sigue siendo una, aunque legítima, aspiración, restando aún mucho por hacer para su materialización.

5. BIBLIOGRAFÍA

ALTAMIRANO FLORES, F.: "La ilusión y desilusión de la promoción social de Don Quijote", *Dialogía,* núm. 1, 2006, pp. 97-134.

BARREIRO GONZÁLEZ, G.: "Trabajos, oficios y servicios. Una visión literaria del Derecho del Trabajo en la novela El Ingenioso Hidalgo y Caballero Don Quixote de La Mancha de Don Miguel de Cervantes Saavedra", *Revista de Estudios Laborais,* núm. 6, 2005, pp. 73-97.

BARREIRO GONZÁLEZ, G.: "El valor jurídico de un libro: Don Quijote de La Mancha", *Revista La Ley,* núm. 3, 2005, pp. 1682-1687.

BARREIRO GONZÁLEZ, G.: "Cervantes y Don Quijote jurisperitos (una visión literaria del Derecho en Don Quijote de la Mancha", *Anales de Derecho: Colección Huarte de San Juan,* núm. 6, 2005, pp. 13-38.

BARREIRO GONZÁLEZ, G.: "«*Ius quijotescum*». El derecho como recurso literario en el Quijote: Cervantes y el ingenioso caballero jurisperitos", Anuario da Facultade de Dereito da Universidade da Coruña, núm. 9, 2005, pp. 49-74.

BARREIRO GONZÁLEZ, G.: *Ius quijotescum*: una visión literaria del Derecho en la novela "Don Quijote de La Mancha", Lisboa (Juruá), 2009.

BARREIRO GONZÁLEZ, G.: Trabajos, oficios y servicios. Una visión literaria del Derecho del Trabajo en la novela El Ingenioso Hidalgo y Caballero Don Quixote de la Mancha de Don Miguel de Cervantes Saavedra, León (Universidad de León), 2012.

BARREIRO GONZÁLEZ, G.: El Patio de Monipodio: la infame academia. Una visión literaria del Derecho en la Novela Ejemplar Rinconete y Cortadillo de Don Miguel de Cervantes Saavedra, León (Eolas), 2014.

BARREIRO GONZÁLEZ, G.: "Don Quixote de La Mancha y la justicia", en BAYLOS GRAU, A.P., CABEZA PEREIRO, J., CRUZ VILLALÓN, J. y VALDÉS DAL-RÉ, F. (Coords.): La jurisprudencia constitucional en materia laboral y social en el pe-

[44] Cuestionándose el Atlas de los Objetivos de Desarrollo Sostenible 2023, elaborado por el Banco Mundial, si podrán recuperarse los países tras la Covid-19, a la vez que afirmando que en el momento presente sólo el 5% de la población mundial reside en un país bien encaminado para la recuperación o superación de las proyecciones de producción económica previas a la pandemia (https://datatopics.worldbank.org/sdgatlas/ goal-8-decent-work-and-economic-growth?lang=es).

ríodo 1999-2010: libro homenaje a María Emilia Casas, Madrid (La Ley), 2015, pp. 909-926.

BARREIRO GONZÁLEZ, G.: El deporte en la obra de Miguel de Cervantes, Lugo (Lucus Augusti), 2016.

BARREIRO GONZÁLEZ, G.: Bellacos, bergantes, bribiáticos, golfantes, granujas, malandrines y perillanes en la Ruta Jacobea (con el *Codex Calixtinus* como guía, en compañía de los pícaros del Siglo de Oro. De añadidura con curiosas y entretenidas aportaciones cervantinas), Lugo (Lucus Augusti), 2018.

BARREIRO GONZÁLEZ, G.: Entre libros y viñedos, León (Eolas), 2023.

BARREIRO GONZÁLEZ, G.: Bucólica áurea, León (Eolas), 2023.

BARREIRO GONZÁLEZ, G. y SAN MARTÍN RODRÍGUEZ, J.: Los gremios de los pícaros clásicos, Valencia (Tirant Lo Blanch), 2013.

CARBAL HERRERA, A., ROSALES GARCÍA, C. y CASARES VIZCAÍNO, E.: "Cumbres de la Tierra entre Río-92 y París 2015: retos, logros y fracasos en el alcance de un desarrollo sostenible", *Gerencia Libre*, núm. 3, 2017, pp. 25-34.

CERVELLÓ ROYO, R., MOYA CLEMENTE, I., PERELLÓ MARÍN, M.R. y RIBES GINER. G.: "Sustainable development, economic and financial factors that influence the opportunity-driven entrepreneurship. An fsQCA approach", *Journal of Business Research*, núm. 115, 2020, pp. 393-402.

DIAS PAES, M. A.: Esclavos y tierras entre posesión y títulos. La construcción social del derecho de propiedad en Brasil (siglo XIX), Fráncfort (Max Planck Institute for Legal History and Legal Theory), 2021.

EUROSTAT: Sustainable development in the European Union. Monitoring report on progress towards the SDGs in an EU context-2023 edition, Luxemburgo (Publications Office of the European Union), 2023.

FALCÓN Y TELLA, M.J.: "Derecho y literatura", Madrid (Marcial Pons), 2015.

FERNÁNDEZ DOMÍNGUEZ, J.J. y QUIRÓS HIDALGO, J.G.: "El papel de la OIT ante la globalización económica: la búsqueda de un trabajo decente", en GARCÍA MURICA, J. (Coord.): La globalización económica y el Derecho del Trabajo, Oviedo (Consejería de Industria y Empleo del Gobierno del Principado de Asturias), 2006, pp. 39-63.

GARCÍA MIGUÉLEZ, M.P.: Prevención de Riesgos Laborales, Lisboa (Juruá), 2010.

GARCÍA MIGUÉLEZ, M.P.: El teletrabajo: antes, durante y tras el coronavirus, Cizur Menor (Thomson Reuters Aranzadi), 2021.

GARCÍA MIGUÉLEZ, M.P.: "La transcendencia de la regulación de la conciliación de la vida laboral y familiar tras el RDL 5/2023, de 28 de junio de 2023: cuestiones en torno al teletrabajo y la desconexión digital para una buena calidad de vida de los trabajadores", *Revista Derecho Social y Empresa*, núm. 19, 2023, pp. 109-132.

GARCÍA MIGUÉLEZ, M.P.: "Reflexión en torno a la certificación y percepción de la dimensión social del desarrollo sostenible y la necesidad de una normativa reguladora", en GIMÉNEZ MORERA, A. y ORTEGA GIMÉNEZ, A. (Dirs.): Derecho, Economía y Empresa. Cuestiones prácticas actuales, Madrid (Colex), 2023, pp. 357-366.

GORDON, R.: "Critical legal histories", *Stanford Law Review*, núm. 36, pp. 57 y ss.

HERRERA, A.: "La condición social de Don Quijote", *La Colmena*, núm. 73, 2012, pp. 21-24.

LÓPEZ AHUMADA, J.E.: "La promoción del trabajo decente en virtud del Objetivo de Desarrollo Sostenible N. 8", *Revista Internacional Consiter de Direito*, vol. 8, núm. 14, 2022, pp. 429 y ss.

LOUSADA AROCHENA, J.F. y RON LATAS, R.P.: "La integración del trabajo decente de la Organización Internacional del Trabajo dentro de los Objetivos de Desarrollo Sostenible de Naciones Unidas (Agenda 2030)", *Revista Española de Derecho del Trabajo*, núm. 211, 2018, pp. 113-139.

MORÁN BLANCO, S.: "Trabajo decente y crecimiento económico. Los trabajadores y el derecho internacional", en FERNÁNDEZ LIESA, C. y MANERO SALVADOR, A. (Dirs.): Análisis y comentarios a los Objetivos de Desarrollo Sostenible de las Naciones Unidas, Cizur Menor (Thomson Reuters Aranzadi), 2017, pp. 217-242.

MORÁN BLANCO, S.: "El 'trabajo decente' en la UE: políticas y normas", *Revista Española de Derecho del Trabajo*, núm. 206, 2018, pp. 27-61.

NACIONES UNIDAS: Report of the World Commission on Environment and Development: Our Common Future. Annex to Document A/42/427, Nueva York (Naciones Unidas), 1987.

NACIONES UNIDAS: Naciones Unidas Global Compact, Estrategia del Pacto Mundial de la ONU 2021-2023, Nueva York (Naciones Unidas), 2021.

NACIONES UNIDAS: Gráfico de Progreso de los Objetivos de Desarrollo Sostenible 2022, Nueva York (Naciones Unidas), 2022.

NAVARRO NIETO, F.: "Política de empleo", en GARCÍA MURCIA, J. (Dir.): "La influencia de los convenios y recomendaciones de la OIT en la legislación social española", Madrid (BOE), 2024, pp. 135-156.

OSSORIO MORALES, J.: "Derecho y literatura", Granada (Universidad de Granada), 2016.

RODRÍGUEZ ESCANCIANO, S.: "Agenda 2030, envejecimiento y cuidados de larga duración: la mujer como protagonista", en GONZÁLEZ BUSTOS, M.Á. (Dir.) y DOMÍNGUEZ ÁLVAREZ, J.L. (Coord.): Agenda 2030, desarrollo sostenible e igualdad, Cizur Menor (Thomson Reuters Aranzadi), 2021, pp. 33-69.

RODRÍGUEZ ESCANCIANO, S.: "Economía social, eco-empleos y cuidados de larga duración: claves para una transición justa", *CIRIEC-España. Revista Jurídica de Economía Social y Cooperativa*, núm. 42, 2023, pp. 49-96.

RODRÍGUEZ-PIÑERO ROYO, M.: "La agenda reguladora de la economía colaborativa: aspectos laborales y de Seguridad Social", *Temas Laborales: Revista Andaluza de Trabajo y Bienestar Social*, núm. 138, 2017, pp. 125-161.

SALAZAR RINCÓN, J.: El mundo social del "Quijote", Madrid (Gredos), 1986.

SCHMITZ, C.: "Barberos, charlatanes y enfermos: la pluralidad médica de la España barroca percibida por el pícaro Estebanillo González", *Dynamics*, vol. 36, núm. 1, 2016, pp. 143-166.

SÁNCHEZ-HERNÁNDEZ, M.I., VÁZQUEZ BURGUETE, J.L., GARCÍA MIGUÉLEZ, M.P. y LANERO CARIZO, A.: "Internal corporate social responsibility for sustainability", *Sustainability*, vol. 13, núm. 14, 2021, pp. 1 y ss.

SANGUINETI RAYMOND, W. y VIVERO SERRANO, J.B. (Coords.): Diligencia debida y trabajo decente en las cadenas globales, Cizur Menor (Thompson Reuters Aranzadi), 2022.

SERRANO MANGAS, F.: "La encrucijada portuguesa. Esplendor y quiebra de la unión ibérica en las Indias de Castilla (1600-1668)". Badajoz (Diputación de Badajoz), 1994.

WORLD BANK: El Atlas de los Objetivos de Desarrollo Sostenible 2023 (online), https://datatopics.worldbank.org/sdgatlas?lang=es

Capítulo III

Reflexiones a la luz de la monografía "la sustitución del trabajador con derecho de reserva. El contrato de interinidad" de don Germán Barreiro González

SUSANA RODRÍGUEZ ESCANCIANO
Catedrática de Derecho del Trabajo y de la Seguridad Social. Universidad de León

SUMARIO: 1. UN ESTUDIO INTENSO Y EXTENSO. 2. EL PRINCIPIO DE ESTABILIDAD EN EL EMPLEO: QUIEBRAS. 3. LA CAUSALIDAD EN LA CONTRATACIÓN TEMPORAL COMO HILO CONDUCTOR. 4. EL NUEVO RÉGIMEN DEL CONTRATO DE SUSTITUCIÓN. 5. EL CONTRATO DE INTERINIDAD POR VACANTE EN EL SECTOR PÚBLICO. SU TRANSFORMACIÓN EN "INDEFINIDO NO FIJO". 6. LA REFORMA DE 2021. 7. LAS SENTENCIAS DEL TRIBUNAL DE JUSTICIA DE LA UNIÓN EUROPEA DE 22 DE FEBRERO Y 13 DE MAYO DE 2024: NUEVAS INCERTIDUMBRES.8. BIBLIOGRAFÍA.

1. UN ESTUDIO INTENSO Y EXTENSO

Muy difícil resulta condensar en unas páginas la riqueza del contenido de la monografía titulada "La sustitución del trabajador con derecho de reserva. El contrato de interinidad" que resiste con éxito el paso del tiempo y el cambio de las normas. Todavía más arduo es hacerlo recordando a su autor, el Dr. Germán Barreiro González, ejemplo de sabiduría y entrega entusiasta a la enseñanza e investigación del Derecho del Trabajo y de la Seguridad Social y a sus discípulos. Estará siempre presente en mi pensamiento su gran talla intelectual, su afecto entrañable, su disponibilidad plena, su generosidad, su honradez, la elocuencia de sus discursos y sus sopesados consejos y juicios certeros.

El ensayo ahora recensionado, publicado por la Editorial Civitas en 1986, no es sino un botón de muestra de una fructífera obra, extendida a la práctica totalidad de instituciones del Derecho Social, pero atesora además el mérito de haberse convertido en un auténtico referente de obligada consulta para aquellos autores que con posterioridad se han acercado al estudio del régimen jurídico del contrato de interinidad. Cuenta, al tiempo, con un prólogo modélico, redactado por el profesor Alonso Olea, maestro del Derecho, en el que se pone de manifiesto que el ensayo sobre "el contrato de interinidad, como sus predecesores, se caracteriza tanto por la profundidad y agudeza del análisis, un estudio intenso, como por el agotamiento de los temas que se analizan, un estudio extenso. En ésa, como en las anteriores ocasiones, puede así tener el lector la certeza de que virtualmente queda dicho todo lo que sobre el tema se podría decir y de que la dicción se ha hecho con claridad y rigor". Todo ello sin olvidar que el presente libro permitió el inicio de la andadura del Profesor Barreiro como Catedrático en la Universidad de León, pues fue presentado a las oposiciones a dicha plaza que brillantísimamente obtuvo, desde la previa condición de Titular de la disciplina en la Universidad Complutense de Madrid. Tal ascenso en su carrera académica le permitió no sólo aglutinar a lo largo de varias décadas su profusa actividad docente e investigadora, sino crear una escuela de laboralistas a la que tengo la suerte de pertenecer con el profesor Juan José Fernández Domínguez a la cabeza.

Entrando en el contenido del compendio que concita a estas breves páginas, cabe destacar que el Dr. Barreiro se detiene con primorosa pluma en aquilatar la definición del contrato de interinidad, configurado como un contrato de duración determinada en el art. 15 ET, esto es, como un contrato por tiempo limitado, sometido a un término o a una condición resolutoria. Desde tal premisa, el nivel técnico sobresaliente permite desgranar los múltiples casos en que esta modalidad contractual se usa en la realidad jurídica o que en la realidad jurídica quedan bajo su protección o caen bajo su imperio.

2. EL PRINCIPIO DE ESTABILIDAD EN EL EMPLEO: QUIEBRAS

Como con acierto vaticinó el maestro Alonso Olea en su prólogo "característica de este estudio es… que no pende en gran parte su utilidad de la decisión normativa, ni queda arrumbado como inservible por el plumazo del legislador… Este estudio quedará ahí, por tiempo indefinido o largo porque al penetrar el sustrato de la realidad jurídica y manejarse con categorías jurídicas perennes, como la condición y el término lo son, se sitúa allende los avatares de la regulación concreta; es más, puede servir para sopesar y medir sus modificaciones".

Así, un primer parámetro objeto de consideración en la monografía del profesor Barreiro son los desajustes productivos que pueden excepcionar la aplicación del principio de estabilidad en el empleo. La constante y permanente necesidad empresarial de responder y adecuar su estructura a las fluctuaciones del mercado y de la demanda en el sustrato industrial siempre ha estado presente, pero en los últimos años las feroces exigencias de competitividad y rentabilidad empresarial[1], y el fuerte impacto de la digitalización y de la economía verde, aconsejan todavía con mayor crudeza dotarse de una estructura móvil, no estática, en tanto presupuesto y condición *sine qua non* para la propia supervivencia del negocio, que precisa disponer a la carta de un mayor o menor número de efectivos con el fin de dar respuesta rápida a las continuas oscilaciones de la demanda. Al igual que en épocas pretéritas, la optimización del beneficio es la "razón de ser última" de todas estas innovaciones que abogan por reportar "más en menos tiempo y con menos mano de obra"[2].

La proliferación, junto al tipo contractual clásico de carácter permanente y a jornada completa que queda orillado, de nuevas figuras caracterizadas por la precariedad en sus condiciones de trabajo al verse reducido el histórico papel preponderante de la regulación legal de máximos, adquieren un protagonismo preocupante en estos escenarios productivos asociados a la transición digital y verde[3]. El trabajo a tiempo parcial, el trabajo intermitente y *quasi* a la llamada, la facilidad en las modificaciones y descuelgues, la distribución irregular de la jornada, el crecimiento de fórmulas no directas de conexión del trabajo con el proceso productivo, sin olvidar —por lo que aquí interesa— las distintas modalidades de contratación por duración determinada, constituyen un elenco de circunstancias ejemplificativas que hacen indiscutible una realidad frecuente.

Lamentablemente, tales coordenadas negativas de trabajo, con exponente sustancial en las altas tasas de temporalidad, se recrudecen en los últimos años, donde se ha puesto de manifiesto de una forma todavía más preclara el fenómeno calificado como "adicción a la precariedad", derivado de una intensa disponibilidad (cuasi servilismo de las personas tra-

---

1 GARCÍA NINET, J.I.: "A vueltas con el tiempo de trabajo y la productividad o sobre cómo flexibilizar más el tiempo de trabajo", *Tribuna Social*, núm. 164-165, 2004, p. 5.

2 ALARCÓN CARACUEL, M.R.: "La informatización y las nuevas formas de trabajo", en AA.VV (ALARCÓN CARACUEL, M.R. y ESTEBAN LEGARRETA, R., Coords.): *Nuevas tecnologías de la información y la comunicación y Derecho del Trabajo*, Albacete (Bomarzo), 2004, p. 10.

3 RODRÍGUEZ-PIÑERO Y BRAVO-FERRER, M.: "100 años de la implantación de la jornada máxima de trabajo", *Derecho de las Relaciones Laborales*, núm. 4, 2019, p. 356.

bajadoras) y una falta de contundencia en cuanto a la restricción del uso injustificado a la contratación temporal, sobre todo como consecuencia de un sistema indemnizatorio que no contribuye en modo alguno a desincentivar su uso, de las dificultades para el control por parte de la Inspección de Trabajo y de los costes de oportunidad que conlleva la interposición de una acción judicial reparadora por parte del trabajador[4].

Amplio es, además, el consenso existente sobre la consideración de que las elevadas tasas de temporalidad constituyen un factor altamente perjudicial, tanto para el desarrollo de la economía y del bienestar de los trabajadores, como para el tejido social en su conjunto[5]. Desde la perspectiva empresarial, este sistema provoca una tendencia hacia modelos de baja productividad, de escasa inversión en capital humano, de dificultades en las necesarias políticas de retención del talento, así como, a la postre, efectos nocivos en la competitividad. Desde el punto de vista de los trabajadores, debilita una planificación en el medio plazo de la carrera profesional, acentúa la oferta de trabajo en actividades profesionales de baja cualificación y, por ende, de menores niveles retributivos, al tiempo que concentra en mayor medida el peso de las prerrogativas de dirección empresarial, rebajando la actividad sindical. En fin, sobre el conjunto de la sociedad conlleva consecuencias devastadoras frente a las tasas de natalidad, el desarrollo del consumo en el medio o largo plazo, a la par que repercute gravosamente sobre el gasto público especialmente por lo que afecta a la prestación por desempleo[6].

En definitiva, el alto grado de temporalidad y rotación del sistema español de contratación provoca secuelas perjudiciales para la calidad del trabajo, la formación y los derechos de los trabajadores, así como para las necesidades de mejora de la productividad y competitividad de nuestra economía y de las empresas[7].

---

4 GOERLICH PESET, J.M.: "¿Es necesario revisar el marco normativo de la contratación temporal", *Documentación Laboral*, núm. 111, 2017, vol. II, p. 19.

5 CRUZ VILLALÓN, J.: "La recuperación de la lógica institucional en la contratación laboral: el equilibrio entre estabilidad y flexibilidad contractual", *Derecho de las Relaciones Laborales*, núm. 3, 2016, p. 210.

6 CRUZ VILLALÓN, J.: "La recuperación de la lógica institucional en la contratación laboral: el equilibrio entre estabilidad y flexibilidad contractual", cit., p. 210.

7 CASAS BAAMONDE, M.E., "Una nueva ordenación legal consensuada del trabajo y de las relaciones laborales. Conclusiones del debate del grupo FIDE", *Derecho de las Relaciones Laborales*, núm. 3, 2016, p. 296.

3. LA CAUSALIDAD EN LA CONTRATACIÓN TEMPORAL COMO HILO CONDUCTOR

Cierto es que tradicionalmente la opción entre la contratación temporal e indefinida no ha sido libre. Las necesidades permanentes de personal debían ser cubiertas con personal fijo y el reclutamiento temporal debía responder a la concurrencia de una causa específica y, por tanto, ser casi residual[8]. La causalidad o tasación legal de las circunstancias habilitantes para la celebración de vínculos *a termino* implicaba, como *conditio sine qua non,* la necesaria concurrencia de unos presupuestos legitimadores en cada caso que la empresa no podía obviar, exigiendo un ajuste perfecto entre el supuesto legalmente previsto y la realidad del trabajo requerido, sin ser de recibo usar un molde determinado para una situación de hecho ajena al mismo.

Así pues, la autonomía de la voluntad de las partes no desplegaba toda su potencialidad a la hora de determinar el contrato laboral que iba a unir al empleador y al trabajador, no en vano los principios de estabilidad en el empleo y de conservación del negocio jurídico convertían a la contratación indefinida en la regla general y configuraban a la temporal como excepcional, amparada en una precisa tipificación. De este modo, debía acudirse, como regla general, al contrato de duración indefinida, salvo que se apreciaran alguna de las hipótesis previstas legalmente para la celebración de un contrato limitado en el tiempo[9].

Sin embargo, pese a esta rígida configuración teórica, en la práctica, la tendencia ha sido siempre la contraria, pues dentro de esta variedad, las empresas han preferido, sobre todo en los últimos años, recurrir a la contratación temporal frente a la indefinida, muchas veces utilizando esta vía de forma irregular, sin respetar los presupuestos justificativos al amparo del art. 15 ET, pero otras muchas veces de forma lícita, pues dicho precepto, con anterioridad a esta última reforma, olvidaba que no debían colocarse en pie igualdad a la contratación indefinida y a la temporal, no quedando claro en su tenor el impedimento a una opción empresarial sin condicionantes.

Por tal razón, el Real Decreto Ley 32/2021, de una forma categórica, se encarga de recalcar la preferencia por la contratación indefinida a tra-

---

8 NORES TORRES, L.E. y RAMOS MORAGUES, F.: "La contratación laboral en el sector público", en AA.VV (BLASCO JOVER, C., Dir.): *Empleo y productividad en el sector público y en el privado. Valoración, retos y oportunidades,* Valencia (Tirant Lo Blanch), 2007, p. 148.

9 Por todas, STS, Social, 17 octubre 2006 (rec. 2426/2005).

vés de una serie de cauces contundentes y efectivos, dentro de los cuales procede mencionar el siguiente: frente al "podrán celebrarse contratos de duración determinada en los siguientes supuestos", que a continuación se enumeraban, ahora se circunscriben las posibilidades "solo" y únicamente a dos: "por circunstancias de la producción o por sustitución de la persona trabajadora", lo cual implica la desaparición de la figura del contrato para obra o servicio determinado, muchas veces utilizado como subterfugio para atender necesidades permanentes de efectivos.

4. EL NUEVO RÉGIMEN DEL CONTRATO DE SUSTITUCIÓN

Manteniendo en su esencia los términos del régimen precedente, el objeto de esta modalidad contractual es ahora triple:

1ª) Sustituir a quien "disfruta de derecho a reserva de puesto de trabajo", pues si no existiera derecho a la reincorporación del trabajador, no habría necesidad temporal que cubrir[10]. La exigencia de "reserva de puesto de trabajo" permite realizar, como anteriormente, una interpretación amplia del concepto de sustitución, incluyendo tanto suspensiones como interrupciones. Ahora bien, es menester aquilatar los términos, teniendo en cuenta, en primer lugar, que no será posible celebrar este contrato ni para sustituir trabajadores durante una huelga legal, salvo que se hayan incumplido los servicios de mantenimiento y seguridad o los servicios mínimos en huelgas en servicios esenciales para la comunidad (art. 6.5 Real Decreto Ley 17/1997, de 4 de marzo), ni para sustituir a un trabajador con contrato de trabajo suspendido por fuerza mayor temporal, por causas económicas, técnicas, organizativas o de producción, ni tampoco por cierre patronal legal[11]. En segundo término, no cabe entender, en paralelo, que en los diferentes supuestos de interrupción de la prestación de trabajo (permisos, descanso semanal, crédito de horas de los representantes...), por su corta duración, pueda celebrarse un contrato de interinidad[12]. Además, queda descartada por la jurisprudencia la posibilidad de celebrar contratos de esta naturaleza para sustituir a trabajadores en vacaciones, no en

---

10 OJEDA AVILÉS, A. y GORELLI HERNÁNDEZ, J.: *Los contratos de trabajo temporales*, Madrid (Iustel), 2006, p. 256.

11 LÓPEZ TERRADA, E.: "Supuestos de contratación temporal", en AA.VV (GOERLICH PESET, J.M., Coord.): *Comentarios al Estatuto de los Trabajadores. Libro homenaje a Tomás Sala Franco*, Valencia (Tirant Lo Blanch), 2016, p. 350.

12 RODRÍGUEZ IZQUIERDO, R.: "La causa en el contrato de interinidad", *Tribuna Social*, núm. 144, p. 35.

vano "no se trata técnicamente de una suspensión del contrato sino una mera interrupción ordinaria de la prestación de servicios que no genera una vacante reservada propiamente dicha"[13]. De este modo, de entre los supuestos suspensivos contemplados legalmente, no plantea ningún problema la utilización del contrato de interinidad en los enumerados en el art. 45.1 c), d) [junto al 48.4, 48.5 y 48 bis], f), g), h), k) y n), pero quedan excluidos los mencionados en los párrafos e), i), j), l) y m)[14].

Como ya había señalado el Tribunal Supremo, el sustituto no tiene que realizar las mismas funciones que la persona sustituida[15], admitiéndose actualmente también que "la prestación de servicios podrá iniciarse antes de que se produzca la ausencia de la persona sustituida, coincidiendo (ambas) en el desarrollo de las funciones el tiempo imprescindible para garantizar el desempeño adecuado del puesto y, como máximo, durante quince días".

2ª) Completar una reducción de jornada, prevista legal o convencionalmente. Con anterioridad, con carácter general, se exigía que el vínculo se concertara a jornada completa, admitiéndose dos excepciones expresas (art. 5.2 Real Decreto 2720/1998): 1. Cuando el trabajador sustituido estuviera contratado a tiempo parcial. 2. Cuando el contrato se realice para complementar la jornada reducida de los trabajadores que ejerciten los derechos reconocidos en el art. 37, apartados 5 y 6 ET (por nacimiento de hijos prematuros o que, por cualquier causa, deban permanecer hospitalizados a continuación del parto; por guarda legal para el cuidado directo de algún menor de doce años o persona con discapacidad; para el cuidado directo de un familiar hasta el segundo grado de consanguinidad o afinidad que por razones de edad, accidente o enfermedad no pueda valerse por sí mismo; para cuidar a un familiar de primer grado aquejado de enfermedad muy grave; o para atender, durante la hospitalización y tratamiento continuado, al menor a su cargo afectado por enfermedad grave) o también en aquellos otros casos en que, de conformidad con lo establecido legal o convencionalmente, se haya acordado una reducción temporal de la jornada del trabajador sustituido, incluidos los supuestos en que los trabajadores disfruten a tiempo parcial el permiso de nacimiento y cuidado de hijo, adopción, guarda con fines de adopción o acogimiento, de conformidad con el Código Civil o las leyes civiles de las Comunidades

---

13 STS, Social, 12 julio 1994 (rec. 121/1994). Con carácter más reciente STS 30 octubre 2019 (rec. 1070/2017).

14 MARTÍN BARREIRO, M.: *Los contratos temporales causales,* Valencia (Tirant Lo Blanch), 2016, pp. 295 y ss.

15 SSTS 26 mayo 2021 (rec. 2199/2019) y 6 julio 2021 (rec. 2746/2019).

Autónomas que lo regulen, siempre que su duración no sea inferior a un año, de acuerdo con lo establecido en el art. 48.7 ET. Por tanto, adoptando una redacción legal genérica, se llega al mismo resultado que ya establecía la norma reglamentaria.

3ª) Cubrir una vacante mientras dura el proceso de selección o promoción para su cobertura definitiva. Se incorpora así al ET una previsión que hasta ahora tenía mero rango reglamentario (Real Decreto 2720/1998), añadiendo un importante veto: que el puesto de trabajo ha de ser "fijo". Aquí sí se establece una estricta duración máxima del contrato, cifrada en tres meses (plazo que el convenio colectivo puede reducir, pero no ampliar), y se añade la prevención de que no puede celebrarse un nuevo contrato con el mismo objeto una vez superada la duración máxima referida[16].

5. EL CONTRATO DE INTERINIDAD POR VACANTE EN EL SECTOR PÚBLICO. SU TRANSFORMACIÓN EN "INDEFINIDO NO FIJO"

Renovada importancia cobra la calificación de "anomalía" que el profesor Barreiro otorgó al contrato de interinidad "por falta de cobertura de un puesto de trabajo pendiente de provisión" en el marco del empleo público, pues no han sido pocas las ocasiones en las que ha concurrido fraude de ley, bien por el encadenamiento de vínculos sucesivos, bien por su anormalmente dilatada extensión temporal. Las consecuencias reparadoras a tales abusos han dado pie a un abundantísimo corpus de doctrina judicial que da muestras de un desajuste disfuncional entre el Derecho Administrativo y el Derecho Laboral, pues, de aplicar el ordenamiento social en toda su extensión, la utilización fraudulenta o irregular significaría la conversión del contrato en indefinido, lo cual parece chocar con las exigencias derivadas de los principios de igualdad, mérito y capacidad, para cuya satisfacción se prevén pruebas selectivas objetivas de acceso; de determinar, por el contrario, la nulidad contractual, quedan a salvo los citados parámetros constitucionales, pero se sanciona la irregularidad en beneficio del empleador infractor[17].

---

16 GÓMEZ ABELLEIRA, F.: "Las causas de contratación temporal tras el Real Decreto Ley 32/2021", *Labos*, vol. 3, número extraordinario, 2021, p. 26.

17 ARUFE VARELA, A.: "Los trabajadores indefinidos no fijos al servicio de las Administraciones Públicas: una anomalía jurisprudencial y legal", *Revista General de Derecho del Trabajo y de la Seguridad Social*, núm. 40, 2015, pp. 85 y ss

La solución no ha sido fácil, y así lo muestra una evolución, que tarda en adoptar una posición definitiva, fluctúa, se contradice o corrige, estableciendo, al final, una extraña distinción entre trabajadores fijos (quienes han superado las pruebas objetivas de selección) e indefinidos no fijos (convertidos en tales precisamente por irregularidades), quedando obligada la Administración a adoptar las medidas precisas para la cobertura definitiva de la plaza o para su amortización, causas lícitas de extinción del contrato[18].

El resultado final de esta evolución jurisprudencial ha sido la creación, de hecho, de una nueva figura contractual específica para la Administración recogida ahora de forma expresa en el párrafo segundo del art. 11.1 TREBEP, en virtud del cual, por su duración, el contrato de trabajo celebrado por las Administraciones públicas puede ser fijo, indefinido y temporal; primera vez que por norma de rango de ley se contempla formalmente esa triple clasificación haciendo referencia a los indefinidos no fijos. Y ello porque los mencionados condicionantes de mérito y capacidad impiden que la integración del personal laboral afectado por un reclutamiento irregular en el sector administrativo sea con carácter permanente.

Las dificultades sobrevenidas a esta figura vienen porque aunque encuentra acomodo en el TREBEP no está incluida en el ET. Y es que, la remisión que hace el TREBEP a este último en cuanto a la aplicación de la legislación laboral resulta contradictoria con esa salvedad introducida en el citado art. 11. Esto es, se podrá contratar de acuerdo a las distintas modalidades que recoge la normativa laboral, pero, en dicha normativa no hay una regulación expresa de esa figura. No parece, por tanto, que quepa la contratación *ab initio* del indefinido no fijo, sino que sería una consecuencia, no una opción —véase el art. 61.7 TREBEP que parte de la regla común de la relación fija como resultado de los procesos de acceso regular al empleo público-. En este sentido, lo que se incluye no es un tipo de contratación, sino un tipo de relación jurídica en la que su naturaleza, no estrictamente "temporal", viene condicionada por la existencia de un factor determinante que no se aprecia en la empresa privada: el interés público. En cualquier caso, el gran problema —persistente en el marco legal— es que el TREBEP dio carta de naturaleza a esta figura de origen jurisprudencial, pero no le dotó de un estatuto jurídico regular que atendiera a su especificidad.

---

18 SUÁREZ CORUJO, B.: "El fraude en el trabajo de duración determinada en las Administraciones Públicas españolas, según el Tribunal de Justicia de la Unión Europea", *Revista Española de Derecho Europeo*, núm. 61, 2017 (BIB 2017/546), pp. 1-2.

El marcado carácter anfibológico del trabajo indefinido no fijo (temporal para algunas cosas e indefinido para otras[19]) hace harto difícil su gestión, tal y como muestra un largo rastro de pronunciamientos sobre sus prerrogativas, obligaciones e incluso un solitario pronunciamiento del Tribunal Supremo de 28 de febrero de 2007 que les atribuye el derecho a la funcionarización[20]. Se ha reconocido en vía judicial el derecho al complemento de antigüedad[21], la equiparación retributiva[22], el derecho a la movilidad geográfica[23], a una excedencia voluntaria[24], así como al desarrollo profesional, promoción y reclasificación[25], debiendo hacerse extensivo a la posible participación en un plan de evaluación docente acompañado del incentivo económico derivado de un resultado positivo que ha sido reconocido para los interinos[26]. En cambio, recientemente, los indefinidos no fijos han sido excluidos de un concurso para la provisión de puestos de trabajo[27].

Pero, sin duda, las mayores incertidumbres pivotan sobre la fórmula extintiva que se escoja para poner fin a esa relación y los efectos indemnizatorios inherentes, más aun si se considera la jurisprudencia comunitaria.

6. LA REFORMA DE 2021

La Directiva 1999/70/CE del Consejo, de 28 de junio de 1999, relativa al Acuerdo Marco de la CES, la UNICE y el CEEP sobre el trabajo de duración determinada, cuyo fin último radica en la aplicación de medidas efectivas de protección de los trabajadores que han sido sometidos a una utilización abusiva de contratos de duración determinada con objeto de sancionar debidamente dicho abuso, recoge dos pautas nucleares: de un

---

19 RODRÍGUEZ-PIÑERO ROYO, M.: "La contratación temporal en el sector público", *Documentación Laboral*, núm. 110, 2017, p. 33.

20 Rec. 4172/2005.

21 SSTS, Social, 4 mayo 2009 (rec. 1631/2008), 8 julio 2009 (rec. 2632/2008) y 20 septiembre 2016 (núm. 756/2016).

22 STS, Social, 9 diciembre 2009 (rec. 339/09) y 17 marzo 2015 (rec. 381/2014).

23 STS, Social, 21 julio 2016 (rec. 134/2015). También, SAN, Social, 2 enero 2015 (proc. 276/2014).

24 STS, Social, 11 julio 2023 (rec. 2153/2023).

25 STSJ. Social, Andalucía/Sevilla 22 junio 2016 (rec. 5/2016). También, SSTS, Social, 21 julio 2016 (rec. 134/2015) y 2 abril 2018 (rec. 27/2017). Igualmente, STS, Cont-Admtivo, 29 octubre 2019 (rec. 2237/2017) reconoce el derecho a la promoción horizontal a funcionarios interinos e indefinidos no fijos.

26 ATJUE de 21 de septiembre de 2016, asunto C-631/15.

27 STS, Social, 29 abril 2024 (rec. 4962/2022).

lado, la cláusula 4 establece el principio de no discriminación de los trabajadores con contrato a término respecto de los trabajadores indefinidos comparables como principio general del Derecho de la Unión que no puede ser interpretado de manera restrictiva; de otro, la cláusula 5 impone a los Estados miembros el propósito de evitar contratos temporales sucesivos, debiendo incluir en sus ordenamientos disposiciones que prevengan y sancionen dicha renovación sucesiva abusiva, si bien contando con un margen de discreción en cuanto a las medidas preventivas y represivas a establecer dentro del límite del principio de efectividad[28].

Bajo tal premisa, un hito importante en la jurisprudencia del Tribunal de Justicia de la Unión Europea puede encontrarse en la Sentencia de 3 de junio de 2021, asunto *IMIDRA*[29], que censura que en el empleo público pueda prolongarse, sin límite cierto, el desempeño de un puesto de trabajo de manera interina por el hecho de que todavía no se haya cubierto con arreglo a los principios de mérito y capacidad. Este pronunciamiento ha obligado a corregir la doctrina judicial interna que venía sosteniendo que, en interinidades por vacantes del sector público, el transcurso del plazo de tres años fijado en el art. 70 TREBEP, por sí solo, no comporta su conversión en uno de carácter indefinido no fijo, si bien la valoración de otras circunstancias (pasividad de la Administración para la cobertura, sucesión de contratos interinos en diversos destinos, ausencia de justificación de todo ello) podía abocar a conclusión contraria. Tras la Sentencia de 3 de junio de 2021 esa misma jurisprudencia ha debido rectificarse para explicar que la mera prolongación, sin horizonte fijo, de una interinidad por vacante ya es incompatible con la Directiva 1999/70/CE, de manera que las contrataciones en cuestión deben abandonar la categoría de temporales y acceder a la condición de personal indefinido no fijo[30].

---

28 GARCÍA SÁNCHEZ, A.V.: "La aplicación de la jurisprudencia del TJUE relativa al Acuerdo Marco sobre el trabajo de duración determinada a los regímenes de contratación temporal español y de las Instituciones Europeas", *Revista General de Derecho Europeo,* núm. 41, 2017, pp. 67, 78, 86 y 91.

29 C-726/19.

30 La STJUE 3 junio 2021 sienta cinco los núcleos argumentales que interesa resaltar: Primero.— El Derecho de la UE es incompatible con la renovación de interinidades sin indicar plazo máximo de duración. Segundo.— Choca con las reglas de la Directiva que las interinidades de larga duración no se equiparen a la situación del personal indefinido no fijo a efectos, cuando menos, de posibilitar el abono de una indemnización al término del vínculo laboral. Tercero.— Hay que aplicar medidas efectivas destinadas a prevenir y sancionar utilización abusiva de sucesivos contratos temporales. Cuarto.— Solo consideraciones económicas (cri-

Como no podía ser de otra manera, el Tribunal Supremo, a partir de la ya mencionada Sentencia del Tribunal de Justicia de la Unión Europea, de 3 de junio de 2021 en el conocido asunto *Imidra*[31], ha pasado a entender que el mero transcurso del plazo de tres años ocupando la plaza sin que se haya procedido a la convocatoria convierte la relación en indefinida no fija con la correspondiente indemnización de 20 días[32], admitiendo excepcionalmente razones justificadas para una demora pero siempre de escasos meses más allá de los tres años[33].

Atendiendo a tal teis, la nueva disposición adicional 17ª TREBEP, introducida por la Ley 10/2021, establece tres previsiones de interés:

1. "Las actuaciones irregulares en la presente materia (contratación de personal laboral) darán lugar a la exigencia de las responsabilidades (disciplinarias y patrimoniales) que procedan de conformidad con la normativa vigente en cada una de las Administraciones Públicas" (apartado 2º). A este respecto, procede recordar que ya con anterioridad la disposición adicional 34ª Ley 3/2017 (incluida con vigencia indefinida en la Ley 6/2018, de 3 de julio, de Presupuestos Generales para 2018), atribuye responsabilidad subjetiva (disciplinaria y patrimonial, se entiende) a los órganos competentes en materia de personal en relación con el cumplimiento de la normativa sobre contratación laboral, encargándoles evitar cualquier tipo de irregularidad que pueda dar lugar a la conversión de un contrato temporal en otro indefinido no fijo[34]; formula, además, una expresa prohibición: "no podrán atribuir la condición de indefinido no fijo a personal con un contrato de trabajo temporal salvo cuando... se derive de una resolución judicial". No cabe, por tanto, la autodecla-

---

sis) no justifican la ausencia de medidas para prevenir y sancionar la utilización sucesiva contratos temporales. Quinto.— Las prórrogas de un contrato equivalen a nuevas contrataciones, desde la perspectiva de su encadenamiento. SEMPERE NAVARRO, A.V.: "Interinidad por vacante de larga duración (caso IMIDRA)", *Jurisprudencia Laboral*, núm. 1, 2021.

31 C-726/19.

32 SSTS, Social, 3 junio 2021 (rec. 1929/2019), 28 junio 2021 (rec. 3262/2019), 2 diciembre 2021 (rec. 1321/2019) y multitud de sentencias posteriores entre las cuales procede mencionar a título ejemplificativo las SSTS, Social, 26 diciembre 2023 (rec. 1138/2021) y 26 febrero 2024 (rec. 1316/2023).

33 SSTS, Social, 19 diciembre 2023 (rec. 4895/2022) o 20 febrero 2024 (rec. 303/2024).

34 GOERLICH PESET, J.M. y NORES TORRES, E.: "Aspectos laborales de la reversión de contratas y concesiones administrativas: el impacto de las Leyes 3/2017 y 9/2017", *Trabajo y Derecho*, núm. 42, 2018, p. 8.

ración ni tan siquiera el acta de la Inspección de Trabajo, provocando, a la postre, unas altas dosis de judicialización.

2. El incumplimiento de los plazos máximos de permanencia en un contrato temporal asociado a una vacante (3 años) dará derecho a percibir la compensación económica de 20 días de salario por año de servicio con el máximo de 12 mensualidades, sin perjuicio de la responsabilidad que pudiera corresponder por vulneración de la normativa laboral específica. Dicha compensación consistirá, en su caso, en la diferencia entre el máximo de veinte días de su salario fijo por año de servicio, con un máximo de doce mensualidades, y la indemnización que le correspondiera percibir por la extinción de su contrato, prorrateándose por meses los períodos de tiempo inferiores a un año. El derecho a esta compensación nacerá a partir de la fecha del cese efectivo, y la cuantía estará referida exclusivamente al contrato del que traiga causa el incumplimiento. En caso de que la citada indemnización fuere reconocida en vía judicial, se procederá a la compensación de cantidades. No habrá derecho a la compensación descrita en caso de que la finalización de la relación de servicio sea por despido disciplinario declarado procedente o por renuncia voluntaria.
3. "Todo acto, pacto, acuerdo o disposición reglamentaria, así como las medidas que se adopten en su cumplimiento o desarrollo, cuyo contenido directa o indirectamente suponga el incumplimiento por parte de la Administración de los plazos máximos de permanencia como personal temporal"[35] serán "nulos de pleno derecho", lo cual parece llevar, en su interpretación literal, a la desaparición de la figura del indefinido no fijo.

7. LAS SENTENCIAS DEL TRIBUNAL DE JUSTICIA DE LA UNIÓN EUROPEA DE 22 DE FEBRERO Y 13 DE MAYO DE 2024: NUEVAS INCERTIDUMBRES

El primero de los pronunciamientos mencionados resuelve las peticiones de decisión prejudicial acumuladas[36], planteadas por la Sala de lo So-

---

35 DIEGO GARCÍA, S.: "El abuso de la temporalidad en el empleo público: medidas preventivas y sancionadoras en la Ley 20/2021", *Revista Aragonesa de Administración Pública*, núm. 59, 2022, p. 267.

36 Catorce cuestiones prejudiciales en el asunto C-59/22, doce en el asunto C-110/22, y seis en el asunto C-159/22

cial del Tribunal Superior de Justicia de Madrid (Autos de 22 de diciembre de 2021, 21 de diciembre de 2021 y 3 de febrero de 2022), sobre la calificación de la relación laboral que vincula a los trabajadores indefinidos no fijos con la Administración Pública correspondiente y su posible incompatibilidad con la interpretación de las cláusulas 2, 3 y 5 del Acuerdo Marco.

Teniendo en cuenta que los contratos indefinidos no fijos pueden resolverse por la cobertura reglamentaria de la plaza por otro trabajador sin más requisito que el derecho a una indemnización de 20 días de salario por año de servicio con el máximo de una anualidad, surge la duda de si tal tibia consecuencia es contraria a los objetivos de la Directiva 1999/70 al tratarse una medida que podría no ser apta para sancionar la utilización abusiva de los contratos de trabajo de duración determinada y eliminar las consecuencias de la infracción tal y como exige la cláusula 5ª del Acuerdo Marco.

En apretada síntesis, el Tribunal de Justicia realiza seis importantes consideraciones[37]:

1. La normativa española no garantiza la efectividad del resultado perseguido por el Acuerdo Marco y su cláusula 5ª, la cual exige la adopción de medidas dirigidas a prevenir, y, después, a sancionar los abusos en la utilización de contratos temporales. La garantía constitucional del acceso al empleo público en condiciones de igualdad, mérito, capacidad y publicidad, y la finalidad de corregir las irregularidades de la contratación temporal por los organismos públicos, que dieron lugar a la creación jurisprudencial de la contratación indefinida no fija, podían explicar la aplicación de esta modalidad contractual, pero no son "razones objetivas" que justifiquen "la renovación de tales contratos o relaciones laborales", pues no se han cumplido ni los plazos de las convocatorias públicas, ni esas convocatorias han sido frecuentes.

2. El pago de una indemnización tasada, de veinte días de salario por cada año trabajado, con el límite de una anualidad, prevista para los trabajadores indefinidos no fijos cuyo contrato se extinga por la cobertura por otra persona de la plaza que venían desempeñando provisionalmente, no es idónea para prevenir los abusos, pues su abono "parece ser independiente de cualquier consideración rela-

---

37 RODRÍGUEZ ESCANCIANO, S.: "El personal indefinido no fijo de larga duración: ¿hacia una reparación efectiva?, *Revista de Estudios Locales*, núm. 273, 2024, pp. 13 y ss.

tiva al carácter legítimo o abusivo de la utilización de contratos de duración determinada".

3. La disposición adicional 43ª de la Ley de Presupuestos Generales del Estado para el año 2018 y la disposición adicional 17ª TREBEP, introducida por el Real Decreto-ley 14/2021, tampoco superan el juicio de adecuación o conformidad con la cláusula 5ª del Acuerdo Marco, dada la indefinición e imprecisión de sus mandatos normativos en lo referido a la obligación legal de las Administraciones públicas de evitar "irregularidades en la contratación laboral temporal [...] que pueda dar lugar a la conversión de un contrato temporal en indefinido no fijo" (Ley de Presupuestos de 2018), y a la imputación de responsabilidades a dichas Administraciones y entidades del sector público por su incumplimiento "de conformidad con la normativa vigente" en cada una de ellas, que no se identifica (TREBEP), máxime cuando el propio Tribunal remitente ha señalado que no tenía constancia de que se hubiera "exigido responsabilidad a ninguna Administración Pública por haber promovido o suscrito sucesivos contratos temporales".
4. Los procesos excepcionales y masivos de consolidación del empleo temporal mediante convocatorias públicas para la cobertura de las plazas ocupadas por trabajadores temporales, entre ellos los trabajadores indefinidos no fijos, llevados a efecto tras la reforma de 2021, provoca un resultado incierto para éstos, pues pueden perder su empleo si no superan las pruebas correspondientes diseñadas bajo los principios constitucionales/legales de igualdad, libre concurrencia, publicidad, mérito y capacidad. No son, por tanto, una medida adecuada para prevenir y, en su caso, sancionar los abusos en la utilización de los contratos de los indefinidos no fijos sucesivamente prorrogados.
5. La cláusula 5ª del Acuerdo Marco no obliga a la conversión en fijos de los contratos indefinidos no fijos, pero apoya tal conversión como mecanismo de estabilidad en el empleo y de protección de los trabajadores y, por ello, como medida que sanciona efectivamente la utilización abusiva de los contratos indefinidos no fijos prorrogados automáticamente. Y ello porque la solución tradicional del indefinido no fijo "podría comprometer el objeto, la finalidad y la efectividad de dicho Acuerdo Marco que persigue evitar los abusos de la temporalidad".
6. En fin, el Tribunal de Justicia invita de forma explícita a modificar la doctrina judicial nacional que se opone a la conversión en fijos,

afectando a cientos de miles de indefinidos no fijos que por razones temporales u otras no han podido acogerse a los procesos legales excepcionales de estabilización del empleo temporal o no han podido hacerlo con el resultado de obtención de la plaza que venían desempeñando temporalmente[38].

Siguiendo un orden cronológico aunque sin ánimo exhaustivo, es menester señalar también que la Sala de lo Social del Tribunal Supremo en Sentencia de 29 de abril de 2024, con motivo de un concurso de traslados del personal indefinido no fijo, llega a la siguiente conclusión: de la Sentencia del Tribunal de Justicia de la Unión Europea de 22 de febrero de 2024 no se deriva, en ningún caso, la necesidad de la conversión judicial automática de los trabajadores indefinidos no fijos en fijos, ya que es algo incompatible con el sistema español de autoorganización de su propia Administración Pública que se basa en los principios de igualdad, capacidad y mérito en el acceso a la función pública y que se aplica tanto a los funcionarios públicos como a los contratados laboralmente. Tampoco se deriva de la indicada sentencia una radical igualdad entre el régimen jurídico de los trabajadores fijos y de los temporales porque la Directiva 1999/70 (cláusula 4ª) permite un trato diferente entre temporales y fijos por razones objetivas.

Seguidamente la Sala cuarta del Tribunal Supremo ha planteado, por Auto de 30 de mayo de 2024, una nueva cuestión prejudicial ante el Tribunal de Justicia de la Unión Europea relativa a la manera de compatibilizar la doctrina acuñada por la citada sentencia de 22 de febrero de 2024 con las normas del ordenamiento jurídico nacional que garantizan el derecho de acceso al empleo público conforme a los principios de igualdad, mérito y capacidad. En concreto, formula dos interrogantes: De un lado, ¿se opone a la cláusula 5 del Acuerdo Marco la doctrina jurisprudencial que, defendiendo los principios de igualdad, mérito y capacidad y no discriminación en la libre circulación de trabajadores, niega el reconocimiento

[38] CASAS BAAMONDE, M.E.: "Los indefinidos no fijos, ¿una historia interminable hacia su terminación? Su capítulo inédito de la llamada expresa del Tribunal de Justicia a la modificación de la jurisprudencia del Tribunal Supremo. Constitución y Derecho de la Unión", *Revista de Jurisprudencia Laboral*, núm. 2, 2024 o ARRIETA IDIAKEZ, J.: "Contextualización y consideraciones sobre la posibilidad de convertir en fijos a los empleados públicos temporales como consecuencia de la temporalidad irregular y abusiva padecida", El Foro de Labos, 06/03/2024, https://www.elforodelabos.es/2024/03/contextualizacion-y-consideraciones-sobre-la-posibilidad-de-convertir-en-fijos-a-los-empleados-publicos-temporales-como-consecuencia-de-la-temporalidad-irregular-y-abusiva-padecida-parte-ii/

de la condición de trabajadores fijos del sector público a los trabajadores indefinidos no fijos? De otro, de ser afirmativa la respuesta a la anterior pregunta, ¿el reconocimiento de una indemnización disuasoria al trabajador indefinido no fijo en el momento de la extinción de su relación laboral, puede considerarse como una medida adecuada para prevenir y, en su caso, sancionar, los abusos derivados de la utilización sucesiva de contratos temporales en el sector público con arreglo a la cláusula 5 del Acuerdo Marco?

De la redacción del texto de la cuestión presentada, parece apuntarse una cierta inclinación de nuestro Alto Tribunal por entender que no es adecuado el reconocimiento de la fijeza ante la necesaria observancia de los principios de igualdad, mérito y capacidad, sino la apuesta por indemnizaciones que, de verdad, disuadan a las Administraciones de mantener en el tiempo situaciones irregulares. En concreto, se apunta a la indemnización por despido improcedente como posible solución para cumplir con dichos fines[39].

Por su parte, el 13 de mayo de 2024, el Tribunal de Justicia de la Unión Europea ha dictado otra sentencia, en la que llega a idénticas conclusiones que el precedente de 22 de febrero a raíz de las cuestiones prejudiciales planteadas en relación a la interpretación de la cláusula 5 del Acuerdo Marco sobre el Trabajo de Duración Determinada, por dos litigios surgidos con la Dirección General de la Función Púbica, adscrita al Departamento de la Presidencia de la Generalidad de Cataluña, y con el Departamento de Justicia de la Generalidad de Cataluña, a propósito de la calificación de la relación de empleo que vincula a las trabajadoras (en este caso funcionarias interinas) con la Administración Pública, en ambos supuestos por un flagrante abuso del reclutamiento temporal[40]. Anta la falta de medidas

---

39 GORDO GONZÁLEZ, L.: "Irregularidades en la contratación de empleados públicos: la historia interminable", *El Foro de Labos*, 06/06/2024, https://www.elforodelabos.es/2024/06/irregularidades-en-la-contratacion-de-empleados-publicos-la-historia-interminable/

40 En concreto, en el asunto C-331/22, la trabajadora fue nombrada funcionaria interina en 2005 para una plaza de técnico superior de administración de la Generalidad de Cataluña. Desde esa fecha ha ido encadenando sucesivas interinidades en el seno de dicha Administración Pública, la última de las cuales data del 5 de agosto de 2015. Con posterioridad a la incoación del litigio, la Administración convocó un proceso selectivo abierto a pública concurrencia para cubrir, entre otros, el puesto de trabajo de la trabajadora. Esta pidió entonces la adopción de una medida cautelar para que la plaza que ocupaba fuera excluida de ese proceso selectivo. El Juzgado de lo Contencioso-Administrativo núm. 17 de Barcelona

adecuadas en el Derecho nacional para prevenir y, en su caso, sancionar, los abusos derivados de la utilización de sucesivos contratos o relaciones de empleo de duración determinada, el Tribunal de Justicia de la Unión Europea falla que lo procedente será la conversión de los sucesivos contratos o relaciones de empleo de duración determinada en contratos o relaciones de empleo por tiempo indefinido, solución que también matiza señalando: " siempre que la conversión no implique una interpretación *contra legem* del Derecho nacional". En relación a la duda de si, en función del principio de equivalencia del Derecho de la Unión se debe conceder al personal temporal del sector público que haya sido objeto de una utilización abusiva de sucesivos contratos temporales, la condición de empleados fijos o de carrera —por ser ésta la solución que el Estatuto de los Trabajadores impone en el sector privado—, señala el Tribunal que la solución la debe adoptar el Juzgado que tenga un conocimiento directo.

Ante tal incierto panorama, es pertinente conseguir, a través de la oportuna intervención urgente del legislador, un adecuado equilibrio entre el efecto útil de la mencionada Directiva 1999/70 y el aseguramiento de los aludidos parámetros constitucionales de mérito y capacidad, sin perjuicio de las reparaciones uti singuli, por la vía de la responsabilidad patrimonial de la Administración o de las indemnizaciones pertinentes, de aquellos casos concretos donde la extensión de la temporalidad durante varias décadas desborda cualquier lógica o regla de sentido común.

***

En fin, a todos nos queda la obra brillante del Dr. Barreiro que anima a proseguir su línea de indagación excelentemente abierta; a algunos, privilegiados, nos ha dejado el recuerdo de su afable compañía y su magnífica impronta.

---

atendió dicha petición. Por su parte, en el asunto C-332/22, una empleada es funcionaria interina de la Administración de Justicia de Cataluña desde el 14 de diciembre de 1984, ocupando desde hace más de ocho años el puesto vacante de tramitadora procesal y administrativa en el Juzgado de lo Penal núm. 3 de Vilanova i la Geltrú y otra empleada es funcionaria interina en la Administración de Justicia de Cataluña desde el 15 de mayo de 1991, siendo nombrada el 20 de junio de 2012 para ocupar un puesto vacante del Cuerpo de Tramitación en el Juzgado Penal núm. 3 de Barcelona.

8. BIBLIOGRAFÍA

ALARCÓN CARACUEL, M.R.: "La informatización y las nuevas formas de trabajo", en AA.VV (ALARCÓN CARACUEL, M.R. y ESTEBAN LEGARRETA, R., Coords.): *Nuevas tecnologías de la información y la comunicación y Derecho del Trabajo,* Albacete (Bomarzo), 2004.

ARRIETA IDIAKEZ, J.: "Contextualización y consideraciones sobre la posibilidad de convertir en fijos a los empleados públicos temporales como consecuencia de la temporalidad irregular y abusiva padecida", El Foro de Labos, 06/03/2024, https://www.elforodelabos.es/2024/03/contextualizacion-y-consideraciones-sobre-la-posibilidad-de-convertir-en-fijos-a-los-empleados-publicos-temporales-como-consecuencia-de-la-temporalidad-irregular-y-abusiva-padecida-parte-ii/

ARUFE VARELA, A.: "Los trabajadores indefinidos no fijos al servicio de las Administraciones Públicas: una anomalía jurisprudencial y legal", *Revista General de Derecho del Trabajo y de la Seguridad Social,* núm. 40, 2015.

CASAS BAAMONDE, M.E.: "Una nueva ordenación legal consensuada del trabajo y de las relaciones laborales. Conclusiones del debate del grupo FIDE", *Derecho de las Relaciones Laborales,* núm. 3, 2016.

CASAS BAAMONDE, M.E.: "Los indefinidos no fijos, ¿una historia interminable hacia su terminación? Su capítulo inédito de la llamada expresa del Tribunal de Justicia a la modificación de la jurisprudencia del Tribunal Supremo. Constitución y Derecho de la Unión", *Revista de Jurisprudencia Laboral,* núm. 2, 2024.

CRUZ VILLALÓN, J.: "La recuperación de la lógica institucional en la contratación laboral: el equilibrio entre estabilidad y flexibilidad contractual", *Derecho de las Relaciones Laborales,* núm. 3, 2016.

DIEGO GARCÍA, S.: "El abuso de la temporalidad en el empleo público: medidas preventivas y sancionadoras en la Ley 20/2021", *Revista Aragonesa de Administración Pública,* núm. 59, 2022.

GARCÍA NINET, J.I.: "A vueltas con el tiempo de trabajo y la productividad o sobre cómo flexibilizar más el tiempo de trabajo", *Tribuna Social,* núm. 164-165, 2004.

GARCÍA SÁNCHEZ, A.V.: "La aplicación de la jurisprudencia del TJUE relativa al Acuerdo Marco sobre el trabajo de duración determinada a los regímenes de contratación temporal español y de las Instituciones Europeas", *Revista General de Derecho Europeo,* núm. 41, 2017.

GOERLICH PESET, J.M.: "¿Es necesario revisar el marco normativo de la contratación temporal", *Documentación Laboral,* núm. 111, 2017, vol. II.

GOERLICH PESET, J.M. y NORES TORRES, E.: "Aspectos laborales de la reversión de contratas y concesiones administrativas: el impacto de las Leyes 3/2017 y 9/2017", *Trabajo y Derecho,* núm. 42, 2018.

GÓMEZ ABELLEIRA, F.: "Las causas de contratación temporal tras el Real Decreto Ley 32/2021", *Labos,* vol. 3, número extraordinario, 2021.

GORDO GONZÁLEZ, L.: "Irregularidades en la contratación de empleados públicos: la historia interminable", *El Foro de Labos,* 06/06/2024, https://www.elforodelabos.es/2024/06/irregularidades-en-la-contratacion-de-empleados-publicos-la-historia-interminable/

LÓPEZ TERRADA, E.: "Supuestos de contratación temporal", en AA.VV (GOERLICH PESET, J.M., Coord.): *Comentarios al Estatuto de los Trabajadores. Libro homenaje a Tomás Sala Franco*, Valencia (Tirant Lo Blanch), 2016.

MARTÍN BARREIRO, M.: *Los contratos temporales causales*, Valencia (Tirant Lo Blanch), 2016.

NORES TORRES, L.E. y RAMOS MORAGUES, F.: "La contratación laboral en el sector público", en AA.VV (BLASCO JOVER, C., Dir.): *Empleo y productividad en el sector público y en el privado. Valoración, retos y oportunidades*, Valencia (Tirant Lo Blanch), 2007.

OJEDA AVILÉS, A. y GORELLI HERNÁNDEZ, J.: *Los contratos de trabajo temporales*, Madrid (Iustel), 2006.

RODRÍGUEZ ESCANCIANO, S.: "El personal indefinido no fijo de larga duración: ¿hacia una reparación efectiva?, *Revista de Estudios Locales*, núm. 273, 2024.

RODRÍGUEZ IZQUIERDO, R.: "La causa en el contrato de interinidad", *Tribuna Social*, núm. 144.

RODRÍGUEZ-PIÑERO ROYO, M.: "La contratación temporal en el sector público", *Documentación Laboral*, núm. 110, 2017.

RODRÍGUEZ-PIÑERO Y BRAVO-FERRER, M.: "100 años de la implantación de la jornada máxima de trabajo", *Derecho de las Relaciones Laborales*, núm. 4, 2019.

SEMPERE NAVARRO, A.V.: "Interinidad por vacante de larga duración (caso IMIDRA)", *Jurisprudencia Laboral*, núm. 1, 2021.

SUÁREZ CORUJO, B.: "El fraude en el trabajo de duración determinada en las Administraciones Públicas españolas, según el Tribunal de Justicia de la Unión Europea", *Revista Española de Derecho Europeo*, núm. 61, 2017 (BIB 2017/546).

Capítulo IV

La perfectible configuración legal de las contratas y subcontratas de propia actividad

Diego Megino Fernández

Profesor Permanente Laboral de Derecho del Trabajo y de la Seguridad Social

Universidad de Burgos

«Procura descubrir la verdad por entre las promesas y dádivas del rico, como por entre los sollozos e importunidades del pobre».

Miguel de Cervantes Saavedra,

El ingenioso hidalgo Don Quijote de La Mancha.

Querido maestro:

A lo largo de su prolífica trayectoria, han sido incontables las ocasiones en las que pudo compartir su inagotable saber. Una de ellas[1], la que da pie a esta modesta (y parcial[2]) contribución a la memoria de su legado, en un emblemático número 100 de una de las revistas científicas con mayor renombre de la época, que congregó a lo más granado del *iuslaboralismo* es-

1 BARREIRO GONZÁLEZ, G.: «Responsabilidad empresarial en contratas y subcontratas (En torno al artículo 42)», *Civitas. Revista española de derecho del trabajo*, núm. 100, 2000, pp. 889-902.

2 Aunque consta en el estudio del que deriva este tributo, por motivos de limitación espacial, no cabe profundizar en torno al eventual traslado de responsabilidades (administrativa, civil y en concepto de recargo de prestaciones) originadas por el incumplimiento de la normativa sobre seguridad y salud laboral. Sea como fuere, debe repararse en que los compromisos adquiridos por la entidad comitente no implican «un control máximo y continuado que, ciertamente, podría hacer ineficaz esta modalidad productiva, pero sí un control efectivo», por encima de lo puramente formal y a examinar en cada particular hipótesis [STS, Sala de lo Social, de 11 de mayo de 2005 (RCUD núm. 2291/2004)].

pañol en la conmemoración de una fecha tan notable como los veinte años desde la publicación del primigenio Estatuto de los Trabajadores (ET) de 1980[3].

A pesar del tiempo transcurrido y de los inevitables cambios experimentados (por lo común, no de fondo, sino de forma)[4], su estudio, centrado en el análisis del artículo 42 de la norma (relativo a las contratas y subcontratas coincidentes con la propia actividad de la empresa principal), no ha perdido un ápice de valor e interés.

1. DESENTRAÑANDO, CON TINO Y PEDAGOGÍA, LOS ENIGMAS DE TAN ENREVESADO ROMPECABEZAS

En gruesos trazos, uno de los rasgos que mejor describen los entornos productivos contemporáneos viene dado por su indiscutible tendencia hacia la fragmentación o especialización, hacia la descentralización o externalización (*outsourcing*). Es decir, en los actuales contextos organizacionales adquiere un considerable protagonismo el fenómeno de la contratación y, en su caso, subcontratación con terceros de una fracción de las tareas, cometidos o servicios inherentes (o no) al normal funcionamiento de una entidad, dando vida a una especial manera de estructurar o disponer la actividad en virtud de la cual una empresa (principal o comitente) decide dejar de realizar de un modo directo ciertos quehaceres, optando en su

---

3 Ley 8/1980, de 10 de marzo, del Estatuto de los Trabajadores (BOE núm. 64, de 24 de marzo). A posteriori remplazada por el Real Decreto Legislativo 1/1995, de 24 de marzo (BOE núm. 75, de 3 de marzo); el cual, a su vez, fue sustituido por el vigente Real Decreto Legislativo 2/2015, de 23 de octubre (BOE núm. 255, de 24 de octubre).

4 Como ilustrativo y reciente ejemplo, merece la pena sacar a escena las novedades introducidas a través del artículo 1.5 del Real Decreto-ley 32/2021, de 28 de diciembre (BOE núm. 313, de 30 de diciembre). A tales efectos, baste con remitir a los encomiables estudios de, entre más, ESCUDERO PRIETO, A.: «Determinación del convenio colectivo aplicable a las empresas contratistas y subcontratistas. El nuevo art. 42.6 del Estatuto de los Trabajadores», *Revista Crítica de Relaciones de Trabajo*, núm. 8, 2023, pp. 67-91; GOÑI SEIN, J. L.: «Contratas, subcontratas y convenio colectivo aplicable», *Estudios Latinoamericanos de Relaciones Laborales y Protección Social*, núm. 13, 2022, pp. 81-99; MONEREO PÉREZ, J. L.: «La subcontratación como instrumento de descentralización productiva y su nueva regulación en el derecho del trabajo», *Revista Internacional de Doctrina y Jurisprudencia*, Vol. 27, 2022, pp. 1-44; o PÉREZ GUERRERO, M.ª L.: «La reforma de la subcontratación: una reforma de mínimos», *Trabajo, Persona, Derecho, Mercado*, núm. extra. 1, 2022, pp. 157-182.

lugar por desplazarlos a un sujeto externo (auxiliar), con quien suscribirá el pertinente contrato civil o mercantil.

Dicho relieve, representativo de «uno de los pasajes más atractivos y, al mismo tiempo, problemáticos de nuestro derecho del trabajo»[5], lleva a hablar, antes y ahora, de una figura compleja, movediza e indeterminada en la práctica[6], penalizada además por una intrincada regulación[7] y una intensa intervención judicial incluso desde órdenes jurisdiccionales diferentes (con lo que ello puede acarrear a la hora de lograr una siempre deseable homogeneidad interpretativa)[8].

---

5 GARCÍA MURCIA, J.: «Contratas y subcontratas», *Revista del Ministerio de Trabajo y Asuntos Sociales*, núm. 48, 2004, p. 13.

6 AGUILERA IZQUIERDO, R.: «Alcance de las responsabilidades laborales en caso de contratas y subcontratas: Las obligaciones salariales y las obligaciones en materia de prevención de riesgos laborales», *Trabajo y Empresa: Revista de Derecho del Trabajo*, Vol. 1, núm. 1, 2022, p. 93; BLASCO PELLICER, Á.: «El tratamiento de las contratas y subcontratas en la jurisprudencia reciente», *Trabajo y Empresa: Revista de Derecho del Trabajo*, Vol. 1, núm. 1, 2022, p. 164; o GOÑI SEIN, J. L.: «Contratas, subcontratas y convenio colectivo aplicable», cit., p. 85.
Inconvenientes algunos de los cuales podrían quedar zanjados gracias a una apropiada pormenorización en vía reglamentaria [GÓMEZ SALADO, M. Á.: «Encadenamiento de contratas y responsabilidad empresarial», *Revista Jurídica de Investigación e Innovación Educativa*, núm. 19, 2019, p. 92] o, por qué no, legal [MONEREO PÉREZ, J. L.: «La subcontratación como instrumento de descentralización productiva y su nueva regulación en el derecho del trabajo», cit., p. 36; y RUZ LÓPEZ, J. M.ª: «El deber de comprobación y eventual exoneración en materia de contratas y subcontratas. Sentencia del Tribunal Supremo, Sala tercera, de 3 de febrero de 2021», *Temas Laborales*, núm. 167, 2023, p. 287].

7 Dispersa en numerosos preceptos, como, *verbi gratia*, los artículos 42, 64 y 81 del ET; 142.1 y 168.1 del Real Decreto Legislativo 8/2015, de 30 de octubre, por el que se aprueba el texto refundido de la Ley General de la Seguridad Social (TRLGSS) (BOE núm. 261, de 31 de octubre); 22.11 y 42.3 del Real Decreto Legislativo 5/2000, de 4 de agosto, por el que se aprueba el texto refundido de la Ley sobre infracciones y sanciones en el Orden Social (BOE núm. 189, de 8 de agosto); 24 de la Ley 31/1995, de 8 de noviembre, de prevención de riesgos laborales (BOE núm. 269, de 10 de noviembre); o el conjunto de los que conforman la normativa aprobada para pautar la subcontratación dentro del sector de la construcción [Ley 32/2006, de 18 de octubre (BOE núm. 250, de 19 de octubre), y Real Decreto 1109/2007, de 24 de agosto (BOE núm. 204, de 25 de agosto)].

8 Lo cual «ha acabado determinando una reducción de las garantías [...] [en favor del personal implicado], precisamente en un momento en el que son más necesarias por la extensión cuantitativa y cualitativa de la subcontratación». El apunte, en VICENTE PALACIO, A.: «Por una reformulación de la responsabilidad deriva-

Sin descubrir nada nuevo, se trata de una institución consolidada, perfectamente válida desde un punto de vista legal y cuyo fundamento radica en la libertad de empresa contemplada dentro del artículo 38 de la Constitución Española (CE)[9]. Ello no obstante, continúa siendo blanco de una fuerte desconfianza, sobre todo a causa de su «insuficiente»[10] marco regulador, es decir, de «las carencias normativas, que han provocado el fracaso del ordenamiento laboral español en el objetivo de garantizar condiciones de trabajo dignas para quienes prestan servicios en actividades contratadas o subcontratadas»[11].

Dirigiendo la mirada hacia el exiguo (apenas tres párrafos, nada que ver con los ocho apartados que hoy exhibe el precepto) artículo 42 del ET[12] vi-

---

da en los supuestos de contratas y subcontratas», *Revista de Derecho de la Seguridad Social*, núm. 15, 2018, p. 93.

9 STS, Sala de lo Social, de 27 de octubre de 1994 (rec. de cas. núm. 3724/1993).

10 PÉREZ GUERRERO, M.ª L.: «La reforma de la subcontratación: una reforma de mínimos», cit., pp. 161 y 162.

11 GÓMEZ GORDILLO, R.: «Apuntes para una reforma de la regulación laboral de la subcontratación de obras y servicios», *Lan harremanak*, núm. 45, 2021, p. 111.

12 Según rezaba el aludido precepto:
«1. Los empresarios que contraten o subcontraten con otros la realización de obras o servicios correspondientes a la propia actividad de aquellos deberán comprobar que dichos contratistas están al corriente en el pago de las cuotas de la Seguridad Social. Al efecto recabarán por escrito, con identificación de la empresa afectada, certificación negativa por descubiertos en la Tesorería General de la Seguridad Social, que deberá librar inexcusablemente dicha certificación en el término de treinta días improrrogables. Transcurrido este plazo, quedará exonerado de responsabilidad el empresario solicitante.
2. El empresario principal, salvo el transcurso del plazo antes señalado respecto a la Seguridad Social, y durante el año siguiente a la terminación de su encargo, responderá solidariamente de las obligaciones de naturaleza salarial contraídas por los subcontratistas con sus trabajadores y de las referidas a la Seguridad Social durante el período de vigencia de la contrata con el límite de lo que correspondería si se hubiese tratado de su personal fijo en la misma categoría o puestos de trabajo.
No habrá responsabilidad por los actos del contratista cuando la actividad contratada se refiera exclusivamente a la construcción o reparación que pueda contratar un cabeza de familia respecto de su vivienda, así como cuando el propietario de la obra o industria no contrate su realización por razón de una actividad empresarial».
Recalcando el censurable inmovilismo de las instancias legislativas, toda vez que el contenido básico de la disposición apenas ha evolucionado con el tiempo, GÓMEZ GORDILLO, R.: «Apuntes para una reforma de la regulación laboral de la subcontratación de obras y servicios», cit., p. 113; NORES TORRES, L. E.: «El

gente en el momento de elaboración de su estudio, en este último tuvo que afrontar la ardua tarea de arrojar algo de luz sobre la confusa regulación en torno a la responsabilidad solidaria de la empresa comitente cuando esta recurría a la externalización de obras o servicios correspondientes a su propia actividad. Disposición que, con mayor o menor fortuna, siempre ha pretendido el loable propósito de «evitar que el contratista principal, quien se halla mejor situado en esa cadena de contratación [...] que es quien controla realmente su ejecución y quien en definitiva asume en mayor medida los beneficios económicos de la actividad que realizan otros en todo o en parte, quede inmune ante las posibles deudas de estos últimos frente a sus trabajadores»[13].

En particular, entre los principales interrogantes que, en el día a día, suscitaba la insatisfactoria ordenación legal de la figura, procede comenzar identificando «la delimitación de su ámbito de aplicación [...] [por cuanto] toma como referentes dos conceptos jurídicos de significado indeterminado: por un lado, la existencia de una "contrata" y, por otro, que esta pertenezca a la "propia actividad" de la empresa principal»[14].

Está claro que el oportuno acuerdo a suscribir entre las partes debe permitir la realización de la obra o el servicio asignado, en orden a lo cual lo reseñable «no es que medie un contrato de empresa entre las dos orga-

---

alcance de la responsabilidad solidaria prevista en el artículo 42 ET», *Lex Social*, Vol. 10, núm. 1, 2020, p. 359; o PÉREZ DE LOS COBOS ORIHUEL, F.: «Sobre la minimización jurisprudencial de la exoneración de la responsabilidad empresarial en materia de Seguridad Social en las contratas y subcontratas (A propósito de la STS de 3 de febrero de 2021, rec. 2584/2019)», *Trabajo y Empresa: Revista de Derecho del Trabajo*, Vol. 1, núm. 1, 2022, pp. 98 y 99.

Criticando que, «pese a la actual generalización de la subcontratación como recurso de organización empresarial y la consagración del modelo de empresa-red, la regulación legal de las garantías de los trabajadores, y también del sistema de Seguridad Social, continúa prácticamente con el mismo tenor literal que hace 50 años [...] [sin que las] diferentes reformas operadas [...] [hayan] terminado de aclarar aspectos importantes del régimen jurídico», VICENTE PALACIO, A.: «Por una reformulación de la responsabilidad derivada en los supuestos de contratas y subcontratas», cit., p. 91.

13 O, en otros términos, «constituye un reflejo [...] del principio de derecho según el cual quien está en condiciones de obtener un beneficio debe de estar también dispuesto a responder de los perjuicios que puedan derivar del mismo». Recuperando esta máxima, las SSTS, Sala de lo Social, núm. 186/2023, de 9 de marzo, o 317/2023, de 26 de abril.

14 SALA FRANCO, T.: «La noción laboral de contrata y de contrata de "propia de actividad"», *Trabajo y Empresa: Revista de Derecho del Trabajo*, Vol. 1, núm. 1, 2022, p. 14.

nizaciones productivas vinculadas, sino que entre ambas exista un negocio jurídico que sirva de cobertura al auxilio que para su propia actividad consigue el comitente»[15].

Sin parangón, mayores incertidumbres presenta la ulterior de las nociones antes aludidas, en consonancia con el hecho de que

> *...de su existencia se hace depender la puesta en marcha del propio precepto, su aplicación, en definitiva.*

Y, sin solución de continuidad, las consecuencias jurídicas predicables[16].

Paradójicamente, su condición de «elemento básico»[17] choca con que siga «sin ser un concepto cuya adecuada comprensión resulte pacífica y sea capaz de delimitar con nitidez unas contratas de otras y, por tanto, las consecuencias jurídicas que la ley anuda»[18]. A ello tampoco ayuda la carencia de «una definición de lo que sea el ciclo productivo de una empresa»[19].

En última instancia, emerge como un término «delicuescente y circunstancial [...] [lo cual] ha propiciado que se intente su aprehensión desde múltiples parámetros: el carácter imprescindible de las actividades, su habitualidad, la complementariedad, la marginalidad, la inclusión en el ciclo productivo ordinario, etc.»[20]. Como esperable consecuencia, esto trae con-

---

15 En este sentido, «el precepto del ET [...] no está limitando o precisando la naturaleza del vínculo existente entre la empresa principal y la auxiliar. Ese negocio jurídico [...] no aparece tipificado o restringido desde la perspectiva de la norma laboral: podría ser de Derecho Público o de Derecho Privado; temporal o permanente; a título oneroso o gratuito; abarcando obras o servicios; tipificado o atípico; referido a un aspecto nuclear o a una cuestión colateral del proceso productivo; comunicado a la clientela o mantenido en reserva; etc.». El literal, en la STS, Sala de lo Social, núm. 528/2022, de 8 de junio.

16 Al fin y al cabo, la responsabilidad solidaria dispuesta desde el artículo 42 del ET tan solo «se extiende a la realización de obras o servicios correspondientes a la propia actividad» [STS, Sala de lo Social, núm. 56/2020, de 23 de enero].
Resaltando que tal «limitación [...] y la restrictiva interpretación jurisprudencial de este concepto ha determinado [...] una importante reducción de las garantías de los trabajadores», VICENTE PALACIO, A.: «Por una reformulación de la responsabilidad derivada en los supuestos de contratas y subcontratas», cit., p. 107.

17 STS, Sala de lo Social, núm. 630/2022, de 6 de julio.

18 BLASCO PELLICER, Á.: «El tratamiento de las contratas y subcontratas en la jurisprudencia reciente», cit., p. 165.

19 SALA FRANCO, T.: «La noción laboral de contrata y de contrata de "propia de actividad"», cit., pp. 18 y 22.

20 STS, Sala de lo Social, núm. 528/2022, de 8 de junio.

sigo un excesivo casuismo[21], con las subsiguientes «dosis de inseguridad jurídica que ello supone»[22].

Sin necesidad de profundizar en el análisis de la cuestión, el Tribunal Supremo se encargó de ventilar el asunto confirmando que, si bien son dos las valoraciones factibles [«*a*) La que entiende que propia actividad es

---

21 Señaladamente, «se ha declarado la existencia de propia actividad en los siguientes casos: *1*) Reparación y mantenimiento de las líneas de tendido eléctrico de FECSA y colocación de postes del tendido aéreo de líneas telefónicas de Telefónica de España, SA [...] *2*) Servicios de comedor y cafetería del colegio mayor contratados por una fundación [...] *3*) Trabajos de la construcción encargados por empresas de esa rama de actividad [...] *4*) Transporte sanitario contratado por un Servicio Público de Salud [...] *5*) Externalización u *outsourcing* de servicios informáticos de una entidad bancaria [...] *6*) Servicio municipal de atención a personas mayores en centros de día [...] *7*) Mediación, formalización y promoción de la venta y contratación del servicio de telefonía móvil digital en nombre y por cuenta de Telefónica Móviles España, SAU [...] *8*) Ejecución de obras, realización de acometidas y reparación de averías en las redes de abastecimiento, alcantarillado y saneamiento de agua que había externalizado una empresa pública [...] *9*) Instalación de los sistemas de seguridad de la central de producción de energía eléctrica que estaba construyendo en Argelia una sociedad del Grupo Iberdrola [...] *10*) Servicio de comedor en los centros docentes públicos de la Junta de Andalucía [...] *11)* Servicios de conserjería de una comunidad de propietarios [...] *12*) Servicios de atención al público en los centros culturales de un patronato de un ayuntamiento [...] *13*) Transporte de mercancías contratado por una agencia de transporte [...] *14*) Contratación del servicio de cafetería y comedor en los centros municipales de mayores del Ayuntamiento de Madrid». Inclusive, «el "desbastado" de piezas proporcionadas por Rodriser, que se llevaba a cabo en las instalaciones de CESA [...] con la finalidad de que [...] [esta última] pudiera incorporarlas a su proceso productivo, consistente en el diseño, desarrollo, producción, mantenimiento y servicio postventa de equipos y sistemas fluido-mecánicos para aplicaciones aeronáuticas y aeroespaciales». En profundidad, las SSTS, Sala de lo Social, núm. 528/2022, de 8 de junio, o 317/2023, de 26 de abril.
En cambio, «se ha negado el requisito de propia actividad en los siguientes supuestos: *1*) Vigilancia de los edificios e instalaciones de las Administraciones públicas o de una empresa eléctrica [...] *2*) Promoción inmobiliaria: una promotora contrata con una empresa de la construcción la realización de una obra [...] *3*) Subvención por el INEM de cursos o actividades formativas organizados por centros colaboradores públicos o privados que participan en los programas del Plan de Formación e Inserción Profesional [...] *4*) Tareas de demolición de una nave [...] *5*) Servicio de repostaje y lavado de vehículos privados en un aeropuerto que había externalizado AENA». Con superior detalle, la STS, Sala de lo Social, núm. 186/2023, de 9 de marzo.

22 PÉREZ GUERRERO, M.ª L.: «La reforma de la subcontratación: una reforma de mínimos», cit., p. 163.

la actividad indispensable, de suerte que integrarán el concepto, además de las que constituyen el ciclo de producción de la empresa, todas aquellas que resulten necesarias para la organización del trabajo; y *b*) La que únicamente integra en el concepto las actividades inherentes, de modo que solo las tareas que corresponden al ciclo productivo de la empresa principal se entenderán propia actividad de ella. En el primer caso, se incluyen como propias las tareas complementarias. En el segundo, estas labores no nucleares quedan excluidas del concepto y, en consecuencia, de la regulación del artículo 42 del ET»], la exigencia de que «las obras y servicios que se contratan o subcontratan deben corresponder a la propia actividad empresarial del comitente [...] [significa que] el legislador está pensando en una limitación razonable que excluya una interpretación favorable a cualquier actividad empresarial. Es obvio que las primeras de las interpretaciones posibles anulan el efecto del mandato del artículo 42 del ET, que no puede tener otra finalidad que reducir los supuestos de responsabilidad del empresario comitente. Por tanto, ha de acogerse la interpretación que entiende que propia actividad de la empresa es la que engloba las obras y servicios nucleares del comitente, entendiendo [...] que nos encontraríamos ante una contrata de este tipo cuando, de no haberse concertado esta, las obras o servicios debieran realizarse por el propio empresario comitente so pena de perjudicar sensiblemente su actividad empresarial»[23].

En resumidas cuentas, al margen de su condición de «atalaya desde la cual ha de abordarse la resolución final del caso»[24], se está ante

> *...un concepto nada fácil de delimitar [...] por la ambigüedad de sus términos y la multiplicidad de supuestos y circunstancias en los que opera.*

---

23 SSTS, Sala de lo Social, de 24 de noviembre de 1998 (RCUD núm. 517/1998), o núm. 56/2020, de 23 de enero, y 630/2022, de 6 de julio.
Por consiguiente, «la doctrina de mérito establece la distinción entre actividades inherentes "formando parte del ciclo productivo" de las actividades que, sin pertenecer a esas categorías, también sean necesarias para realizar la actividad, y concluye extrayendo estos últimos del ámbito del artículo 42 del Estatuto de los Trabajadores» [STS, Sala de lo Social, núm. 56/2020, de 23 de enero]. En resumidas cuentas, de las dos lecturas factibles ha terminado por acogerse la más estricta, donde el punto de inflexión radica en el carácter «nuclear» [STS, Sala de lo Social, núm. 486/2022, de 27 de mayo], en la pertenencia «al ciclo productivo de la empresa, esto es, [...] [a sus] actividades principales» [STS, Sala de lo Social, núm. 528/2022, de 8 de junio].

24 STS, Sala de lo Social, núm. 528/2022, de 8 de junio.

De ahí el planteamiento cada vez más habitual de propuestas tan elocuentes como las de «la eliminación del actual término legal y la extensión de la tutela dispensada por el art. 42 del ET a todo tipo de contratas, pertenezcan o no a la propia actividad del principal»[25].

Mientras tanto, para proteger los derechos de las personas trabajadoras de las empresas auxiliares, el ordenamiento incluye un elemento de innegable utilidad, al menos en el escenario de los encargos vinculados a los cometidos esenciales de la comitente. Así, toda vez que esta última es la que, de un modo voluntario, decide desplazar hacia un tercero parte de su ciclo productivo básico, obteniendo gracias a ello un rédito o beneficio, la legislación le impone como contrapartida una eventual responsabilidad solidaria respecto de las deudas salariales y de Seguridad Social surgidas durante la ejecución del encargo.

Desde una perspectiva objetiva, la primera se anuda a la definición de «salario» fijada en el artículo 26.1 del ET (incluido el recargo por mora previsto en el precepto 29.3 de la norma). De este modo, se adopta un criterio riguroso, dejando fuera «las cantidades [...] en concepto de indemnizaciones o suplidos por los gastos realizados como consecuencia de [...] [la] actividad laboral, las prestaciones e indemnizaciones de la Seguridad Social y las indemnizaciones correspondientes a traslados, suspensiones o despidos»[26]. Por el contrario, y sin terminar de entender bien este distinto

---

25 Y es que, «en la actual legislación laboral sobre las contratas, se produce la paradoja de que aquellos trabajadores que en la realidad están menos protegidos por trabajar en empresas contratistas y subcontratistas referidas a actividades complementarias de la actividad de la empresa principal, de una menos solvencia económica, están menos defendidos jurídicamente que los que trabajan en contratas y subcontratas de la propia actividad de la empresa principal, normalmente más solventes económicamente que las primeras». Certero en su evaluación, SALA FRANCO, T.: «La noción laboral de contrata y de contrata de "propia de actividad"», cit., p. 21.
A renglón seguido, poniendo en valor que dicha eliminación «sin duda repercutiría positivamente en el adecuado funcionamiento de las contratas», MONEREO PÉREZ, J. L.: «La subcontratación como instrumento de descentralización productiva y su nueva regulación en el derecho del trabajo», cit., p. 39.

26 STS, Sala de lo Social, de 19 de enero de 1998 (RCUD núm. 2030/1997).
Además, otro «aspecto [...] en el que se debería incidir es el relativo al alcance de obligaciones asumidas. Y, en este punto, más allá de la posibilidad de acercar el régimen del art. 42 ET al del art. 44 ET, en el sentido de no limitarlo a las obligaciones de "naturaleza salarial" (con las dificultades exegéticas que ello genera al tiempo de su concreción) y extenderlo a todo tipo de obligaciones, sería conveniente una regulación más ambiciosa que incluyese, adicionalmente, la equiparación de derechos entre los trabajadores de la empresa contratista y los de

tratamiento, la segunda se configura de un modo amplio, englobando factores tan variopintas como la cotización, la afiliación, las altas y bajas o la acción protectora de índole prestacional[27].

Sorprendente y discutiblemente, el comitente puede evitar dicho tipo de respuesta en relación con las deudas de Seguridad Social. A tal fin, ostenta la facultad de comprobar, vía certificación por descubiertos requerida a la Tesorería General de la Seguridad Social (TGSS), si la contratista se encuentra al corriente del pago respecto de dichas cargas. Representa, el precedente, «un instrumento profiláctico que [...] vendría a disuadir de la contratación con empresarios morosos y a sanear el mercado de la contratación y subcontratación de obras o servicios [...] [expulsando así] del mercado a aquellas contratistas que, por incumplir con sus obligaciones de Seguridad Social, operan en él con una ventaja competitiva ilegal»[28].

Sin perjuicio de las controversias que provoca tan singular herramienta[29], desde luego

---

la empresa principal». Tesis central en el parecer de NORES TORRES, L. E.: «El alcance de la responsabilidad solidaria prevista en el artículo 42 ET», cit., p. 360. En otro orden de ideas, abogando por «realizar un "intercambio normativo", consistente en la "doble operación" de suprimir a un tiempo la responsabilidad solidaria de las contratas de la propia actividad y extender una responsabilidad subsidiaria en materia salarial (y en todas las condiciones laborales) a todas las contratas, eliminando así el ambiguo y conflictivo concepto jurídico indeterminado de "contratas de la propia actividad del empresario principal"»; remedio que, «además de suponer una mayor coherencia en la protección normativa de los trabajadores afectados por la contratación [...] vendría a cumplir también "fines eugenésicos", esto es, podría coadyuvar a "depurar" el mercado de las contratas, ya que las empresas comitentes controlarían más la contratación con las empresas contratistas para no tener que responder de sus incumplimientos», SALA FRANCO, T.: «La noción laboral de contrata y de contrata de "propia de actividad"», cit., pp. 21 a 23.

27 Apostando por configurar siempre como solidaria la respuesta de la comitente frente a las deudas de Seguridad Social, VICENTE PALACIO, A.: «Por una reformulación de la responsabilidad derivada en los supuestos de contratas y subcontratas», cit., p. 107.

28 PÉREZ DE LOS COBOS ORIHUEL, F.: «Sobre la minimización jurisprudencial de la exoneración de la responsabilidad empresarial en materia de Seguridad Social en las contratas y subcontratas (A propósito de la STS de 3 de febrero de 2021, rec. 2584/2019)», cit., p. 100. Siguiéndole, RUZ LÓPEZ, J. M.ª: «El deber de comprobación y eventual exoneración en materia de contratas y subcontratas. Sentencia del Tribunal Supremo, Sala tercera, de 3 de febrero de 2021», cit., p. 272.

29 A pesar de la parquedad del actual artículo 42.2 del ET (anterior apartado 1 del precepto), pueden darse las siguientes situaciones: *1*) Que transcurran 30 días sin haber expedido la TGSS dicha certificación. Entonces, la dispensa alcanza a todo

...tal liberación no tendrá lugar, según cabe deducir de una interpretación en sentido contrario del precepto, de un lado, cuando la Tesorería conteste en sentido positivo y, pese a ello, el empresario efectúe la contrata; y, de otro, igualmente, cuando falte la solicitud por parte del empresario.

Sin embargo, se ha de prestar especial atención al tenor literal de lo expresado en el escrito recibido. Así, por ejemplo, dado que en «los certificados [...] se dice literalmente lo siguiente: "De los antecedentes obrantes en esta Tesorería General se CERTIFICA que: No tiene pendiente de ingreso ninguna reclamación por deudas ya vencidas con la Seguridad Social. Y

---

el periodo de la contrata posterior a la solicitud. *2*) Idéntico efecto se producirá cuando dicho organismo público remita una respuesta negativa. *3*) Por último, si el sentido de la resolución evacuada es positivo (o la empresa principal obvia el trámite de la petición), esa circunstancia acarreará que, de celebrarse la contrata, devendrá precisa la exigencia de responsabilidad solidaria a la entidad comitente por las deudas de Seguridad Social imputables a la contratista y las subcontratistas a lo largo del tiempo de encomienda de la obra o servicio.

Defendiendo que «la propia exoneración de responsabilidades en los supuestos de silencio por parte de la TGSS o, incluso, en los de certificación negativa, carece de sentido [...] [juzgándose] más acertada su subsistencia, sin perjuicio de que las empresas hacia las que se ha extendido la responsabilidad pudieran dirigirse contra la Administración cuando el defectuoso funcionamiento de esta les hubiese generado responsabilidades», NORES TORRES, L. E.: «El alcance de la responsabilidad solidaria prevista en el artículo 42 ET», cit., pp. 360 y 361, quien también considera necesario que dicho deber de verificación tenga «un carácter cíclico, esto es, que se desarrolle de modo regular a lo largo de la vigencia de la contrata».

No obstante, contrargumentando que «si el legislador hubiera querido establecer un deber de comprobación regular del ingreso de cuotas durante la ejecución de la contrata, hubiera formulado el precepto en otros términos», PÉREZ DE LOS COBOS ORIHUEL, F.: «Sobre la minimización jurisprudencial de la exoneración de la responsabilidad empresarial en materia de Seguridad Social en las contratas y subcontratas (A propósito de la STS de 3 de febrero de 2021, rec. 2584/2019)», cit., p. 103.

Ahora bien, aun cuando en materia de Seguridad Social la entidad comitente quede liberada de responsabilidad solidaria, procede advertir que, por aplicación de los artículos 142.1 y 168.1 del TRLGSS, la subsidiaria (atinente solo a cotizaciones y prestaciones) pervive, pues tales preceptos únicamente sitúan extramuros de ella a la persona que celebre el negocio jurídico para la reparación de su vivienda. A mayor abundamiento, «se trata de una responsabilidad subsidiaria incondicionada y no vinculada a una mayor o menor diligencia de la empresa principal en la comprobación de la situación de la subcontrata en materia de obligaciones de seguridad social», de acuerdo con la exposición de VICENTE PALACIO, A.: «Por una reformulación de la responsabilidad derivada en los supuestos de contratas y subcontratas», cit., p. 98.

para que conste, a petición del interesado, se expide la siguiente certificación que no originará derechos ni expectativas de derechos a favor del solicitante o de terceros, ni podrá ser invocada a efectos de interrupción o paralización de plazos de caducidad o prescripción, no servirá de medio de notificación de los expedientes a que se pudiera hacer referencia, no afectando a lo que pudiere resultar de actuaciones posteriores de comprobación o investigación al respecto" [...] [no] deja de ser llamativo que, bajo el nombre de "certificado", la Administración emita documentos que explícitamente advierten de que no dan fe de los datos en ellos reflejados; pero, cualquiera que sea la valoración que ello merezca desde el punto de vista de la oportunidad y de las pautas de buena gestión, es claro que no puede decirse que vulnere los principios de seguridad jurídica y confianza legítima: si estos se interpretan, como no puede ser de otro modo, como una exigencia de certidumbre, certificados como los aquí considerados no engañan a nadie [...] Quien lee dichos certificados sabe a qué atenerse, que es lo crucial desde el punto de vista de los arriba mencionados principios. Por otra parte [...] ni siquiera es evidente que esos certificados afirmen que, en el momento de su emisión, la empresa [...] no tenía deudas pendientes con la Seguridad Social. Obsérvese que la expresión empleada es muy matizada: se dice que no hay "ninguna reclamación por deudas ya vencidas". Pero que no se haya formulado una reclamación no significa necesariamente que no haya deudas, ni siquiera que estas no sean líquidas y exigibles: puede significar sencillamente que el acreedor, por una u otra razón, no ha decidido aún reclamar su cumplimiento»[30].

No acaban aquí las dificultades. En paralelo, otra tradicional fuente para la discordia obedecía a si el precepto incluía la prohibición implícita de formalizar válidamente la contrata de mediar tales deudas; o si, en cambio, no devendría admisible imponer una restricción de ese calibre en ausencia de una referencia expresa en dicho sentido.

Enésima muestra de que la imperfecta construcción del precepto acababa generando, en múltiples aspectos,

...un considerable desacuerdo en la doctrina legal y científica.

Fundamentalmente, interesa compartir las opiniones divergentes acerca de si la responsabilidad por deudas de la Seguridad Social contemplada en el precepto merecía el tratamiento de solidaria o subsidiaria (según se

---

30 STS, Sala de lo Contencioso-Administrativo, de 21 de julio de 2015 (rec. de cas. núm. 3561/2013).

decantara la balanza por una aplicación analógica o contrapuesta de lo indicado en el segundo apartado del artículo), o, a mayor abundamiento, si la ausencia de cualquier mención sobre el particular en el referente legal comportaba, simple y llanamente, la imposibilidad de exigir cualquiera de ellas, quedando limitadas las eventuales consecuencias para la empresa principal a la comisión de una falta administrativa (incongruentemente, no sancionable ante la falta de tipificación)[31].

Como se evidencia, en el farragoso artículo 42 del ET

> *...el verdadero epicentro y caballo de batalla [...] viene dado por su número 2, cuya claridad puede parecer superior a la del [...] [primero], pero que en realidad es fuente también de no pocas dificultades y de numerosas matizaciones.*

Cuanto precede sin pasar por alto otras contrariedades de calado, como las incertidumbres relativas a si en ambos párrafos operaba o no la noción de la propia actividad de la empresa principal; la exclusiva mención a las deudas contraídas por las entidades subcontratistas; los períodos durante los que se generaban los compromisos y a lo largo de los cuales procedía su exigibilidad; o, por no seguir, el alcance cuantitativo de la respuesta demandable a la empresa principal (limitada, *ex lege* y sin más precisiones, al importe a satisfacer de haberse tratado de personal fijo de su propia plantilla).

Fue la norma, en concreto, el Real Decreto 1637/1995, de 6 de octubre[32], la que resolvió parte de los interrogantes, al confirmar el surgimiento de una responsabilidad también solidaria frente a las deudas de Seguridad Social (en ausencia de certificación negativa por descubiertos o del planteamiento de tal comprobación por la comitente). Sin embargo, aquí surgía un nuevo inconveniente, dadas

---

31 Acogiendo favorablemente que, «con buen criterio, [...] la mayoría de la doctrina se [...] [haya] manifestado por la segunda de las lecturas, pues ninguna sanción hay prevista para el incumplimiento del tal deber, que no produce otros efectos que los de privar al empresario de la información que le va a permitir conocer la solvencia de aquellos con quienes contrata y de amortizar el juego del mecanismo exoneratorio de responsabilidad previsto en la norma», PÉREZ DE LOS COBOS ORIHUEL, F.: «Sobre la minimización jurisprudencial de la exoneración de la responsabilidad empresarial en materia de Seguridad Social en las contratas y subcontratas (A propósito de la STS de 3 de febrero de 2021, rec. 2584/2019)», cit., p. 101.

32 Real Decreto 1637/1995, de 6 de octubre, por el que se aprueba el Reglamento General de Recaudación de los Recursos del Sistema de la Seguridad Social (BOE núm. 254, de 24 de octubre).

> *...las dudas [...] sobre si el Reglamento ha respetado o no el principio de jerarquía normativa [...] [lo cual hace] subsistir un buen número de sombras y mantiene gran parte de las dosis de incertidumbre que acompaña a una cuestión tan oscura y, por lo mismo, tan necesitada de claridad no conseguida.*

Tampoco hoy «el sistema de responsabilidades es claro en su regulación»[33], por cuanto, a pesar de que «el significado de la previsión normativa se presenta como relativamente sencillo [...] su aplicación práctica suscita diferentes dudas interpretativas»[34].

De ahí que un sector de la doctrina científica abogue por defender que «la regulación legal del fenómeno de la subcontratación de obras y servicios exige una modificación legal clarificadora de las responsabilidades de la empresa principal y contratista [...] [y] también abordar un tratamiento unificador de los aspectos laborales de las contratas y subcontratas de obras o servicios, dada la acusada dispersión normativa existente»[35].

Para terminar, no se quiere pasar por alto la figura de la «descentralización en cadena», donde dos nuevas consideraciones contrapuestas eran planteadas por la doctrina: de un lado, la que sostenía la responsabilidad de la principal respecto de todas las entidades por debajo de ella (y, por su orden, de las auxiliares en relación con las que les seguían); de otro, la que limitaba esa respuesta en exclusiva a la primera e inmediata entidad posterior en la serie. Sin ambages, a pesar del silencio de la norma, no titubeó a la hora de revelar (con éxito) que

> *...no parece posible ceñir la aplicación del precepto a la subcontratación de un único nivel, siendo preciso entender la admisibilidad de «una serie de subcontratas», inmersas todas ellas bajo la aplicación del artículo 42 ET.*

---

33 PÉREZ GUERRERO, M.ª L.: «La reforma de la subcontratación: una reforma de mínimos», cit., p. 180.

34 NORES TORRES, L. E.: «El alcance de la responsabilidad solidaria prevista en el artículo 42 ET», cit., p. 346. También, PÉREZ DE LOS COBOS ORIHUEL, F.: «Sobre la minimización jurisprudencial de la exoneración de la responsabilidad empresarial en materia de Seguridad Social en las contratas y subcontratas (A propósito de la STS de 3 de febrero de 2021, rec. 2584/2019)», cit., p. 100.

35 AGUILERA IZQUIERDO, R.: «Alcance de las responsabilidades laborales en caso de contratas y subcontratas: Las obligaciones salariales y las obligaciones en materia de prevención de riesgos laborales», cit., p. 93. De idéntica opinión, GALA DURÁN, C.: «La problemática actual de la responsabilidad empresarial en orden al pago de prestaciones: perspectivas legal y jurisprudencial», *Temas Laborales*, núm. 66, 2022, p. 421.

Así lo han confirmado los órganos judiciales, para los que, se reitera, «el art. 42 ET constituye un reflejo, mal traducido para el caso que contempla, del principio de Derecho según el cual quien está en condiciones de obtener un beneficio debe de estar también dispuesto a responder de los perjuicios que puedan derivar del mismo, y que fue esta en definitiva la intención del legislador aunque este, a la hora de redactar el precepto, no tuviera realmente en cuenta más que la figura del empresario principal y la de los "subcontratistas", dentro de cuyo último plural es donde deben entenderse incluidos todos los situados en la cadena de contratación»[36].

Por consiguiente, «los diversos apartados del artículo 42 ET se aplican a los empresarios que "contraten o subcontraten", pese a que la rúbrica alude solo a la "subcontratación de obras o servicios". En realidad, lo que se está abordando es el fenómeno de la descentralización productiva consistente en que una empresa principal solicita colaboración a otra(s) auxiliar(es). El empresario auxiliar puede ser, a su vez, principal de otro subcontratista y así sucesivamente, encadenándose unos con otros a efectos laborales; en estos casos el empresario principal también queda comprometido respecto de lo que suceda (en términos laborales) al final [y a lo largo] de la cadena»[37].

2. BIBLIOGRAFÍA

AGUILERA IZQUIERDO, R.: «Alcance de las responsabilidades laborales en caso de contratas y subcontratas: Las obligaciones salariales y las obligaciones en materia de prevención de riesgos laborales», *Trabajo y Empresa: Revista de Derecho del Trabajo*, Vol. 1, núm. 1, 2022, pp. 65-95.

BARREIRO GONZÁLEZ, G.: «Responsabilidad empresarial en contratas y subcontratas (En torno al artículo 42)», *Civitas. Revista española de derecho del trabajo*, núm. 100, 2000, pp. 889-902.

BLASCO PELLICER, Á.: «El tratamiento de las contratas y subcontratas en la jurisprudencia reciente», *Trabajo y Empresa: Revista de Derecho del Trabajo*, Vol. 1, núm. 1, 2022, pp. 163-179.

ESCUDERO PRIETO, A.: «Determinación del convenio colectivo aplicable a las empresas contratistas y subcontratistas. El nuevo art. 42.6 del Estatuto de los Trabajadores», *Revista Crítica de Relaciones de Trabajo*, núm. 8, 2023, pp. 67-91.

GALA DURÁN, C.: «La problemática actual de la responsabilidad empresarial en orden al pago de prestaciones: perspectivas legal y jurisprudencial», *Temas Laborales*, núm. 66, 2022, pp. 377-422.

---

[36] STS, Sala de lo Social, núm. 630/2022, de 6 de julio.

[37] STS, Sala de lo Social, núm. 528/2022, de 8 de junio.

GARCÍA MURCIA, J.: «Contratas y subcontratas», *Revista del Ministerio de Trabajo y Asuntos Sociales,* núm. 48, 2004, pp. 13-38.

GÓMEZ GORDILLO, R.: «Apuntes para una reforma de la regulación laboral de la subcontratación de obras y servicios», *Lan harremanak,* núm. 45, 2021, pp. 110-137.

GÓMEZ SALADO, M. Á.: «Encadenamiento de contratas y responsabilidad empresarial», *Revista Jurídica de Investigación e Innovación Educativa,* núm. 19, 2019, pp. 87-99.

GOÑI SEIN, J. L.: «Contratas, subcontratas y convenio colectivo aplicable», *Estudios Latinoamericanos de Relaciones Laborales y Protección Social,* núm. 13, 2022, pp. 81-99.

NORES TORRES, L. E.: «El alcance de la responsabilidad solidaria prevista en el artículo 42 ET», *Lex Social,* Vol. 10, núm. 1, 2020, pp. 343-363.

MONEREO PÉREZ, J. L.: «La subcontratación como instrumento de descentralización productiva y su nueva regulación en el derecho del trabajo», *Revista Internacional de Doctrina y Jurisprudencia,* Vol. 27, 2022, pp. 1-44.

PÉREZ DE LOS COBOS ORIHUEL, F.: «Sobre la minimización jurisprudencial de la exoneración de la responsabilidad empresarial en materia de Seguridad Social en las contratas y subcontratas (A propósito de la STS de 3 de febrero de 2021, rec. 2584/2019)», *Trabajo y Empresa: Revista de Derecho del Trabajo,* Vol. 1, núm. 1, 2022, pp. 97-114.

PÉREZ GUERRERO, M.ª L.: «La reforma de la subcontratación: una reforma de mínimos», *Trabajo, Persona, Derecho, Mercado,* núm. extra. 1, 2022, pp. 157-182.

RUZ LÓPEZ, J. M.ª: «El deber de comprobación y eventual exoneración en materia de contratas y subcontratas. Sentencia del Tribunal Supremo, Sala tercera, de 3 de febrero de 2021», *Temas Laborales,* núm. 167, 2023, pp. 269-288.

SALA FRANCO, T.: «La noción laboral de contrata y de contrata de "propia de actividad"», *Trabajo y Empresa: Revista de Derecho del Trabajo,* Vol. 1, núm. 1, 2022, pp. 13-23.

VICENTE PALACIO, A.: «Por una reformulación de la responsabilidad derivada en los supuestos de contratas y subcontratas», *Revista de Derecho de la Seguridad Social,* núm. 15, 2018, pp. 91-108.

Capítulo V

Sobre el deber de diligencia y la acreditación del bajo rendimiento

Mª de los Reyes Martínez Barroso
Catedrática de Derecho del Trabajo y de la Seguridad Social
Universidad de León

Cristina González Vidales
Profesora Ayudante de Derecho del Trabajo y de la Seguridad Social
Universidad de León

SUMARIO: 1. CONSIDERACIONES PREVIAS. 2. LA CONFIGURACIÓN DEL DEBER DE DILIGENCIA EN EL ORDENAMIENTO ESPAÑOL Y LOS NECESARIOS MATICES RESPECTO A LAS PERSONAS DISCAPACITADAS. 3. EL MODO DE DETERMINAR EL NIVEL DE DILIGENCIA O RENDIMIENTO DEBIDO. 4. PRINCIPALES MANIFESTACIONES DEL DEBER DE DILIGENCIA. 5. CONSECUENCIAS DEL INCUMPLIMIENTO DEL DEBER DE DILIGENCIA Y ACREDITACIÓN DE LA DISMINUCIÓN DEL RENDIMIENTO. PECULIARIDADES DEL TELETRABAJO. 6. BIBLIOGRAFÍA

"Sea moderado tu sueño, que el que no madruga con el sol, no goza del día; y advierte ¡oh Sancho! Que la diligencia es madre de la buena ventura, y la pereza, su contraria, jamás llegó al término que pide un buen deseo".

Hipócrates en el Quijote
Germán José María Barreiro González y Serafín de Abajo Olea
Universidad de León, Servicio de Publicaciones, 2007, p. 164.

1. CONSIDERACIONES PREVIAS

Si para estar en presencia de una relación laboral, la persona trabajadora se obliga a prestar un servicio por cuenta y bajo la dependencia organizativa de una empresa [arts. 1.1; 5.*c)* y 20.1 ET], cumpliendo con diligencia y buena fe las "obligaciones concretas de su puesto de trabajo" [art. 5.*a)* ET], la ejecución de las tareas o funciones que traen causa del contrato de trabajo debe realizarse respetando una serie de valores o principios que permiten identificar tal prestación de servicios como una relación laboral, conforme a los elementos de ajenidad y dependencia que la caracterizan. A su vez, en relación de complementariedad, o incluso de reiteración, con el genérico poder de dirección empresarial, se ha configurado por la normativa laboral un amplio elenco de deberes que vienen a suponer un modelo genérico de conducta al que está obligada la persona trabajadora en cualquier actividad productiva. El conjunto de deberes que integran la situación de deuda de la persona trabajadora está definido en el art. 5 del Estatuto de los Trabajadores (ET), en sentido positivo, y en el 54 del mismo texto legal, en sentido negativo (incumplimiento de los mismos). Unos son periféricos al de la propia prestación de servicios, como el de protección; otros complementarios, accesorios o autónomos (deberes especiales de conducta), vinculados a la prestación de servicios a cargo de la persona trabajadora (prohibición de concurrencia, deber de seguridad, deber de cooperación…) y otros alcanzan al empleador (deber de capacitación[1] o formación, de seguridad), complementando la configuración última de la prestación.

Podría afirmarse que el contenido del art. 5 ET hubiera podido quedar reducido a las previsiones contenidas en la letra *c)* del mismo (cumplir las órdenes e instrucciones del empresario en el ejercicio regular de su poder directivo), pues precisamente lo que singulariza al contrato de trabajo es la posición de subordinación de la persona trabajadora al empleador, su compromiso de poner su fuerza de trabajo a disposición del mismo para que éste la integre dentro del proceso productivo. Sin embargo, el legislador considera oportuno enumerar una serie de deberes básicos, por su centralidad en el desarrollo adecuado de la relación laboral, que afectan fundamentalmente al aspecto cualitativo de la prestación de servicios, es decir, a la forma o al modo en que deberá realizarse el trabajo debido: fundamentalmente deber de diligencia y buena fe, amén de otros como el deber de seguridad en el trabajo; deber de obediencia; prohibición de concurrencia y deber de contribuir a la mejora de la productividad. Concluye el precepto con una apelación al carácter abierto del listado de deberes enumerados remitiendo a la aplicación de las reglas relativas al régimen del contrato de trabajo: los trabajadores tienen como deberes básicos "cuantos se deriven, en su caso, de los respectivos contratos", lo cual no constituye sino una advertencia vacía de contenido, pues de no haberse previsto, es obvio que la persona trabajadora asume como deber no solo los que deriven de su contrato, sino del conjunto de la legislación laboral. En definitiva, supone un "reconocimiento de la libertad contractual de regulación"[2].

---

1 Sobre el particular, entre muchos, REQUENA MONTES, O.: *Los derechos individuales de formación en el artículo 23 del Estatuto de los Trabajadores,* Valencia (Tirant lo Blanch) 2019 o *La formación continua de los trabajadores,* Madrid (Cinca), 2020.

2 ALONSO OLEA, M. y BARREIRO GONZÁLEZ, G.: *El Estatuto de los Trabajadores,* 4ª ed., Madrid (Civitas), 1995, p. 59.

La primera cuestión que plantea el examen conjunto de estas obligaciones es si tienen sustantividad propia frente al genérico deber de trabajar o, por el contrario, son puras obligaciones modales que contribuyen a configurar la forma de ser de la prestación laboral, sin que la respuesta pueda ser idéntica para cada uno de ellos, pues su esencia puede consistir tanto en una simple modalización de la deuda (*v.gr.* la diligencia, como condición inseparable de la prestación laboral) como en una obligación distinta de la principal y accesoria respecto de la misma (como ocurre con el deber de secreto, dotado de autonomía frente al deber de trabajar). Para dar cumplida respuesta a este interrogante, entre la bibliografía consultada referida al estudio de las obligaciones de la persona trabajadora, resulta imprescindible destacar la mayor obra de referencia de todos los tiempos: *Diligencia y negligencia en el cumplimiento. Estudio sobre la prestación del trabajo debida por el trabajador,* publicada por el Dr. Germán José María Barreiro González allá por el año 1981, bajo los auspicios del Centro de Estudios Constitucionales, fruto de la Memoria de investigación presentada para la obtención del doctorado en Derecho[3], y sin que desde entonces se haya vuelto a abordar monográficamente el tema por parte de la doctrina iuslaboralista[4] con la misma intensidad y complitud.

En palabras del maestro de maestros, Prof. Dr. Dr. Honoris causa por la Universidad de León, D. Manuel Alonso Olea, constituyó la mencionada, una tesis doctoral "verdaderamente ejemplar", por el esfuerzo y trabajo puestos en su elaboración. "*Pocas veces la calificación máxima* cum laude *se habrá otorgado con tanta justificación y pocas veces habrá sido más acertada la decisión de una Junta de la Facultad de Derecho al conceder un Premio Extraordinario del Doctorado, galardones ambos que, mucho más que lo que tan brevemente queda dicho, avalan este libro*". Su mérito adicional reside "*tanto en el planteamiento riguroso y formal*" de las posibles cuestiones o interrogantes que plantea del deber de diligencia [entre muchas, ¿hasta qué punto puede decirse

---

3 A partir de la memoria defendida por su autor el día 30 de octubre de 1978, en la Facultad de Derecho de la Universidad Complutense de Madrid, ante un Tribunal formado por los doctores Beltrán de Heredia, como presidente; Alonso Olea, como director de la tesis; Suárez González, Cremades Sanz-Pastor y Gómez Ferrer como vocales. El Tribunal le otorgó la calificación de Sobresaliente "*cum laude*".

4 Como ya puse de manifiesto en MARTÍNEZ BARROSO, Mª.R.: "Diligencia y buena fe en el cumplimiento de las obligaciones laborales", en AA.VV. (FERNÁNDEZ DOMÍNGUEZ, J.J.; MARTÍNEZ BARROSO, Mª.R. y RODRÍGUEZ ESCANCIANO, S., Dirs.): *Derecho del Trabajo. Lecturas sobre la Obra Científica de Germán José María Barreiro González en sus XXV años como catedrático de Derecho del Trabajo,* Lisboa (Juruá), 2012, p. 85.

sin matizaciones que la prestación debida por el trabajador es una prestación de actividad y no además y concurrentemente, en alguna medida, una prestación de resultado?; ¿Cuál es el canon de medida o el paradigma de conducta o de cumplimiento al que hay que referir una actividad de prestación de servicios para decir si se está cumpliendo o incumpliendo, si el cumplimiento es normal o defectuoso, si el cumplimiento, en fin, es diligente o negligente?; ¿necesariamente debe influir la aptitud subjetiva del trabajador en la medida de su diligencia?; ¿Si y cómo juegan sobre la diligencia exigible deficiencias en las aptitudes del trabajador que pudieron o que debieron ser constatadas, al tiempo de contratar o durante el período de prueba? ¿hasta qué punto el rendimiento pasado, incentivado o no, ha de tenerse en cuenta para juzgar de la diligencia en el cumplimiento presente?] como en la respuesta que a ellas se da y sobre todo, "*en la solidísima línea argumental que lleva a los planteamientos y conduce desde éstos a las soluciones que se proponen*". De alguna manera, proferir el grado de Doctor debe suponer, a la postre, "*unos valores que aquí se encarnan de manera ejemplar: trato cortés, espíritu conciliador y cooperativo, modales exquisitos y un compañerismo incuestionable*"[5].

Pese a que el tema quedó agotado debido al riguroso abordaje, pues en palabras del prologuista de excepción, "*no hay dificultad en abstraer de los datos concretos de derecho positivo y de jurisprudencia traídos a colación, una dogmática general del deber de cumplimiento contractual laboral*" de modo que la mutación normativa apenas introduce modificación alguna en los rendimientos que en virtud del contrato de trabajo se deben, en la forma de medirlos, ni en las responsabilidades que se derivan del incumplimiento, ni en suma "*en la doctrina de la diligencia y de la negligencia en el cumplimiento*", sirvan las páginas que siguen de pórtico a un estudio colateral de sus implicaciones y manifestaciones más recientes tras el desarrollo del teletrabajo, pues el problema capital y central de la diligencia sigue siendo el de determinar el alcance y los límites de lo exigible como "*debido*" a la persona trabajadora. Han sido múltiples las disposiciones que, tanto a nivel interno como supranacional, se han aprobado con el fin de fomentar la construcción de un sistema de límites jurídicos que permita hablar, de manera efectiva, de la

---

5 FERNÁNDEZ DOMÍNGUEZ, J.J.: "Semblanza del Dr. D. Germán José María Barreiro González", en AA.VV. (FERNÁNDEZ DOMÍNGUEZ, J.J.; MARTÍNEZ BARROSO, Mª.R. y RODRÍGUEZ ESCANCIANO, S., Dirs.): *Derecho del Trabajo. Lecturas sobre la Obra Científica de Germán José María Barreiro González en sus XXV años como catedrático de Derecho del Trabajo,* cit., p. 21.

existencia de un trabajo decente[6] o digno, pues no debe olvidarse que una inadecuada ordenación, por ejemplo, del tiempo de trabajo puede repercutir negativamente también en otros derechos sociales esenciales como son el derecho al descanso, a la conciliación de la vida personal, familiar y laboral, e incluso en los propios objetivos empresariales al haberse demostrado que un mayor número de horas de trabajo no es sinónimo de productividad, viéndose afectado el rendimiento de las personas trabajadoras como consecuencia del cansancio acumulado[7]. Sirvan además estas escasas páginas de merecidísimo y sentido homenaje a la persona de Don Germán, por cuanto ha significado (y significará siempre) en nuestra vida personal y profesional y en la de quienes merecen nuestro mayor respeto.

2. LA CONFIGURACIÓN DEL DEBER DE DILIGENCIA EN EL ORDENAMIENTO ESPAÑOL Y LOS NECESARIOS MATICES RESPECTO A LAS PERSONAS DISCAPACITADAS

Las obligaciones de servicios, a las que pertenece la laboral, se califican habitualmente como "*obligaciones de diligencia*", a diferencia de las de obra, calificadas como "*obligaciones de rendimiento*" o "*de resultado*". La idea de diligencia sirve para dotar de contenido y determinar una prestación que, como laboral, aparece inicialmente indeterminada, desempeñando una doble función: positiva, en cuanto garantía de una actividad conforme a determinadas reglas de comportamiento útil y eficaz para el acreedor (módulo de medida de la actividad exigible en el cumplimiento), y negativa, en cuanto premisa necesaria para la verificación de la culpa-negligencia (título de imputación de la responsabilidad por inejecución correcta de la prestación). La diligencia es una característica connatural a la prestación de trabajo, un modo de ser de ésta, de tal manera que la prestación laboral ha de ser necesariamente una prestación diligente para que la persona

---

6 En la doctrina, entre otros, QUÍLEZ MORENO, J.Mª: "La jornada de trabajo y su relación con el trabajo efectivo: reflexiones sobre si el mismo es eficaz o eficiente y cumple con el trabajo decente", *Revista Española de Derecho del Trabajo,* núm. 29, 2019, pp. 25 y ss.

7 A partir de los postulados de la OIT: *Guía para establecer una ordenación del tiempo de trabajo equilibrada,* Ginebra, 2019, p. 7, LÓPEZ VICO, S. y MONEREO PÉREZ, J.L.: "De nuevo en torno a la ordenación del tiempo de trabajo: igualdad de trato y protección de la salud y seguridad de los trabajadores nocturnos. Sentencia del Tribunal de Justicia de la Unión Europea de 24 de febrero de 2022, asunto C-262/20", *La Ley Unión Europea,* núm. 103, 2022, p. 4.

trabajadora quede liberada de su obligación, pues la negligencia genera la pertinente responsabilidad, según el derecho común.

El deber de diligencia está desprovisto de independencia o autonomía frente a la realización del trabajo convenido. No existe un deber de trabajar, por un lado, y un deber de ser diligente, por otro, sino que la obligación de las personas subordinadas es, indisolublemente, la de trabajar con diligencia[8]. El trabajo prestado sin la misma hace incurrir a la persona trabajadora, no en el mero incumplimiento de su deber de diligencia, sino, más radicalmente, en el incumplimiento o cumplimiento defectuoso de su prestación laboral.

Pese a que la ley no especifica su significado o contenido concreto, puede decirse que es diligente todo comportamiento dirigido al cumplimiento correcto (cuidadoso, atento, adecuado) de la prestación contractualmente asumida. Evidentemente no puede exigirse la misma diligencia a quien desempeña un trabajo no cualificado (diligencia no especializada) que a otro que sí es tal (diligencia profesional), aunque siempre presupone una adecuada competencia profesional (pericia o idoneidad para realizar la prestación) sin que se confundan ambos conceptos. Además, como en tantas otras, en esta materia el protagonismo de la norma convencional en la determinación de los rendimientos debidos y en la conexión de las retribuciones que forman parte del salario variable con la obtención de mayores o menores rendimientos resulta incuestionable.

En la medida en que la persona trabajadora desempeña su prestación de servicios con la diligencia media exigible al resto de trabajadores, la obligación laboral se considerará suficientemente satisfecha; en caso contrario, deberá ponerse de manifiesto si la persona trabajadora ha puesto la atención y el cuidado razonablemente exigible en el desarrollo de sus funciones.

Los diversos intentos clásicos orientados a su definición acaban reconduciéndola a la aplicación de la voluntad a la realización del trabajo para obtener el rendimiento debido, de tal modo que en su definición cabe apreciar tanto un elemento interno o subjetivo (impregnado de la idea matriz de cautela o cuidado) como una nota objetiva o de obtención de un resultado. A la vez, su aspecto cualitativo, dirigido a conseguir un nivel correcto en la calidad de la prestación, aparece irremediablemente unido a un matiz cuantitativo, en virtud del cual obtener un nivel correcto en la cantidad de trabajo realizado.

---

8 ALONSO OLEA, M.: "Prólogo" a BARREIRO GONZÁLEZ, G.: *Diligencia y negligencia en el cumplimiento. Estudio sobre la prestación del trabajo debida por el trabajador*, Madrid (Centro de Estudios Constitucionales), 1981, p. IX.

El ordenamiento interno manifiesta una preferencia clara por el criterio de la diligencia objetiva sobre la subjetiva, separándose tanto del art. 1.104 del Código Civil, que remite la diligencia exigible a las circunstancias de las personas, tiempo y lugar, como del ya derogado art. 60 de la vieja Ley de Contrato de Trabajo, que sometía la diligencia a las facultades y peculiaridades de la persona trabajadora. Actualmente, el Estatuto de los Trabajadores deja de tener en cuenta los factores subjetivos con carácter general, admitiéndolos en el caso concreto y excepcional de las personas trabajadoras discapacitadas, cuya capacidad "real" debe tener en cuenta el empleador a la hora de exigir correctamente el cumplimiento de sus obligaciones. En este contexto, el segundo y más específico límite que opone el art. 20.3 ET a las facultades de vigilancia del empleador, cada vez con herramientas más sofisticadas, es el respeto de la capacidad de las personas trabajadoras con diversidad funcional[9], a través de una regla de discutible ubicación sistemática (pues poco tiene que ver con la facultad de control empresarial), cuya evidente finalidad no es otra que la de eximir a las personas discapacitadas de la obligación de obtener un rendimiento igual al que puedan alcanzar quienes están dotados de capacidad normal. El supuesto del que parte el precepto es el de que a la persona trabajadora discapacitada se le confíe un trabajo adecuado a su estado, lo que normalmente supondrá que se reduzca la exigencia de rendimiento.

La propia legislación contempla la posibilidad de que las personas discapacitadas celebren un "*contrato a bajo rendimiento*" (entendiendo por tal el inferior en un 25 por 100 al rendimiento normal)[10], con la consecuencia lógica de que la empresa en este caso no estará facultada para pretender que la persona trabajadora alcance el rendimiento normal. Derivación lógica de esta regla es la de que en el caso de que el trabajo de la persona discapacitada se remunere por incentivos, la aplicación de éstos no podrá suponer un riesgo para su integridad y salud [art. 12.*a)* RD 1368/1985][11].

---

9 Sobre el particular me pronuncié en MARTÍNEZ BARROSO, Mª.R.: "La obligación empresarial de efectuar ajustes razonables en el puesto de trabajo: problemática en relación con las mujeres con discapacidad", en AA.VV. (MONTOYA MEDINA, D., Dir.): *Medidas para la inserción laboral de mujeres con discapacidad.* Valencia (Tirant lo Blanch), 2023, pp. 203 y ss.

10 Art. 12.c) RD 1368/1985, de 17 de julio, regulador de la relación especial de los minusválidos en Centros Especiales de Empleo.

11 Sobre la diligencia, rendimiento y buena fe de las personas discapacitadas resulta ya clásico el estudio de FERNÁNDEZ FERNÁNDEZ, R.; TASCÓN LÓPEZ, R.; ÁLVAREZ CUESTA, H. y RODRÍGUEZ HIDALGO, J.G.: *Los minusválidos en el mercado*

Presupuesto imprescindible de la diligencia es la aptitud, pericia o idoneidad de la persona trabajadora para realizar el trabajo convenido: si la aptitud deriva de la competencia profesional, la diligencia supone la atención orientada a la obtención del rendimiento debido[12]. Para que una persona trabajadora pueda cumplir diligentemente su prestación laboral ha de conocer previamente el nivel de esa diligencia, expresado normalmente en términos de nivel de rendimiento debido, debiendo tener en cuenta todos los elementos que permitan realizar una adecuada valoración de las circunstancias de cada caso, colocando junto a los criterios objetivos —elaboración de unidades de producto o realización de operaciones determinadas o determinables—, toda clase de aspectos subjetivos que pudieran influir en la disminución de las posibilidades de alcanzar los parámetros superados por otros compañeros de profesión.

Por otra parte, la diligencia exigible se hará depender también de la posición que la persona trabajadora ostente en la organización empresarial, siendo superior el grado de responsabilidad exigible a quienes se encuentren en los puestos superiores de la escala jerárquica, pues el deber de diligencia adquiere matices más acusados cuando éste es un alto cargo que representa (a la empresa) a todos los efectos, inclusive los riesgos, ya que por todo ello es suficientemente retribuido. No obstante, hay ocasiones en que no es posible cuantificar el rendimiento exigible (trabajos de dirección, de vigilancia, de supervisión, etc.), en los cuales deberá valorarse, en cada caso concreto, si la persona trabajadora actúa de manera correcta en su prestación de servicios, utilizando parámetros objetivos o estándares conectados a su respectiva cualificación profesional y sus funciones. En estos supuestos, los usos y costumbres adquieren una relevancia especialmente significativa.

3. EL MODO DE DETERMINAR EL NIVEL DE DILIGENCIA O RENDIMIENTO DEBIDO

Ex art. 20.2 ET, las fuentes reguladoras de la diligencia exigible a las personas trabajadoras son las disposiciones legales, los convenios colectivos, las órdenes e instrucciones legítimas dictadas por el empleador en el

laboral: Incentivos a su contratación y régimen jurídico de su prestación de servicios, León (Universidad de León), 2004, pp. 134 y ss.

12 Imprescindible resulta la revisión de la obra de GÁRATE CASTRO, J.: *El rendimiento en la prestación de trabajo,* Madrid (Civitas), 1984.

ejercicio regular de sus funciones directivas y, en defecto de todas ellas, los usos y costumbres, a los cuales habrá que añadir, desde luego, el contrato de trabajo, pues el trabajo diligente es el "*convenido*" . La diligencia debida es ante todo la contractual, que queda incorporada al contrato de trabajo, constituyendo una verdadera declaración tácita de voluntad[13]. A su vez, la negociación colectiva con frecuencia incorpora en su articulado preceptos que intentan precisar, de modo descriptivo, la diligencia debida y exigible a la persona trabajadora, remitiéndola a nociones tan vagas como la "*actividad normal*" o "*rendimiento normal*" (paradigmáticamente las que determinan que actividad normal en su trabajo es la que desarrolla un operario, entrenado y conocedor de su oficio, consciente de su responsabilidad, bajo una dirección competente, sin excesiva fatiga física y mental, pero sin un estímulo especial en la producción o aquéllos que delimitan el rendimiento normal como la cantidad de trabajo que un operario efectúa en una hora cuando trabaja a actividad normal). Conceptos indeterminados cuyo contenido sólo cabe precisar mediante el recurso a la costumbre o atribuyendo tal facultad de determinación a la empresa o al acuerdo entre ésta y la representación legal de las personas trabajadoras, remitiendo las discrepancias a la comisión mixta o paritaria del convenio. Consecuentemente, serán el contrato y la negociación colectiva, así como el propio poder de organización empresarial, las fuentes de este deber[14].

Con tales criterios de fijación del rendimiento se atiende una doble finalidad: primero, servir de parámetro de imputación de la responsabilidad por actuaciones contrarias a dicho criterio de rendimiento, ya sea el "*normal*", ya el pactado, por lo general más específico y exigente; en segundo término, sirven de título atributivo de la prima o incentivo en caso de que se supere el rendimiento normal o pactado. En definitiva, el viejo y totalitario principio de rendimiento encontraría hoy nuevas dimensiones, a través de las exigencias legales y convencionales de flexibilización de la gestión y mejora de la productividad. En otras ocasiones, la diligencia debida se deduce de la exigencia de un resultado cuantificable, como ocurre en los destajos, sin perjuicio de que en ellos también sea exigible, además de

---

13 BARREIRO GONZÁLEZ, G.: *Diligencia y negligencia en el cumplimiento. Estudio sobre la prestación del trabajo debida por el trabajador*, cit., pp. 174-175.

14 Primeramente, el contrato de trabajo, en la medida en que puede ser fuente para la fijación del rendimiento debido. La STS 23 febrero 1990 (RJ 1990, 215) alude a la licitud de las cláusulas contractuales de sujeción a un específico régimen de rendimiento siempre que no sean abusivas *ex* art. 7.2 del Código Civil, refiriendo la validez del pacto de rendimiento consistente en fijar un número de ventas mínimo en un determinado período de tiempo.

una cantidad, una calidad adecuada. Otras veces la determinación previa y posterior comprobación de la diligencia y rendimiento debidos se acota mediante el establecimiento de sistemas de trabajo medido (criterio de organización científica del trabajo), basados en análisis de tareas, tiempos y movimientos que contribuyen a la fijación de los estándares exigibles, traducidos en índices convencionales. En el denominado trabajo "*a tiempo*", a falta de índices más tangibles de apreciación de la diligencia, la jurisprudencia recurre tanto a la comparación con la diligencia habitual de la propia persona trabajadora (concreta y subjetiva), como a la mostrada por los compañeros de trabajo (concreta y objetiva) e incluso a la "*normal*" (diligencia abstracta) o acostumbrada[15].

4. PRINCIPALES MANIFESTACIONES DEL DEBER DE DILIGENCIA

Una vez derogada la Disposición Final 4ª ET, sustento de la pervivencia de ciertos preceptos de la ya citada Ley de Contrato de Trabajo de 1944, han dejado de ser invocables las reglas que sobre las manifestaciones del deber de diligencia contenían los arts. 60 y ss. de la citada norma (deber de indemnizar daños culpables, deber de denunciar entorpecimientos en el trabajo), lo cual no impide considerar que tales manifestaciones sigan siendo emanación natural de aquel deber, independientemente de que no exista ya norma expresa que las confirme. Por el contrario, con un sustento jurídico positivo claro y vigente (art. 20.2 ET), cabe conectar el deber de diligencia (también el de buena fe) con el de "*colaboración en el trabajo*", compañerismo, armonía y buena correspondencia en la empresa. Manifestación, al tiempo, del deber de diligencia, obediencia y buena fe es el deber de la persona trabajadora de observar las obligadas medidas de seguridad y salud [art. 5.*b)* ET][16].

---

15 Sobre el particular, GARCÍA FERNÁNDEZ, M.: "El rendimiento debido en la relación de trabajo", *Revista Española de Derecho del Trabajo*, núm. 3, 1980, pp. 361 y ss. o HERRÁIZ MARTÍN, Mª.S.: *Los complementos por mayor trabajo realizado*, Madrid (CES), 1997.

16 MARTÍNEZ BARROSO, Mª.R.: "Obligaciones del trabajador en la relación de trabajo", en AA.VV. (SEMPERE NAVARRO, A.V., Dir. y CHARRO BAENA, P., Coord.).: *Régimen general del contrato de trabajo*, Vol. I, Colección El contrato de Trabajo, Cizur Menor (Aranzadi/Thomson-Reuters), 2010, pp. 616 y ss.

5. CONSECUENCIAS DEL INCUMPLIMIENTO DEL DEBER DE DILIGENCIA Y ACREDITACIÓN DE LA DISMINUCIÓN DEL RENDIMIENTO. PECULIARIDADES DEL TELETRABAJO

El cumplimiento defectuoso de la prestación laboral da derecho al empleador a minorar correlativamente el salario debido, sin que tal reducción pueda ser reputada multa de haber, prohibida por el art. 58.3 ET, si bien dicha reducción salarial no procede si la disminución o incluso inexistencia de rendimiento son imputables a la propia empresa (art. 30 ET)[17].

De igual modo, la inobservancia del deber de diligencia, si genera una disminución continuada y voluntaria en el rendimiento de trabajo normal o pactado, constituye un incumplimiento sancionable incluso con el despido, *ex* art. 54.2.*e)* ET[18], lo cual exige la concurrencia de las notas de culpabilidad y gravedad; elementos cuya existencia no implica la realización de un comportamiento doloso, siendo suficiente la constatación de una actuación negligente, aunque a veces resulta difícil su acreditación, especialmente si los empleados trabajan a distancia. Ciertamente, la infracción del deber de diligencia es sancionable por la empresa conforme al cuadro de faltas y sanciones aplicable, sin que resulte habitual que en dicho elenco se incluya expresamente la falta de diligencia, pero a estos efectos puede utilizarse tanto la transgresión de la buena fe contractual como la disminución del rendimiento debido. Como se anticipó, el rendimiento que se le exija a la persona trabajadora no ha de ser abusivo sino normal y pactado; solo así se configura un "*rendimiento debido*" en la relación laboral, es decir, sujeto a lo pactado en una norma convencional (convenio colectivo) o en el contrato de trabajo. El Tribunal Supremo[19], respecto a las cláusulas de

---

17 Sobre el particular, entre muchos, FERNÁNDEZ-COSTALES MUÑIZ, J.: *La imposibilidad de la prestación de servicios del trabajador por causas imputables al empresario*, León (Universidad de León), 2003.

18 Ampliamente GARCÍA MURCIA, J.: "Falta de diligencia y transgresión de la buena fe contractual", *Actualidad Laboral*, 1990, T. II, pp. 279 y ss.

19 STS 3 julio 2020 (rec. 2017/2018). La validez de las cláusulas de rendimiento mínimo requiere, ineludiblemente, "*la existencia de un elemento de comparación ya sea atendiendo a un criterio subjetivo tomando como medida el conseguido por el propio trabajador con anterioridad, ya sea atendiendo a un criterio objetivo, remitiéndose al rendimiento marcado por otros trabajadores que realicen la misma actividad, por lo que en el caso analizado se declara la nulidad de las impuestas unilateralmente por la empresa al reservarse la facultad de extinguir el contrato o de aplicar otras medidas disciplinarias, además de la facultad de modificar los objetivos en cualquier momento, lo que vulnera las reglas de la buena fe, no ponderándose otras circunstancias objetivas y/o subjetivas concurrentes, siendo además los objetivos fijados de imposible cumplimiento*".

"*rendimiento mínimo*", viene exigiendo que sean claras, proporcionadas y no de imposible consecución, pues cuando la empresa despide a la persona trabajadora por bajo rendimiento, aunque este sea escaso o nulo, siempre "*debe aportar los rendimientos comparativos de compañeros de la misma categoría y en el mismo tiempo*"[20]; además, ha de aportar un término comparativo, es decir, que exista una referencia con otro trabajador o trabajadora. A fin de justificar la supuesta disminución del rendimiento del mismo, debe aportar elementos comparativos de periodos anteriores o de otros empleados. Por último, debe demostrar la continuidad en el tiempo y la voluntariedad de la persona trabajadora en esta disminución de rendimiento. Un buen ejemplo de ello puede ser el consumo de alcohol o drogas reiterado en el tiempo, que provoca en el trabajo una disminución del rendimiento que repercute negativamente a la empresa[21]. Al contrario, puede ser declarado improcedente el despido disciplinario por bajo rendimiento cuando la empresa se acoge a una disminución en el rendimiento de como máximo el 6%[22]. De hecho, cierto sector doctrinal[23] considera que lo más sensato sería que la empresa se acogiera solamente a criterios objetivos, valorando el rendimiento pactado y comparándolo con trabajadores análogos a su misma clasificación profesional o similar. No obstante, en ocasiones se corrobora la procedencia del despido disciplinario pese a no probarse la comparación, sino apreciando de forma subjetiva una notoria y evidente disminución de rendimiento, por lo cual lo más sensato es que las empresas y sus plantillas pacten rendimientos mínimos que garanticen la seguridad jurídica a las personas trabajadoras, sin que en ningún caso sean admitidos pactos en los que se consideren rendimientos excesivos y de imposible o muy difícil cumplimiento. En todo caso, estos pactos han de ser "*alcanzables*" e iguales para todas las personas trabajadoras del grupo profesional, no admitiéndose que los términos de comparación utilizados por la empresa no sean homogéneos. De este modo, el rendimiento se configura bajo unos parámetros objetivos y determinados y no queda al arbitrio o

---

20 STS 1 julio 2020 (rec. 566/2020).

21 Sobre el particular, incidiendo también en el aspecto preventivo, por todos, FERNÁNDEZ DOMÍNGUEZ, J.J.: *Análisis de la problemática derivada del consumo de alcohol, drogas y otras sustancias en el ámbito laboral*, Madrid (CEOE), 2015.

22 Tal y como sucedió en el caso de un repartidor al que le cambiaron poco antes de ruta; STSJ Canarias 28 diciembre 2020 (rec. 948/2020).

23 TRUJILLO PONS, F.: "Deberes laborales: el deber de diligencia o rendimiento de los trabajadores", *Noticias Trabajo,* recuperado el 6 de julio de 2024. https://noticiastrabajo.huffingtonpost.es/empleo/derechos-trabajador/deberes-laborales-deber-diligencia-o-rendimiento-trabajadores/

voluntad de la empresa. En consecuencia, para justificar un despido disciplinario no bastan pruebas escasas o insuficientes por parte del empleador, sino que tal extremo debe ser acreditado de forma objetiva y amplia con términos comparativos y rendimientos debidos.

El desarrollo del teletrabajo tras la pandemia permite apreciar ya cierta litigiosidad sobre la cuestión. Cuando se ha apreciado la procedencia del despido, para probar la disminución continuada y voluntaria del rendimiento del empleado (teleoperador), la empresa alega, por ejemplo[24], que el Plan de Mejora Individual (PMI) es un 76% inferior a la media del resto de los trabajadores con la misma categoría; que el trabajador desatendía sus incidencias y las tenían que resolver sus compañeros; que no realizaba sus tareas administrativas y formativas de forma reiterada; y que tenía horas de inactividad en su ordenador durante la jornada laboral.

Sin embargo, en otro caso, también reciente, de una teleoperadora despedida por supuesta disminución voluntaria de su rendimiento en el trabajo, al no alcanzar los objetivos fijados por la empresa, en suplicación[25] se ha declarado el despido improcedente, ya que no se presentan pruebas suficientes que demuestren una disminución intencional y continuada en

---

24 STSJ Madrid 29 noviembre 2023 (rec. 370/2023), estimando que *"la falta de actividad en los sistemas informáticos de la empresa ha derivado en una disminución de su rendimiento al no realizar tareas propias de su puesto de trabajo, como es atender los mensajes a través del sistema slack, realizar los PMI, realizar los ratios y pasar las ventas. Esta falta de rendimiento no está justificada y se viene produciendo desde hace meses, como así ha quedado corroborado por el informe pericial informático"*, considerando por ello que está acreditada la disminución de rendimiento del trabajador continuada, grave y culpable.

25 La STSJ Castilla y León/Valladolid 5 febrero 2024 (rec. 1940/2023) confirma la improcedencia del despido disciplinario al considerar que, aunque los resultados obtenidos están por debajo de los objetivos de la campaña y de la media del departamento, no se aportan pruebas suficientes que acrediten una disminución voluntaria del rendimiento previo. En el caso concreto, el Tribunal considera que el despido no se fundamenta en una disminución de su rendimiento previo, sino en que los resultados obtenidos en determinados indicadores estaban por debajo del objetivo de la campaña y de la media del departamento y de sus compañeros de trabajo, pero no se aporta documental suficiente para acreditar estos extremos. Además, no consta el número de agentes que conforman el equipo, el rendimiento individual de cada uno de ellos, ni que las funciones de todos los miembros del equipo fueran homogéneas. La comparativa que se hace con la media del departamento y con trabajadores con semejantes horas de contrato se considera insuficiente y, por lo tanto, no resulta válida. La Sala también valora la antigüedad en la empresa, superior a 6 años, y la ausencia de advertencias en relación con el bajo rendimiento y la posibilidad de ser sancionada por ello.

su rendimiento en comparación con el de sus compañeros, atendiendo a los índices de productividad y a los indicadores de eficacia comercial y, además, teniendo en cuenta que la trabajadora acredita una larga antigüedad en la empresa, superior a 6 años, sin haber sido advertida anteriormente sobre su desempeño, concluyendo así que no cabe apreciar aquella mengua en su prestación laboral deliberada, sostenida en el tiempo y de notable entidad o gravedad para justificar un despido disciplinario. Por tanto, la aplicación del principio de proporcionalidad permite que la no consecución de los objetivos pueda ser motivo para no pagar a una persona trabajadora el complemento variable pactado, pero no siempre será causa directa para justificar un despido disciplinario por bajo rendimiento, pues no debe olvidarse que el despido siempre debe ser la última opción. En todo caso, debe tratarse de una falta imputable a la persona trabajadora.

Por último, y con independencia de lo anterior, el empleado debe resarcir los daños y perjuicios que su comportamiento negligente o doloso pueda causar, en virtud de lo establecido en los arts. 1.102 y 1.103 del Código Civil; responsabilidad indemnizatoria[26] independiente de la penal en que la persona trabajadora hubiera podido incurrir por dolo o imprudencia punibles.

6. BIBLIOGRAFÍA

ALONSO OLEA, M. y BARREIRO GONZÁLEZ, G.: *El Estatuto de los Trabajadores,* 4ª ed., Madrid (Civitas), 1995.

ALONSO OLEA, M.: "Prólogo" a BARREIRO GONZÁLEZ, G.: *Diligencia y negligencia en el cumplimiento. Estudio sobre la prestación del trabajo debida por el trabajador,* Madrid (Centro de Estudios Constitucionales), 1981.

BARREIRO GONZÁLEZ, G.: *Diligencia y negligencia en el cumplimiento. Estudio sobre la prestación del trabajo debida por el trabajador,* Madrid (Centro de Estudios Constitucionales), 1981.

FERNÁNDEZ DOMÍNGUEZ, J.J.: "Semblanza del Dr. D. Germán José María Barreiro González", en AA.VV. (FERNÁNDEZ DOMÍNGUEZ, J.J.; MARTÍNEZ BARROSO, Mª.R. y RODRÍGUEZ ESCANCIANO, S., Dirs.): *Derecho del Trabajo. Lecturas sobre la Obra Científica de Germán José María Barreiro González en sus XXV años como catedrático de Derecho del Trabajo,* Lisboa (Juruá), 2012.

---

26 En tal sentido el empresario puede exigirle la indemnización de los daños causados como ocurre, por ejemplo, en un caso paradigmático y ya clásico de falta de diligencia del trabajador que se tradujo en la destrucción de tarjetas magnéticas de control de asistencia. STSJ Cataluña 4 mayo 2000 (rec. 9231/1999). O por los daños sufridos en vehículo propiedad de la empresa en STSJ Aragón 31 octubre 2002 (rec. 315/2002).

— *Análisis de la problemática derivada del consumo de alcohol, drogas y otras sustancias en el ámbito laboral,* Madrid (CEOE), 2015.

FERNÁNDEZ FERNÁNDEZ, R.; TASCÓN LÓPEZ, R.; ÁLVAREZ CUESTA, H. y RODRÍGUEZ HIDALGO, J.G.: *Los minusválidos en el mercado laboral: Incentivos a su contratación y régimen jurídico de su prestación de servicios,* León (Universidad de León), 2004.

FERNÁNDEZ-COSTALES MUÑIZ, J.: *La imposibilidad de la prestación de servicios del trabajador por causas imputables al empresario,* León (Universidad de León), 2003.

GÁRATE CASTRO, J.: *El rendimiento en la prestación de trabajo,* Madrid (Civitas), 1984.

GARCÍA FERNÁNDEZ, M.: "El rendimiento debido en la relación de trabajo", *Revista Española de Derecho del Trabajo,* núm. 3, 1980.

GARCÍA MURCIA, J.: "Falta de diligencia y transgresión de la buena fe contractual", *Actualidad Laboral,* 1990, T. II.

HERRÁIZ MARTÍN, Mª.S.: *Los complementos por mayor trabajo realizado,* Madrid (CES), 1997.

LÓPEZ VICO, S. y MONEREO PÉREZ, J.L.: "De nuevo en torno a la ordenación del tiempo de trabajo: igualdad de trato y protección de la salud y seguridad de los trabajadores nocturnos. Sentencia del Tribunal de Justicia de la Unión Europea de 24 de febrero de 2022, asunto C-262/20", *La Ley Unión Europea,* núm. 103, 2022.

MARTÍNEZ BARROSO, Mª.R.: "Obligaciones del trabajador en la relación de trabajo", en AA.VV. (SEMPERE NAVARRO, A.V., Dir. y CHARRO BAENA, P., Coord.).: *Régimen general del contrato de trabajo,* Vol. I, Colección El contrato de Trabajo, Cizur Menor (Aranzadi/Thomson/Reuters), 2010.

— "Diligencia y buena fe en el cumplimiento de las obligaciones laborales", en AA.VV. (FERNÁNDEZ DOMÍNGUEZ, J.J.; MARTÍNEZ BARROSO, Mª.R. y RODRÍGUEZ ESCANCIANO, S., Dirs.): *Derecho del Trabajo. Lecturas sobre la Obra Científica de Germán José María Barreiro González en sus XXV años como catedrático de Derecho del Trabajo,* Lisboa (Juruá), 2012.

— "La obligación empresarial de efectuar ajustes razonables en el puesto de trabajo: problemática en relación con las mujeres con discapacidad", en AA.VV. (MONTOYA MEDINA, D., Dir.): *Medidas para la inserción laboral de mujeres con discapacidad.* Valencia (Tirant lo Blanch), 2023.

OIT: *Guía para establecer una ordenación del tiempo de trabajo equilibrada,* Ginebra, 2019.

QUÍLEZ MORENO, J.Mª: "La jornada de trabajo y su relación con el trabajo efectivo: reflexiones sobre si el mismo es eficaz o eficiente y cumple con el trabajo decente", *Revista Española de Derecho del Trabajo,* núm. 29, 2019.

REQUENA MONTES, O.: *Los derechos individuales de formación en el artículo 23 del Estatuto de los Trabajadores,* Valencia (Tirant lo Blanch), 2019.

— *La formación continua de los trabajadores,* Madrid (Cinca), 2020.

TRUJILLO PONS, F.: "Deberes laborales: el deber de diligencia o rendimiento de los trabajadores", *Noticias Trabajo,* recuperado el 6 de julio de 2024. https://noticiastrabajo.huffingtonpost.es/empleo/derechos-trabajador/deberes-laborales-deber-diligencia-o-rendimiento-trabajadores/

Capítulo VI

La suspensión del contrato por nacimiento de hijo y por adopción, guarda o acogimiento: su evolución normativa como exigencia de la igualdad efectiva entre hombres y mujeres, de la conciliación de la vida laboral y familiar y de la corresponsabilidad en los cuidados

José Gustavo Quirós Hidalgo
Profesor Titular de Derecho del Trabajo y de la Seguridad Social
Universidad de León

1. APUNTES SOBRE LA SUSPENSIÓN DEL CONTRATO DE TRABAJO POR NACIMIENTO DE HIJO Y POR ADOPCIÓN, GUARDA O ACOGIMIENTO EN LA OBRA CIENTÍFICA DE GERMÁN BARREIRO GONZÁLEZ.

El fallecimiento del maestro Germán Barreiro González dejó un profundo vacío en sus familiares, en sus amigos, en sus compañeros y en sus discípulos, y tanto en lo personal como en lo profesional. No procede ahora detenerse a ensalzar los abundantes méritos que en ambos aspectos atesoró nuestro querido y recordado "D. Germán", pues esa titánica labor de síntesis ha sido ya acometida de forma insuperable a través de sus *laudatios* por tres insignes juristas que compartieron largas andanzas con el Dr. Barreiro, como son María Emilia Casas Baamonde, Manuel Carlos Palomeque López y Juan José Fernández Domínguez.

Mi vínculo con quien fue el primer Catedrático de Derecho del Trabajo y de la Seguridad Social de la Universidad de León nace en 1998 al ser su alumno y crece en el año 2000 al incorporarme al citado Área, convirtiéndome a la sazón en su enésimo discípulo. Sin embargo, la relación con el maestro del *iuslaboralismo* académico leonés se remonta a épocas anteriores, pues desde su llegada a la ciudad en 1986 coincidió con el Magistrado José Rodríguez Quirós, quien además de mi padre era y siguió siendo muchos años Profesor Asociado junto a él. Ambos congeniaron al instante en lo profesional y en lo personal y forjaron una profunda amistad: a veces, entre clases, juicios y congresos; otras, entre calderetas, sobremesas y parrandas.

Digo esto porque no fueron pocas las veces que D. Germán me confesó que no pasaba un día de su vida sin acordarse de Pepe Quirós desde que éste falleciera en 2008 y, en un nuevo eslabón que parece urdido por un designio cósmico, lo mismo me ocurre a mí desde el pasado 26 de diciembre de 2023, pues desde entonces —para ser sincero, desde bastante antes— no hay día que no dibuje una sonrisa repentina al evocar a ese caballero de académica y solemne figura que ofrecía sin escatimar su vasto conocimiento, su amena conversación, su natural bonhomía, su agudo ingenio, su sabio consejo, sus sonoras carcajadas y, entre muchas otras gracias, su fina retranca gallega; así seguirá ocurriendo, porque como buen maestro, convertido ya en uno de esos "huéspedes de lo infinito" —recurriendo a su tío y poeta Glicerio Barreiro— deja una huella eterna.

Dentro de la disciplina *iuslaboralista* a la que pertenecía, uno de los institutos más visitados por la doctrina, debido a su indudable trascendencia —tanto teórica como práctica—, viene dado por aquél relativo a las vicisitudes que, a lo largo de su vida, puede experimentar el contrato de trabajo; tal afirmación no es ajena, por supuesto, a la extensa obra del Prof. Barreiro, quien, junto a un amplio elenco de publicaciones, glosó magistralmente el Estatuto de los Trabajadores —en coautoría con el maestro de maestros, el Prof. Alonso Olea— a través de varias ediciones de la obra *El Estatuto de los Trabajadores. Texto, Comentarios, Jurisprudencia*, la última de las cuales vio la luz tras la promulgación del RD Legislativo 1/1995, de 24 de marzo, por el que se aprobó el entonces nuevo Texto Refundido de la Ley del Estatuto de los Trabajadores.

Siendo una de las múltiples materias en las cuales el maestro de la "escuela leonesa" invirtió gran parte de su tiempo, sabiduría y común sentido profesional y humano y, al tiempo, una de las más afectadas por las numerosas y sucesivas reformas legislativas, el presente capítulo pretende exponer la regulación y la evolución de la suspensión del contrato por nacimiento, adopción, guarda y acogimiento para cotejarlo —a modo de homenaje— con el tratamiento recibido en la obra científica del Prof. Barreiro[1], quien advertía de la necesidad de atender a lo que anticipaba como foco ineludible que alumbraría su posterior evolución, como son las medidas que, priorizando "la tutela de la mujer trabajadora frente a las necesidades de la empresa"[2], estuvieron dirigidas a garantizar la conciliación de la vida laboral y familiar, implementadas principalmente a través de la Ley 39/1999, de 5 de noviembre, para promover la conciliación de la vida familiar y laboral de las personas trabajadoras (LCVFL)[3], LO 1/2004, de 28 de diciembre, de medidas de protección integral contra la violencia de género (LMPIVG) y LO 3/2007, de 22 de marzo, para la igualdad efectiva de mujeres y hombres (LOI)[4].

Más en concreto, anticipaba el Prof. Barreiro que "si la discriminación de la mujer es consecuencia de factores económicos y jurídicos, pero también sociales, la normativa sobre igualdad, aunque constituye el presupuesto necesario, no es suficiente y habrá que operar, en consecuencia, teniendo en cuenta la dimensión social del problema, pues sólo una redistribución del trabajo doméstico y de las responsabilidades familiares permitirá a las mujeres competir con los hombres en condiciones de igualdad en el mer-

---

1 Entre otros, BARREIRO GONZÁLEZ, G.: "Notas sobre la suspensión del contrato de trabajo", *Gacetilla Colegial. Publicación del Excmo. Colegio Oficial de Graduados Sociales de León,* Septiembre 2001, núm. 58; "Reflexiones sobre la suspensión del contrato de trabajo en el derecho español", *Genesis. Revista de Direito do Trabalho,* núm. 107, 2003.

2 FERNÁNDEZ LÓPEZ, M.F.: *La dimensión laboral de la violencia de género,* Albacete (Bomarzo), 2005, p. 23.

3 Norma que, precisamente, fue la encargada de introducir "en el ordenamiento jurídico español el concepto moderno de conciliación entre la vida familiar y laboral", RODRÍGUEZ ESCANCIANO, S.: *La familia en el ámbito jurídico-laboral. Situación y protección,* Valencia (Tirant lo Blanch), 2008, p. 20.

4 Preclaro ejemplo de legislación orientada por normas supranacionales hacia la consecución de una completa tutela social, en este caso, de la igualdad entre hombres y mujeres; sobre los precedentes normativos europeos e internacionales de la normativa nacional en materia de igualdad entre hombres y mujeres, LÓPEZ LÓPEZ, J.: "Los principios rectores de la LO 3/2007, sobre igualdad efectiva entre mujeres y hombres a la luz de las estrategias de *Gender Mainstreaming* y *Empowermwnt*", *Revista del Ministerio de Trabajo y Asuntos Sociales,* núm. extra., 2007, pp. 53 y ss.

cado de trabajo… [En cualquier caso,] la conciliación de la vida familiar y laboral no es un problema exclusivamente femenino”[5].

Con los citados referentes internos, el conjunto de medidas laborales adoptadas aspiraron a proteger dos bienes jurídicos de dimensión constitucional convertidos en la llama que habría de alumbrar cualquier paraje oscuro de la regulación legal: la familia —en un sentido amplio que fuerza a hablar de progenitores en lugar de padre y madre— y la mujer —necesitada de una especial protección por mor de su condición biológica y el rol social tradicionalmente desempeñado—[6].

La regulación resultante se ha mantenido prácticamente inalterada en lo sustancial durante más de una década —la nueva refundición de la norma estatutaria de 2015 se limitó a ordenar el art. 48 ET, con pocas modificaciones, y de detalle—, hasta la promulgación del RD-Ley 6/2019, de 1 de marzo, de medidas urgentes para garantía de la igualdad de trato y de oportunidades entre mujeres y hombres en el empleo y la ocupación, que —como indica su Exposición de Motivos— supuso “un paso importante en la consecución de la igualdad real y efectiva entre hombres y mujeres, en la promoción de la conciliación de la vida personal y familiar, y en el principio de corresponsabilidad entre ambos progenitores, elementos ambos esenciales para el cumplimiento del principio de igualdad de trato y de oportunidades entre hombres y mujeres en todos los ámbitos”.

2. EVOLUCIÓN DE LOS PERMISOS DE MATERNIDAD, PATERNIDAD Y ADOPCIÓN, GUARDA Y ACOGIMIENTO

2.1. Maternidad

El transcurrir del supuesto “más veterano de todos”[7] ha ido acompañado de una mejora en la correspondiente protección social —creando un

---

5 BARREIRO GONZÁLEZ, G.: “Prólogo”, en MARTÍNEZ BARROSO, M.R.: *La conciliación de la vida familiar y laboral en la Seguridad Social Española,* Curitiba (Juruá), 2008, pp. 9 y 10.

6 Citando la STCo 3/2007, de 15 de enero, AGUILERA IZQUIERDO, R.: “Los derechos de conciliación de la vida personal, familiar y laboral en la Ley Orgánica para la igualdad efectiva de mujeres y hombres”, *Revista del Ministerio de Trabajo y Asuntos Sociales,* núm. extra., 2007, p. 71.

7 SEMPERE NAVARRO, A.V.: “Artículo 45. Causas y efectos de la suspensión”, en AA.VV.: *Comentarios al Estatuto de los Trabajadores,* Cizur Menor (Thomson-Aranzadi), 2010, p. 642.

subsidio adicional para quienes no alcancen las cotizaciones exigidas en el nivel contributivo—, con la finalidad de compensar la pérdida temporal del salario, evitar perjuicios en la carrera de seguro y fomentar la corresponsabilidad paterna, todo lo cual redunda en un beneficio para el hijo (Capítulo IV.bis Título II LGSS y arts.2 a 21 RD 295/2009)[8].

En un plano estrictamente contractual, su duración comprende, como regla general, dieciséis semanas ininterrumpidas, a distribuir antes o después del parto a opción de la interesada y siempre que seis de ellas sean disfrutadas tras el alumbramiento, garantizando así el mínimo y preceptivo descanso que el acontecimiento biológico demanda; no obstante, el legislador ha ido incorporando, de forma gradual, hasta cuatro circunstancias merecedoras de excepción.

En primer lugar, la mejora de dos semanas adicionales en caso de parto múltiple, tradicionalmente tasada con independencia del número de nacimientos, encontró su verdadero sentido al reconocerse tantas ampliaciones como hijos vinieran a partir del segundo, de tal manera que la suma total puede alcanzar no sólo dieciocho, sino veinte, veintidós, y así sucesivamente.

En segundo término, ante el desgraciado hecho del fallecimiento del niño antes, durante o después del parto el descanso ni desparece ni se reduce salvo expresa solicitud de la madre para reincorporarse tras las imperativas seis semanas. Y ello teniendo en cuenta que el art. 8.4 RD 295/2009, de 6 de marzo, reconoce la prestación por maternidad "aun cuando el feto no reúna las condiciones establecidas en el art. 30 CC para adquirir la personalidad, siempre que hubiera permanecido en el seno materno durante, al menos, ciento ochenta días", de tal forma que lo contrario constituiría un aborto cubierto mediante la incapacidad temporal.

Por su parte, tras el reconocimiento efectuado por la Ley 12/2001, la madre, o en su defecto el otro progenitor, pueden computar el período suspensivo, en los partos prematuros y en los cuales el neonato deba permanecer hospitalizado tras el parto, a partir del mismo o de la fecha del alta hospitalaria, con exclusión de las ineludibles seis semanas; a mayores, la interrupción aumenta en tantos días como se prolongue la hospitaliza-

---

8 Al respecto, RODRÍGUEZ ESCANCIANO, S.: *La familia en el ámbito jurídico-laboral. Situación y protección*, cit., p. 170 y ss.; FERNÁNDEZ DOMÍNGUEZ, J.J.: "Igualdad por razón de género y Seguridad Social", en AA.VV.: *Problemas de integración laboral de la mujer*, Madrid (Comunidad de Madrid-Fundación Aequitas), 2007, pp. 322 y ss.; o MARTÍNEZ BARROSO, M.R.: *La conciliación de la vida familiar y laboral en la Seguridad Social española*, cit., pp. 31 y ss.

ción —siempre que sean al menos siete— hasta un máximo de trece semanas más cuando el adelanto fuera acompañado de falta de peso o aquélla obedeciera a condiciones clínicas, siendo además indiferente que el internamiento tenga lugar con o sin solución de continuidad al parto si se inicia dentro de los treinta días naturales siguientes (DA 3ª RD 504/2007), lo que supone una auténtica excepción al disfrute del permiso que en ese momento seguía siendo ininterrumpido[9].

Finalmente, en lo que supuso el primer reconocimiento y discriminación positiva de singulares situaciones en las cuales pudieran hallarse los sujetos implicados —aun cuando podrían ya entonces haberse considerado igualmente muchas otras concernientes tanto a los causantes como a los beneficiarios—, la condición de discapacitado del hijo (a acreditar no sólo según el RD 1971/1999, sino también en los términos de la DA 3ª RD 504/2007) conllevaba un incremento de dos semanas, a distribuir a opción de los interesados —si ambos trabajan, claro está— para disfrutarlo de forma simultánea o sucesiva pero ininterrumpida, configurando de este modo un derecho atribuido en origen a los dos progenitores e independiente del descanso de la madre[10].

Enlazando con lo anterior, cabe advertir, precisamente, cómo el de la titularidad pasaba por ser uno de los asuntos más controvertidos. En la versión inicial del ET de 2015, y a salvo de la excepción apuntada, el descanso por maternidad seguía concibiendo a la madre trabajadora como beneficiaria directa del derecho, pudiendo serlo el padre o el otro progenitor por derivación en diversos supuestos cuya regulación, además, superó algunos defectos manifiestos[11].

En la hipótesis más habitual, y si ambos progenitores trabajaban, la madre podía optar al inicio del período por maternidad —no en momento posterior[12]— por transferir al otro una parte del permiso y, de cumplir

---

9 BARCELÓN COBEDO, S.: "Igualdad y proyección de la contingencia de maternidad", en AA.VV. (MERCADER UGUINA, J.R., Coord.): *Comentarios laborales de la Ley de Igualdad entre Mujeres y Hombres*, Valencia (Tirant lo Blanch), 2007, pp. 485-487.

10 AGUILERA IZQUIERDO, R.: "Los derechos de conciliación de la vida personal, familiar y laboral en la Ley Orgánica para la igualdad efectiva de mujeres y hombres", cit., pp. 95 y 96.

11 RODRÍGUEZ ESCANCIANO, S.: *La familia en el ámbito jurídico-laboral. Situación y protección*, cit., p. 136.

12 "Sin que se vea bien por qué aquella no puede ejercitarse en un momento posterior", ALONSO OLEA, M. y BARREIRO GONZÁLEZ, G.: *El Estatuto de los Trabajadores. Texto, Comentarios, Jurisprudencia*, Madrid (Civitas), 4ª ed., 1995, p. 230.

los requisitos, la correspondiente prestación. Las cuatro semanas finales permitidas inicialmente, sólo encontraban ya el límite de las seis forzosas para la madre, por lo que la cesión podía alcanzar hasta diez semanas ininterrumpidas simultáneas o sucesivas a las disfrutadas por aquélla, de las cuales podrá seguir haciendo uso aun cuando en el momento de su reincorporación estuviera en situación de incapacidad temporal, algo inviable con anterioridad; solución de "frío tecnicismo jurídico"[13] consentida por el legislador, aún duplicando prestaciones de Seguridad Social, en aras a reconocer y potenciar el papel del padre en el cuidado de los hijos[14].

Conforme a reiterada doctrina jurisprudencial, el traspaso parcial del permiso maternal sólo era posible cuando ambos progenitores, por reunir la condición de trabajadores por cuenta ajena, quedaban incluidos en el ámbito subjetivo de la norma estatutaria y en el Régimen General de la Seguridad Social, motivo por el cual ninguna cesión cabía —en ejemplo ilustrativo— por parte de las autónomas[15]. Superado tal criterio por el art. 2.3 RD 1251/2001, la LOI introdujo una pequeña corrección de gran calado, disponiendo que cuando la madre, aún trabajadora, no tuviera derecho a suspender su actividad profesional con derecho a prestaciones de acuerdo con las normas que regulen dicha actividad, el otro progenitor quedaba facultado para suspender su contrato por el período que le hubiera correspondido a ella[16], siendo además compatible con el permiso por paternidad; de esta forma (y en relación con el art. 3.4 RD 295/2009), se eliminó la última laguna subsistente, beneficiando al cónyuge de profesionales liberales afiliadas en una mutualidad que no incluía prestaciones por maternidad[17].

---

13 RODRÍGUEZ ESCANCIANO, S.: *La familia en el ámbito jurídico-laboral. Situación y protección*, cit., p. 141.

14 AGUILERA IZQUIERDO, R.: "Los derechos de conciliación de la vida personal, familiar y laboral en la Ley Orgánica para la igualdad efectiva de mujeres y hombres", cit., p. 90.

15 SSTS 28 diciembre 2000 (Recurso de casación para la unificación de doctrina núm. 1479/2000) o 18 marzo 2002 (Recurso de casación para la unificación de doctrina núm. 1042/2001).

16 Es decir, dieciséis semanas o más, según el caso, en regla más generosa que la que la lógica estricta impondría, pues quien accede al permiso de maternidad supliendo a la madre debería ver suspendida su actividad durante diez semanas, dado el carácter de orden público de las seis puerperales, SEMPERE NAVARRO, A.V.: "Artículo 47. Suspensión del contrato y reducción de jornada por causas económicas, técnicas, organizativas o de producción", en AA.VV.: *Comentarios al Estatuto de los Trabajadores*, Cizur Menor (Thomson-Aranzadi), 2010, p. 698.

17 Al contrario, no sería aplicable cuando, siendo mutualista, no concertó esa cobertura o cuando tenga derecho a prestaciones por maternidad cualquiera que sea su

En último término, si aquélla muriera[18], el otro progenitor podía hacer uso, si así lo deseaba, no sólo de las seis semanas posteriores al nacimiento, sino de todo el período o la parte que restara, descontando en tal caso la que hubiera podido disfrutar la madre después del parto pero no la anterior. Más importante aún, tal posibilidad concurría sin importar que la fallecida no trabajara, surgiendo una ventajosa ficción legal —no extensible a otros supuestos[19]— que permitía transferir un derecho no ostentado realmente, como había sido propugnado por la doctrina[20], admitido expresamente por Resolución de la Secretaría de Estado de la Seguridad Social de 21 de abril de 2004 y posteriormente asumido por el legislador en la LOI para disipar cualquier atisbo de duda.

---

duración o cuantía, PANIZO ROBLES, J.A.: "La nueva regulación reglamentaria de las prestaciones económicas de la seguridad social relacionadas con la maternidad: comentario al real decreto 295/2009, de 6 de marzo, por el que se regulan las prestaciones económicas de la seguridad social por maternidad, paternidad, riesgo durante el embarazo y riesgo durante la lactancia natural", *Revista de Trabajo y Seguridad Social (Centro de Estudios Financieros)*, núm. 313, 2009, pp. 20-21. Sin embargo, con posterioridad se consideró que el pago único por parto recibido por la madre, abogada por cuenta propia, sin suspensión de su actividad profesional no era equiparable al pago de prestaciones, motivo por el cual se reconoció la prestación de maternidad al padre, STS, Cont.-admtivo., 28 junio 2018 (Recurso núm. 183/2017).

18 Supuesto que, análogamente, podría aplicarse a otras situaciones muy similares, "aquellos casos en los que el estado físico de la mujer impide el cuidado del hijo…, por ejemplo, en situación de coma", RODRÍGUEZ ESCANCIANO, S.: *La familia en el ámbito jurídico-laboral. Situación y protección*, cit., p. 142. Con mayor duda, algún pronunciamiento equiparó al fallecimiento el supuesto de vientre de alquiler, donde la madre renunciaba a toda relación materno-filial, para reconocer al padre la prestación por maternidad, STSJ Madrid 30 noviembre 2009 (Recurso de suplicación núm. 3118/2009), comentada en ÁLVAREZ CUESTA, H.: "El ejercicio de la paternidad biológica en solitario y la titularidad compartida de la maternidad", *Aranzadi Social*, núm. 6, 2010, pp. 27 y ss.

19 Pues queda para el futuro la posibilidad de que la mujer sin actividad laboral alguna pueda transmitir su inexistente derecho al descanso por maternidad, RODRÍGUEZ ESCANCIANO, S.: *La familia en el ámbito jurídico-laboral. Situación y protección*, cit., p. 138.

20 Por ejemplo, el Prof. Barreiro defendía que el disfrute por el padre en caso de muerte de la madre, por aquel entonces limitado a las seis semanas posteriores al parto, correspondía "quizá también en los supuestos de madre no trabajadora dada la clara finalidad del precepto, finalidad ésta que, dicho sea de paso, no casa bien con la exigencia de fallecimiento", ALONSO OLEA, M. y BARREIRO GONZÁLEZ, G.: *El Estatuto de los Trabajadores. Texto, Comentarios, Jurisprudencia*, cit., p. 230.

2.2. Adopción, guarda y acogimiento

En la primera versión del Texto Refundido de la norma estatutaria (1980), el régimen del permiso por adopción, que incluía también —y sólo— el acogimiento preadoptivo, distaba de equipararse al de maternidad, en tanto generaba seis u ocho semanas de suspensión, en función de la edad del menor, atribuibles por completo a la madre o al padre. Mucho cambiaron las cosas desde entonces, reconociéndose luego tanto para el acogimiento permanente (Ley 12/2001) como el simple (LOI[21]), siempre y cuando este último no resultara de duración inferior al año y fuera referido a menores de seis años o a menores de superior edad si son discapacitados o con especiales dificultades de inserción social y familiar debidamente acreditadas por los servicios sociales competentes. La progresión legislativa, siempre atenta a los foros judiciales, permitió incluir en la refundición de 2015 supuestos no protegidos como la guarda con fines de adopción con los mismos requisitos de duración y edad, situaciones cuyas finalidades y obligaciones, por mucha integración familiar que pudiera preexistir, aconsejaban una analogía ya aplicada por algunos pronunciamientos de instancia y de suplicación.

Retomando el discurso, las dieciséis semanas concedidas, ampliables en dos más por cada niño a partir del segundo, computaban, según la elección efectuada, desde la resolución judicial constitutiva de la adopción o desde la decisión administrativa de guarda o acogimiento, pero sin amparar el ejercicio sucesivo de varios períodos de suspensión por un mismo menor pero por distinto motivo. Cuando ambos progenitores trabajaban, cabía disfrutarlo en exclusiva por uno de ellos o repartirlo entre los dos para disfrutarlo de forma simultánea o sucesiva, pero siempre ininterrumpidamente. Si comparado con la maternidad, se advertía que, mientras el varón carecía de la titularidad del derecho a la suspensión en el parto biológico si la madre no trabajaba, en esta sede y ante idéntica tesitura aquél tenía permitido ejercer por completo las dieciséis semanas. La explicación a la paradoja encontraba sustento en los disímiles bienes jurídicos protegidos, pues en el primer caso prevalecía la "protección de la salud de la trabajadora que ha dado a luz, recuperándose físicamente del hecho del alumbramiento", mientras en el segundo lo fundamental era "la inserción familiar,

---

21 Recogiendo legalmente la solución adoptada por la Resolución de la Secretaría de Estado de la Seguridad Social de 8 de enero de 2002, como bien recuerda CAMPS RUIZ, L.M.: "Novedades de la Ley Orgánica 3/2007 en materia de suspensión del contrato de trabajo y excedencias" en AA.VV.: *Comentarios a la Ley Orgánica 3/2007, de 22 de marzo, para la igualdad efectiva de mujeres y hombres,* cit., 2008, p. 444.

robusteciendo los vínculos de afectividad entre los padres no biológicos y el hijo, que no siempre será un recién nacido”[22].

Por lo demás, junto a las previsiones compartidas con la maternidad referente a la ampliación de la duración cuando el adoptado o acogido fuere discapacitado, a la cobertura prestacional y a la posibilidad de disfrute de las vacaciones, el art. 48.4 ET/1995 y 48.5 ET/2015 asumió los inconvenientes derivados de una adopción internacional y facultó, cuando resultare necesario el desplazamiento al país de origen[23], para iniciar el descanso hasta cuatro semanas antes de la resolución —española, no extranjera— en la cual aquélla quedase formalmente constituida, presuponiendo unas dotes adivinatorias para ajustar los cálculos y los plazos que las veleidades del funcionamiento de la administración y la justicia, en las más de las ocasiones, echaban por tierra[24].

2.3. Paternidad

Como anunciara la Exposición de Motivos LOI, el permiso por paternidad constituyó en su momento “la medida más innovadora para favorecer la conciliación de la vida personal, familiar y laboral”, diseñada con unos predefinidos y bienintencionados propósitos contrarrestados en la práctica por su criticado carácter voluntario y —en el mejor de los casos— por su escasa duración[25]: incorporar una verdadera corresponsabilidad para el padre en las tareas domésticas y en las nuevas responsabilidades familiares; trasladar a la unidad productiva una consecuencia semejante respecto de quien, hasta entonces, no interrumpía su contrato por estos motivos; equiparar a hombre y mujer en las consecuencias de una decisión común; y eliminar la hipoteca laboral que pesa sobre las mujeres por su función reproductora en el ámbito empresarial[26].

---

22 STSJ Madrid 26 de febrero de 2003 (Recurso de suplicación núm. 5236/2002).

23 Necesidad que, debido al propio viaje, parece existir por sí misma, sin necesidad de prueba adicional al respecto, DE LA PUEBLA PINILLA, A.: “Artículo 48. Suspensión con reserva de puesto de trabajo”, en AA.VV.: *Comentarios al Estatuto de los Trabajadores*, en AA.VV. (DE LA VILLA GIL, L.E., Dir.): *Comentarios al Estatuto de los Trabajadores*, Madrid (Iustel), 2010, p. 489.

24 Pues la adopción constituida en el extranjero por adoptante español surte sus efectos cuando es reconocida en España, STS 9 diciembre 2002 (Recurso de casación para la unificación de doctrina núm. 913/2002).

25 Abogando por su obligatoriedad, TORTUERO PLAZA, J.L.: *50 propuestas para racionalizar la maternidad y facilitar la conciliación laboral*, Cizur Menor (Thomson-Civitas), 2006, p. 112.

26 RODRÍGUEZ ESCANCIANO, S.: *La familia en el ámbito jurídico-laboral. Situación y protección*, cit., pp. 191 y 192.

Regulado en el art. 48.bis ET/1995 y 48.7 ET/2015, constituyó un derecho individual —reconocido con independencia de que la madre trabaje o no—, exclusivo —atribuido al padre o al progenitor distinto a la mujer que da a luz— e intransferible —vetado para su fraccionamiento y cesión—, aplicable tanto a la maternidad como a la adopción, guarda (a partir del ET/2015) y acogimiento y que determinaba una suspensión contractual de trece días naturales ininterrumpidos, compatibles con los que pudieran disfrutar del permiso de maternidad por derivación y sin perjuicio de cuantos correspondieran legal o convencionalmente por el permiso entonces contemplado en el art. 37.3.b) ET por nacimiento de hijo y ampliables en dos más por cada causante a partir del segundo. En este punto, resulta inevitable realizar dos precisiones: de un lado, la Disposición Adicional 6ª Ley 2/2008 incrementó el derecho hasta veinte días en familias numerosas —o cuando adquiriera tal condición con el nuevo hijo— o con un miembro discapacitado; de otro, el anuncio contenido en la Disposición Transitoria 9ª LOI de alcanzar progresiva y gradualmente las cuatro semanas de duración pareció cristalizar a partir del 1 de enero de 2011 (Ley 9/2009), pero no tuvo efectiva aplicación hasta el 1 de enero de 2017, siendo ampliada a cinco semanas por la Ley 6/2018, de 3 de julio, de Presupuestos Generales del Estado para el año 2018.

Su titularidad difería según el evento al que obedeciera. Siendo un parto, quedaba atribuida al padre o al otro progenitor, a identificar en uniones homosexuales como la cónyuge de la madre que hubiera solicitado y consentido la filiación del nacido mediante técnicas de reproducción asistida (art. 7.3 Ley 14/2006). Tratándose de adopción o acogimiento, correspondía sólo a uno de ellos y a su mutua elección, si bien cuando el permiso "largo" de dieciséis semanas hubiera sido ejercido en su totalidad por un progenitor, el beneficiario sólo podía ser el contrario si trabajaba por cuenta ajena; en resumidas cuentas, era imposible acumular las dos suspensiones y las dos prestaciones, incluso en supuestos de monoparentalidad, como expresamente veda el art. 23.3 RD 295/2009[27].

Los momentos exactos para su disfrute —con la correspondiente prestación regulada en el Capítulo IV.ter, Título II LGSS y arts. 22-30 RD 295/2009, de cumplir los requisitos allí establecidos[28]—, dependían igual-

---

27 DE LA PUEBLA PINILLA, A.: "Artículo 48 bis. Suspensión del contrato de trabajo por paternidad", en AA.VV.: *Comentarios al Estatuto de los Trabajadores*, en AA.VV.: *Comentarios al Estatuto de los Trabajadores*, Cizur Menor (Thomson-Aranzadi), 2010, p. 497.

28 FERNÁNDEZ DOMÍNGUEZ, J.J.: "Igualdad por razón de género y Seguridad Social", cit., pp. 328 y 329; o MARTÍNEZ BARROSO, M.R.: *La conciliación de la vida familiar y laboral en la Seguridad Social española*, cit., pp. 44 y ss.

mente de su origen, pues podía ejercerlo —sin necesidad de autorización empresarial, pero comunicándolo con la debida forma y antelación— desde la finalización del permiso legal o convencional por nacimiento de hijo o desde la resolución judicial constitutiva de la adopción o decisión administrativa de guarda o acogimiento y hasta la finalización de la suspensión del contrato de dieciséis semanas o inmediatamente después.

3. LAS ÚLTIMAS REFORMAS Y LA NUEVA SUSPENSIÓN DEL CONTRATO POR NACIMIENTO DE HIJO, ADOPCIÓN, GUARDA Y ACOGIMIENTO: UNA ACTUALIZACIÓN QUE OLVIDA A LAS FAMILIAS MONOPARENTALES

Conforme consta, el RD-Ley 6/2019, de 1 de marzo, de medidas urgentes para garantía de la igualdad de trato y de oportunidades entre mujeres y hombres en el empleo y la ocupación, convalidado por Resolución de 3 de abril de 2019 del Congreso de los Diputados, transformó profundamente la causa de suspensión prevista por el art. 45.1.d) ET y su regulación por el art. 48 ET en aras de la igualdad real y efectiva entre hombres y mujeres, de la conciliación de la vida personal y familiar y del principio de corresponsabilidad entre ambos progenitores.

Así, los antiguos permisos de maternidad y paternidad, utilizando terminología neutra, quedaron integrados en un nuevo y único permiso por nacimiento de hijo (art. 48.4 ET) reconocido a la madre biológica —y a las personas trans gestantes a partir de la modificación operada por la Ley 4/2023, de 28 de febrero, para la igualdad real y efectiva de las personas trans y para la garantía de los derechos de las personas LGTBI— y al otro progenitor con idéntica duración de dieciséis semanas (en equiparación gradual alcanzada finalmente el 1 de enero de 2021 conforme a los plazos previstos por la DT 13ª ET), reconocido ahora —a diferencia de cuanto ocurría con anterioridad— como un derecho individual absoluto que elimina la posibilidad de transferencia total o parcial, lo cual supuso también la eliminación del permiso por nacimiento de hijo reconocido en la versión precedente del art 37.b) ET[29].

---

29 Con la consecuencia añadida de que aquellas previsiones de los convenios colectivos que mejoran y amplían ese derogado permiso de dos días por nacimiento de hijo resultan inaplicables, STS 27 enero 2021 (Recurso de suplicación núm. 188/2019); criterio lógico de tener en cuenta que su espacio temporal ha sido invadido por la suspensión obligatoria del contrato durante las seis semanas si-

En ambos supuestos, que comparten ahora los beneficios derivados del parto prematuro o de la necesaria hospitalización del neonato y la posible reincorporación anticipada por fallecimiento del hijo (antes sólo reconocidos a la madre)[30], las seis semanas inmediatamente posteriores al parto son de preceptivo disfrute a jornada completa y de forma ininterrumpida aun cuando no se genere la correspondiente prestación por no cumplir los requisitos de cotización[31], en un caso para para asegurar la protección de la salud de la madre y en el otro para garantizar el cumplimiento por el otro progenitor de los deberes de cuidado previstos en el artículo 68 CC. A partir de ahí, la duración restante puede distribuirse en períodos semana-

---

guientes al nacimiento, como bien exponen ORTIZ DE SOLÓRZANO AURUSA, C.: "La efectividad del permiso por nacimiento de hijo previsto en convenio colectivo", en AA.VV. (QUINTANILLA NAVARRO, R.Y., Dir.): *Cuestiones cruciales del ordenamiento sociolaboral (II): Actas de la II jornada de investigación del grupo de alto rendimiento URJC-LAB,* Madrid (Universidad Rey Juan Carlos), 2023, pp. 45 y ss. o MORENO GENÉ, J.: "El derecho del otro progenitor al disfrute del permiso por nacimiento de hijo reconocido en convenio colectivo tras la entrada en vigor del Real Decreto-Ley 6/2019. A propósito de la STS de 27 de enero de 2021", *IUSLabor,* núm. 2, 2021, pp. 288 y ss.

30 La STS 22 julio 2022 (Recurso de casación para la unificación de doctrina núm. 906/2019) había denegado la prestación de paternidad en un supuesto de muerte prenatal, criterio confirmado y mantenido por la STS 19 octubre 2023 (Recurso de casación para la unificación de doctrina núm. 292/2022), pues a falta de desarrollo reglamentario del RD-Ley 6/2019, el art. 26.7 RD 295/2009 sigue estableciendo que no procede reconocer el subsidio por paternidad si el hijo o menor acogido fallecen antes de la suspensión o permiso, sin que pueda aplicarse el concepto amplio de fallecimiento que para la madre contiene el art. 8.4 RD 296/2009 al incluir el producido antes del nacimiento pero superados los ciento ochenta días de gestación; sobre la cuestión, CRESPÍ FERRIOL, M.M.: "La prestación por nacimiento y cuidado ante la muerte prenatal: su reconocimiento al padre o progenitor distinto de la madre biológica", *Labos. Revista de Derecho del Trabajo y Protección Social,* Vol. 4, núm. 2, 2023, pp. 123 y ss. o VELASCO PORTERO, M.T.: "Permiso parental en caso de nacimiento de un hijo sin vida: Comentario a la Sentencia del Tribunal Superior de Justicia de Galicia 4053/2023, de 22 de septiembre, y a la posterior Sentencia del Tribunal Supremo 753/2023, de 19 de octubre", *Revista de Trabajo y Seguridad Social (Centro de Estudios Financieros),* núm. 479, 2024, pp. 164 y ss.

31 La madre accederá al subsidio previsto en los arts. 181 y 182 LGSS, pero no así el otro progenitor, como advierte DE LA PUEBLA PINILLA, A.: "Conciliación, corresponsabilidad y género: una perspectiva desde la prestación por nacimiento y cuidado de hijo", en AA.VV. (RODRÍGUEZ RODRÍGUEZ, E. y MARTÍNEZ YÁÑEZ, N.M., Dirs.): *Conciliación y corresponsabilidad de las personas trabajadoras. Presente y futuro,* Barcelona (Bosch), 2021, pp. 196-199.

les de forma acumulada o interrumpida[32], ejercitarse a continuación de las seis semanas obligatorias después del nacimiento o en cualquier momento posterior hasta que el hijo cumpla doce meses de edad y disfrutarse en régimen de jornada completa o parcial previo acuerdo con la empresa, si bien la madre biológica sigue pudiendo hacerlo con anterioridad a la fecha previsible del parto pero ahora por un máximo de cuatro semanas[33].

Por su parte, la suspensión por adopción, guarda o acogimiento presenta igualmente notables novedades, permaneciendo inalterados la imposibilidad de generar sucesivos permisos por un mismo menor y el inicio anticipado en caso de adopción internacional. De un lado, mantiene su duración de dieciséis semanas pero se duplica y se reconoce como derecho individual e intransferible a cada adoptante, guardador o acogedor, por lo que se elimina su reparto cuando ambos trabajan (también de aplicación transitoria hasta el 1 de enero de 2021 al amparo de la DT 13ª ET). De otro, son de preceptivo disfrute a jornada completa y de forma ininterrumpida las seis semanas posteriores a la resolución judicial de adopción o a la decisión administrativa de guarda o acogimiento, pudiendo disfrutar las diez semanas restantes en períodos semanales de forma acumulada o interrumpida dentro de los doce meses siguientes, así como en régimen de jornada completa o parcial previo acuerdo con la empresa.

---

32 Rompiendo así con el tradicional requisito de disfrute ininterrumpido, lo que ha sido considerado como una mejora de lo dispuesto por el art. 8 Directiva 92/85/CEE en tanto otorga flexibilidad para su reparto por los interesados, aunque al tiempo "puede tener un efecto perverso consistente en que la persona trabajadora se vea compelida a reincorporarse al trabajo y disfrutar el resto del permiso cuando a la empresa más le convenga", CORDERO GORDILLO, V.: "La suspensión del contrato de trabajo por nacimiento de hijo o hija, adopción, guarda con fines de adopción y acogimiento tras el RDL 6/2019, de 1° de marzo", en *Revista Internacional y Comparada de Relaciones Laborales y Derecho del Empleo (Adapt)*, Vol. 7, núm. 3, 2019, p. 12.

33 Tope antes inexistente y que permitía disfrutar hasta las diez semanas restantes antes del parto, lo que a salvo de una eventual suspensión por incapacidad temporal o por riesgo durante el embarazo podía jugar en detrimento de los necesarios cuidados del recién nacido, como bien criticaba BLÁZQUEZ AGUDO, E.: "Trabajo de las mujeres y protección social", en AA.VV.: *El futuro del trabajo: cien años de la OIT. XXIX Congreso Anual de la Asociación Española de Derecho del Trabajo y de la Seguridad Social,* (Ministerio de Trabajo, Migraciones y Seguridad Social), 2019, p. 172; en similar sentido, reclamando un supuesto de suspensión adicional con prestación de Seguridad Social previo al parto para garantizar el pleno disfrute de las dieciséis semanas con posterioridad al mismo, LÓPEZ ANIORTE, M.C.: "Hacia una regulación no discriminatoria de la protección por nacimiento de hijo o hija", *Nueva Revista Española de Derecho del Trabajo,* núm. 214, 2018, p. 21.

En fin, dos son las notas comunes al nacimiento y a la adopción, guarda o acogimiento: en primer lugar, cualquiera que sea la modalidad de disfrute de las diez semanas no obligatorias, debe ser comunicada a la empresa con una antelación mínima de quince días y, en su caso, en los términos establecidos en el convenio colectivo aplicable, pudiendo quedar limitado su ejercicio simultáneo si ambos progenitores, adoptantes, guardadores o acogedores trabajan para la misma empresa, pero siempre a partir de las fundadas y objetivas razones que les sean comunicadas y motivadas por escrito; en segundo término, la ampliación a dos semanas por discapacidad o por cada hijo a partir del segundo queda ahora repartida en una semana para cada uno de los titulares del derecho, que serán disfrutadas por entero cuando sólo exista un progenitor, adoptante, guardador o acogedor, siendo ésta la única concesión a la familia monoparental que se contempla expresamente en la regulación legal de estos permisos y que no fue reconocida hasta la aprobación del posterior RD-Ley 5/2023, de 28 de junio.

A partir de lo expuesto, y reconociendo el gran avance que el RD-Ley 6/2019 ha supuesto para la consecución de los objetivos perseguidos, conviene poner de manifiesto algunas cuestiones pendientes que no han encontrado respuesta legal y se mueven, por ahora, en el terreno de la litigiosidad y de la interpretación judicial; cabe esperar que, mejor antes que después, el legislador ofrezca oportuna y adecuada solución.

Así, por ejemplo, la equiparación de la duración de los permisos y su configuración como un derecho individual intransferible, ha llevado a la eliminación de los supuestos antes admitidos de cesión de la parte no disfrutada por la madre cuando ésta fallecía (aunque sorprende que sí se mantenga en el art. 49 EBEP) o de la totalidad cuando no tenía acceso a la suspensión con prestaciones en atención a las normas que regulaban su actividad profesional por cuenta propia. Parece una consecuencia lógica del nuevo diseño legal, pero en la práctica reduce el tiempo de cuidados que recibe el recién nacido si sólo uno de los dos progenitores puede ejercer tal derecho.

Lo anterior encuentra su máxima expresión en las familias monoparentales[34], cada vez más habituales y predominantemente conformadas por

---

[34] La imposibilidad de acumular varios permisos en una única persona en el caso de las familias monoparentales favorece la corresponsabilidad pero perjudica el cuidado del menor, GALA DURÁN, C.: "El permiso de paternidad. Un balance tras casi diez años desde su implantación", *Revista de Trabajo y Seguridad Social (Centro de Estudios Financieros)*, núm. 406, 2017, p. 67.

una mujer y su/s hijo/s, a las que la doctrina jurisprudencial de forma reiterada ha negado tal posibilidad por estricta aplicación de la norma y por considerar que su eventual reconocimiento corresponde al legislador[35], quien a nivel europeo en la Directiva (UE) 2019/1158, de 29 de junio, y a nivel interno en el Proyecto de Ley de Familias[36] ha hecho caso omiso a la remisión del Tribunal Supremo, modificando esta última el art. 48.4 ET únicamente para permitir al progenitor distinto de la madre anticipar su suspensión diez días antes de la fecha prevista del parto[37]. En definitiva, queda pendiente el establecimiento de alguna previsión específica, como pudieran ser entre otras la concesión de treinta y dos semanas por unidad familiar, la ampliación del permiso al titular del hogar monoparental en diez semanas o la facultad de que la misma designe a otra persona que se ocupe del menor para que pueda disfrutar de un periodo de suspensión de su contrato de trabajo similar o equivalente al del otro progenitor[38].

Además, no cabe considerar que ese patente déficit haya sido siquiera al menos parcialmente mitigado con el nuevo permiso parental de los arts. 451.o) y 48.bis ET introducido por RD-Ley 5/2023, de 28 de junio[39], que

---

35 Seguida luego por muchas otras, STS 2 marzo 2023 (Recurso de casación para la unificación de doctrina núm. 3972/2020).

36 BOCG 8 marzo 2024, Serie A, núm. 11.1.

37 "La Directiva 2019/1158 no reconoce ningún derecho concreto a esa tipología familiar, limitándose, en su Considerando número 37, a 'animar' a los Estados miembros a valorar si los instrumentos de conciliación articulados 'deben adaptarse a necesidades específicas' en 'situaciones particularmente adversas', entre las cuales se citan las familias monoparentales... En los primeros borradores de anteproyectos de transposición de la Directiva 2019/1158 sí figuraba el reconocimiento de una duración adicional de diez semanas para las familias monoparentales. Por razones que se desconocen, esta mejora no se incorpora al Anteproyecto de Ley de Familias aprobado por el Consejo de Ministros el 13 de diciembre de 2022, ni al Proyecto de Ley aprobado por el mismo órgano el 28 de marzo de 2023", SOLÀ i MONELLS, X.: "Las modificaciones introducidas por el Real Decreto-Ley 5/2023, de 28 de junio, en cumplimiento de la Directiva (UE) 2019/1158, de 20 de junio: otro importante paso adelante hacia la conciliación corresponsable", *IUSLabor*, núm. 3, 2023, pp. 43 y 44.

38 CORDERO GORDILLO, V.: "La suspensión del contrato de trabajo por nacimiento de hijo o hija, adopción, guarda con fines de adopción y acogimiento tras el RDL 6/2019, de 1° de marzo", cit., pp. 23 y 24 o BOGONI, M.: "Los derechos de conciliación de las familias monoparentales", en AA.VV. (RODRÍGUEZ RODRÍGUEZ, E. y MARTÍNEZ YÁÑEZ, N.M., Dirs.): *Conciliación y corresponsabilidad de las personas trabajadoras. Presente y futuro*, cit., pp. 245 y ss.

39 Al respecto, RODRÍGUEZ ESCANCIANO, S.: "El régimen jurídico del permiso parental a la luz del Real Decreto Ley 5/2023. Antecedentes, novedades y cuestio-

reconoce con un régimen similar un permiso de un máximo de ochos semanas, continuas o discontinuas y a tiempo completo o parcial, hasta que el menor cumpla ocho años, puesto que constituye igualmente un derecho individual reconocido a ambos progenitores, adoptantes, guardadores o acogedores y porque ni es retribuido ni genera prestaciones de Seguridad Social, por lo que cabe afirmar además que no cumple totalmente con la debida transposición de la Directiva (UE) 2019/1158 que justificó su promulgación[40].

Por el contrario, los supuestos de gestación subrogada, aun siendo un contrato nulo de pleno derecho conforme a los arts. 10 Ley 14/2006, de 26 de mayo, sobre técnicas de reproducción humana asistida, y 32 LO 2/2010, de 3 de marzo, de salud sexual y reproductiva y de la interrupción voluntaria del embarazo, permitieron generar el permiso de dieciséis semanas y las prestaciones correspondientes según el criterio unificado del Tribunal Supremo cuando existía inscripción en el Registro Civil del país extranjero de nacimiento en los que está permitida y en los que la filiación se atribuía a los padres comitentes, tanto a mujeres y hombres solteros —siendo en algún caso aquél también padre biológico—, como a parejas del mismo o distinto sexo que no hubieran podido o querido tener descendencia por otros medios[41]. Razonaba el Alto Tribunal que si bien la Directiva 92/85/CEE no obliga a los Estados a conferir un permiso de maternidad en estos casos[42] el ordenamiento jurídico español contiene disposiciones legislati-

---

nes pendientes", *Revista Derecho Social y Empresa*, núm. 19, 2023, pp. 44 y ss.

40 CABEZA PEREIRO, J.: "La Directiva (UE) 2019/1158 y su trasposición al derecho interno", en AA.VV. (RODRÍGUEZ RODRÍGUEZ, E. y MARTÍNEZ YÁÑEZ, N.M., Dirs.): *Conciliación y corresponsabilidad de las personas trabajadoras. Presente y futuro*, cit., pp. 77 y ss.

41 Y ello aunque ya la STS, Civil, 6 febrero 2014, estableció que no tiene validez en España la inscripción registral extranjera por vulnerar el orden público, SSTS 25 octubre 2016 (Recurso de casación para la unificación de doctrina núm. 3818/2015), 16 noviembre 2016 (Recurso de casación para la unificación de doctrina núm. 3146/2014), 30 noviembre 2016 (Recurso de casación para la unificación de doctrina núm. 3183/2015), 22 noviembre 2017 (Recurso de casación para la unificación de doctrina núm. 1504/2015), 30 noviembre 2017 (Recurso de casación para la unificación de doctrina núm. 4105/2015), 14 diciembre 2017 (Recurso de casación para la unificación de doctrina núm. 2066/2016) o 22 marzo 2018 (Recurso de casación para la unificación de doctrina núm. 2770/2016); sobre el asunto, TALÉNS VISCONTI, E.: "La prestación de maternidad en los supuestos de gestación subrogada", *Actualidad Jurídica Iberoamericana*, núm. 9, 2018, pp. 438 y ss.

42 Conforme habían establecido las SSTJUE 18 marzo 2014 (C-167/12 y C-363/12).

vas, reglamentarias o administrativas más beneficiosas que ese contenido de mínimos, debiendo interpretarse además en beneficio del niño. En la actualidad, a partir de la Resolución de 5 de octubre de 2010 de la Dirección General de Registros y el Notariado se exige la inscripción en el Registro Civil Español pero se admite la del menor nacido en el extranjero mediante gestación subrogada cuando existe resolución judicial que determina esa filiación a favor del comitente o de los comitentes, así como el consentimiento libre y voluntario y la renuncia expresa de la gestante[43]. En su defecto, la negativa de inscripción no vulnera el art. 8 Convención Europea de Derechos Humanos[44]; de ser posible, la filiación no biológica deberá obtenerse por la vía de la adopción, lo que permite respetar al mismo tiempo el orden público español que prohíbe la gestación subrogada[45]. En cualquier caso, queda también pendiente para el legislador la tarea de afrontar esta realidad y clarificar su régimen jurídico y el disfrute de los permisos y sus correspondientes prestaciones en tales supuestos[46].

4. BIBLIOGRAFÍA.

AA.VV. (MERCADER UGUINA, J.R., Coord.): *Comentarios laborales de la Ley de Igualdad entre Mujeres y Hombres*, Valencia (Tirant lo Blanch), 2007.

AA.VV.: *Comentarios a la Ley Orgánica 3/2007, de 22 de marzo, para la igualdad efectiva de mujeres y hombres*, Las Rozas (La Ley), 2008.

AA.VV. (SÁNCHEZ TRIGUEROS, C. y SEMPERE NAVARRO, A.V., Codirs.): *Comentarios a la Ley Orgánica 3/2007, de 22 de marzo, para la Igualdad Efectiva de Mujeres y Hombres*, Cizur Menor (Thomson-Aranzadi), 2008.

---

43 Se pretende excluir con ello aquellos supuestos procedentes de países en los que no es preceptivo el control judicial del contrato de gestación subrogada para que la filiación acceda al registro extranjero, ALZAGA RUIZ, I.: "Maternidad subrogada y prestaciones de Seguridad Social", *Revista del Ministerio de Empleo y Seguridad Social*, núm. 134, 2018, p. 18.

44 Como finalmente dictaminó la STEDH, Gran Sala, 2 enero 2017, tras la inicial STEDH, 27 enero 2015 (Asunto *Paradiso y Campanelli*, núm. 25358/12).

45 STS, Civil, 22 marzo 2022 (Recurso de Casación núm. 907/2021), como ocurre en STS 21 diciembre 2022 (Recurso de casación para la unificación de doctrina núm. 3763/2019), donde se reconoce la prestación a una mujer adoptante del hijo biológico de su marido, nacido por gestación subrogada, y que ya había disfrutado el permiso de maternidad.

46 Por extenso, DE LA PUEBLA PINILLA, A.: DE LA PUEBLA PINILLA, A.: "Conciliación, corresponsabilidad y género: una perspectiva desde la prestación por nacimiento y cuidado de hijo", cit., pp´. 207 y ss.

AA.VV.: *Comentarios al Estatuto de los Trabajadores,* Cizur Menor (Thomson-Aranzadi), 2010.

AA.VV. (DE LA VILLA GIL, L.E., Dir.): *Comentarios al Estatuto de los Trabajadores,* Madrid (Iustel), 2010.

AA.VV. (RODRÍGUEZ RODRÍGUEZ, E. y MARTÍNEZ YÁÑEZ, N.M., Dirs.): *Conciliación y corresponsabilidad de las personas trabajadoras. Presente y futuro,* Barcelona (Bosch), 2021.

AA.VV.: *Comentarios al Estatuto de los Trabajadores,* Valladolid (Lex Nova), 2011.

AGUILERA IZQUIERDO, R.: "Los derechos de conciliación de la vida personal, familiar y laboral en la Ley Orgánica para la igualdad efectiva de mujeres y hombres", *Revista del Ministerio de Trabajo y Asuntos Sociales,* núm. extra., 2007.

ALAMEDA CASTILLO, M.T.: "Otro lento avance normativo hacia la responsabilidad familiar: suspensión del contrato de trabajo y prestación de paternidad", en AA.VV. (MERCADER UGUINA, J.R., Coord.): *Comentarios laborales de la Ley de Igualdad entre Mujeres y Hombres,* Valencia (Tirant lo Blanch), 2007.

ALONSO OLEA, M. y BARREIRO GONZÁLEZ, G.: *El Estatuto de los Trabajadores. Texto, Comentarios, Jurisprudencia,* Madrid (Civitas), 4ª ed., 1995.

ALONSO OLEA, M. y CASAS BAAMONDE, M.E.: *Derecho del Trabajo,* Madrid (Civitas), 25ª ed., 2008.

ÁLVAREZ CUESTA, H.: "El ejercicio de la paternidad biológica en solitario y la titularidad compartida de la maternidad", *Aranzadi Social,* núm. 6, 2010.

ALZAGA RUIZ, I.: "Maternidad subrogada y prestaciones de Seguridad Social", *Revista del Ministerio de Empleo y Seguridad Social,* núm. 134, 2018.

BARCELÓN COBEDO, S.: "Igualdad y proyección de la contingencia de maternidad", en AA.VV. (MERCADER UGUINA, J.R., Coord.): *Comentarios laborales de la Ley de Igualdad entre Mujeres y Hombres,* Valencia (Tirant lo Blanch), 2007.

BARREIRO GONZÁLEZ, G.:

— "Notas sobre la suspensión del contrato de trabajo", *Gacetilla Colegial. Publicación del Excmo. Colegio Oficial de Graduados Sociales de León,* Septiembre 2001, núm. 58.

— "Sobre la extraordinaria y urgente necesidad de los decretos leyes", *Derecho Privado y Constitución,* núm. 17, 2003.

— "Reflexiones sobre la suspensión del contrato de trabajo en el derecho español", *Genesis. Revista de Direito do Trabalho,* núm. 107, 2003.

— "Prólogo", en MARTÍNEZ BARROSO, M.R.: *La conciliación de la vida familiar y laboral en la Seguridad Social Española,* Curitiba (Juruá), 2008.

— y RODRÍGUEZ ESCANCIANO, S.: *Reflexiones sobre el presente y futuro del Derecho español del Trabajo,* Curitiba (Juruá), 2007.

BLÁZQUEZ AGUDO, E.: "Trabajo de las mujeres y protección social", en AA.VV.: *El futuro del trabajo: cien años de la OIT. XXIX Congreso Anual de la Asociación Española de Derecho del Trabajo y de la Seguridad Social,* (Ministerio de Trabajo, Migraciones y Seguridad Social), 2019.

BOGONI, M.: "Los derechos de conciliación de las familias monoparentales", en AA.VV. (RODRÍGUEZ RODRÍGUEZ, E. y MARTÍNEZ YÁÑEZ, N.M., Dirs.): *Con-*

ciliación y corresponsabilidad de las personas trabajadoras. Presente y futuro, Barcelona (Bosch), 2021.

CABEZA PEREIRO, J.: "La Directiva (UE) 2019/1158 y su trasposición al derecho interno", en AA.VV. (RODRÍGUEZ RODRÍGUEZ, E. y MARTÍNEZ YÁÑEZ, N.M., Dirs.): *Conciliación y corresponsabilidad de las personas trabajadoras. Presente y futuro,* Barcelona (Bosch), 2021.

CAMPS RUIZ, L.M.: "Novedades de la Ley Orgánica 3/2007 en materia de suspensión del contrato de trabajo y excedencias" en AA.VV.: *Comentarios a la Ley Orgánica 3/2007, de 22 de marzo, para la igualdad efectiva de mujeres y hombres,* Las Rozas (La Ley), 2008.

CORDERO GORDILLO, V.: "La suspensión del contrato de trabajo por nacimiento de hijo o hija, adopción, guarda con fines de adopción y acogimiento tras el RDL 6/2019, de 1° de marzo", en *Revista Internacional y Comparada de Relaciones Laborales y Derecho del Empleo (Adapt),* Vol. 7, núm. 3, 2019.

CRESPÍ FERRIOL, M.M.: "La prestación por nacimiento y cuidado ante la muerte prenatal: su reconocimiento al padre o progenitor distinto de la madre biológica", *Labos. Revista de Derecho del Trabajo y Protección Social,* Vol. 4, núm. 2, 2023.

DE LA PUEBLA PINILLA, A.: "Artículo 45. Causas y efectos de la suspensión", en AA.VV.: *Comentarios al Estatuto de los Trabajadores,* Cizur Menor (Thomson-Aranzadi), 2010.

— "Artículo 48. Suspensión son reserva de puesto de trabajo", en AA.VV. (DE LA VILLA GIL, L.E., Dir.): *Comentarios al Estatuto de los Trabajadores,* Madrid (Iustel), 2010.

— "Artículo 48. Suspensión con reserva de puesto de trabajo", en AA.VV.: *Comentarios al Estatuto de los Trabajadores,* Cizur Menor (Thomson-Aranzadi), 2010.

— "Artículo 48 bis. Suspensión del contrato de trabajo por paternidad", en AA.VV.: *Comentarios al Estatuto de los Trabajadores,* Cizur Menor (Thomson-Aranzadi), 2010.

— "Conciliación, corresponsabilidad y género: una perspectiva desde la prestación por nacimiento y cuidado de hijo", en AA.VV. (RODRÍGUEZ RODRÍGUEZ, E. y MARTÍNEZ YÁÑEZ, N.M., Dirs.): *Conciliación y corresponsabilidad de las personas trabajadoras. Presente y futuro,* Barcelona (Bosch), 2021.

FERNÁNDEZ DOMÍNGUEZ, J.J.: "Igualdad por razón de género y Seguridad Social", en AA.VV.: *Problemas de integración laboral de la mujer,* Madrid (Comunidad de Madrid-Fundación Aequitas), 2007.

FERNÁNDEZ LÓPEZ, M.F.: *La dimensión laboral de la violencia de género,* Albacete (Bomarzo), 2005.

GALA DURÁN, C.: "El permiso de paternidad. Un balance tras casi diez años desde su implantación", *Revista de Trabajo y Seguridad Social (Centro de Estudios Financieros),* núm. 406, 2017.

LÓPEZ ANIORTE, M.C.: "Hacia una regulación no discriminatoria de la protección por nacimiento de hijo o hija", *Nueva Revista Española de Derecho del Trabajo,* núm. 214, 2018.

LÓPEZ LÓPEZ, J.: "Los principios rectores de la LO 3/2007, sobre igualdad efectiva entre mujeres y hombres a la luz de las estrategias de *Gender Mainstreaming* y *Empowermwnt*", *Revista del Ministerio de Trabajo y Asuntos Sociales,* núm. extra., 2007.

MARTÍNEZ BARROSO, M.R.: *La conciliación de la vida familiar y laboral en la Seguridad Social Española*, Curitiba (Juruá), 2008.

MORENO GENÉ, J.: "El derecho del otro progenitor al disfrute del permiso por nacimiento de hijo reconocido en convenio colectivo tras la entrada en vigor del Real Decreto-Ley 6/2019. A propósito de la STS de 27 de enero de 2021", *IUSLabor*, núm. 2, 2021.

ORTIZ DE SOLÓRZANO AURUSA, C.: "La efectividad del permiso por nacimiento de hijo previsto en convenio colectivo", en AA.VV. (QUINTANILLA NAVARRO, R.Y., Dir.): *Cuestiones cruciales del ordenamiento sociolaboral (II): Actas de la II jornada de investigación del grupo de alto rendimiento URJC-LAB*, Madrid (Universidad Rey Juan Carlos), 2023.

PANIZO ROBLES, J.A.: "La nueva regulación reglamentaria de las prestaciones económicas de la seguridad social relacionadas con la maternidad: comentario al real decreto 295/2009, de 6 de marzo, por el que se regulan las prestaciones económicas de la seguridad social por maternidad, paternidad, riesgo durante el embarazo y riesgo durante la lactancia natural", *Revista de Trabajo y Seguridad Social (Centro de Estudios Financieros)*, núm. 313, 2009.

RODRÍGUEZ COPÉ, M.: *La suspensión del contrato de trabajo*, Madrid (CES), 2004.

RODRÍGUEZ ESCANCIANO, S.: *La familia en el ámbito jurídico-laboral. Situación y protección*, Valencia (Tirant lo Blanch), 2008.

— "El régimen jurídico del permiso parental a la luz del Real Decreto Ley 5/2023. Antecedentes, novedades y cuestiones pendientes", *Revista Derecho Social y Empresa*, núm. 19, 2023.

SEMPERE NAVARRO, A.V.: "Artículo 45. Causas y efectos de la suspensión", en AA.VV.: *Comentarios al Estatuto de los Trabajadores*, Cizur Menor (Thomson-Aranzadi), 2010.

— "Artículo 47. Suspensión del contrato y reducción de jornada por causas económicas, técnicas, organizativas o de producción", en AA.VV.: *Comentarios al Estatuto de los Trabajadores*, Cizur Menor (Thomson-Aranzadi), 2010.

SOLÀ i MONELLS, X.: "Las modificaciones introducidas por el Real Decreto-Ley 5/2023, de 28 de junio, en cumplimiento de la Directiva (UE) 2019/1158, de 20 de junio: otro importante paso adelante hacia la conciliación corresponsable", *IUSLabor*, núm. 3, 2023.

TALÉNS VISCONTI, E.: "La prestación de maternidad en los supuestos de gestación subrogada", *Actualidad Jurídica Iberoamericana*, núm. 9, 2018.

TORTUERO PLAZA, J.L.: *50 propuestas para racionalizar la maternidad y facilitar la conciliación laboral*, Cizur Menor (Thomson-Civitas), 2006.

VELASCO PORTERO, M.T.: "Permiso parental en caso de nacimiento de un hijo sin vida: Comentario a la Sentencia del Tribunal Superior de Justicia de Galicia 4053/2023, de 22 de septiembre, y a la posterior Sentencia del Tribunal Supremo 753/2023, de 19 de octubre", *Revista de Trabajo y Seguridad Social (Centro de Estudios Financieros)*, núm. 479, 2024.

Capítulo VII

El acoso sexual: los protocolos frente al acoso y el ciberacoso

HENAR ÁLVAREZ CUESTA
Catedrática de Derecho del Trabajo y la Seguridad Social
Universidad de León

SUMARIO: 1. JUSTIFICACIÓN. 2. EL ACOSO SEXUAL COMO ACOSO DISCRIMINATORIO. 3. VÍAS DE PREVENCIÓN FRENTE AL ACOSO SEXUAL: LOS PROTOCOLOS. 4. EL FUTURO YA PRESENTE: EL CIBERACOSO SEXUAL. 5. BIBLIOGRAFÍA

1. JUSTIFICACIÓN

El Prof. (maestro) Germán Barreiro mostró una honda preocupación y sensibilidad (en la investigación teórica y en su aplicación práctica) por alcanzar la igualdad real entre mujeres y hombres.

En persecución de tal objetivo, no fueron pocas las sentencias comentadas, los capítulos de libro y los artículos que de un modo u otro analizaban las causas de la discriminación por razón de género y las posibles soluciones. Entre todos ellos, por la cantidad de conferencias y su reiteración en el tiempo en las que el Prof. Barreiro abordó este tema, por la trascendencia de los comportamientos que constituyen esta lacra y por su papel como precursor de una legislación posterior que ha tratado de prevenir el acoso sexual, el acoso por razón de género y el acoso a las personas LGTBI, sirvan las siguientes páginas como humilde e imperfecto homenaje al maestro fundador, alma y motor del área de Derecho del Trabajo y de la Seguridad Social de la Universidad de León, y como agradecimiento por sus enseñanzas (profesionales y vitales) y por los momentos que han marcado el camino de todas las personas que a ella pertenecemos.

2. EL ACOSO SEXUAL COMO ACOSO DISCRIMINATORIO

En el caso del acoso sexual es claro: aunque los varones también pueden ser víctimas, "es un fenómeno que afecta predominantemente a las mujeres"[1], debido "a que su situación en el mercado laboral es claramente inferior respecto a los hombres, por su inestabilidad en el empleo y su subordinación jerárquica profesional"[2]. La propia OIT en el Convenio núm. 190 posteriormente analizado reconoce cómo "la violencia y el acoso… pueden impedir que las personas, en particular las mujeres, accedan al mercado de trabajo, permanezcan en él o progresen profesionalmente". En consecuencia, el acoso sexual en la mayor parte de las ocasiones no es sino una manifestación concreta de discriminación por razón de género, en tanto las características del trabajo femenino hacen a la mujer singularmente vulnerable a la amenaza del acoso tanto moral como sexual[3]:

La situación a lo largo de los últimos años parece no haber cambiado en exceso: la Macroencuesta de Violencia contra la Mujer 2019[4] estima que un 40,4% de las mujeres habían experimentado, entre otras situaciones de acoso sexual, miradas lascivas persistentes, tocamientos indeseados o amenazas en el trabajo al haber rechazado propuestas sexuales.

El Convenio de Estambul sobre prevención y lucha contra la violencia contra la mujer y la violencia doméstica, de 11 de mayo de 2011 define el acoso sexual, como "toda forma de comportamiento no deseado, verbal, no verbal o físico, de carácter sexual, que tenga por objeto o resultado violar la dignidad de una persona, en particular cuando dicho comportamiento cree un ambiente intimidatorio, hostil, degradante, humillante u ofensivo". Se trata de una definición claramente coincidente con la que ofrece el artículo 2.1.d) de la Directiva 2006/54/CE, del Parlamento Europeo y del Consejo, de 5 de julio de 2006, relativa a la aplicación del principio de igualdad de oportunidades e igualdad de trato entre hombres y mujeres en asuntos de empleo y ocupación[5], así como con la prevista en el artículo 2.d) de la Directiva del Consejo 2004/113/CE, de 13 de diciembre de 2004, por la que se aplica el principio de igualdad de trato entre hombres y mujeres al acceso a bienes y servicios y su suministro, en las que el acoso sexual se define como: "la situación en que se produce cualquier

---

1 NTP 507: *Acoso sexual en el trabajo*, 1999.

2 RODRÍGUEZ-MUÑOZ, A.: *Riesgos psicosociales en el entorno laboral: una perspectiva de género*, Getafe (Universidad Carlos III de Madrid), 2017, p. 20.

3 AGRA VIFORCOS, B.: "Mujer y salud laboral", en AA.VV.: *La empleabilidad y la calidad en el empleo: apostando por la igualdad efectiva*, Madrid (Sepin), 2019, pp. 121 y ss.

4 https://www.inmujeres.gob.es/MujerCifras/Violencia/Macroencuestas.htm

5 Considera acoso sexual "la situación en que se produce cualquier comportamiento verbal, no verbal o físico no deseado de índole sexual con el propósito o el efecto de atentar contra la dignidad de una persona, en particular cuando se crea un entorno intimidatorio, hostil, degradante, humillante u ofensivo".

comportamiento verbal, no verbal o físico no deseado de índole sexual con el propósito o el efecto de atentar contra la dignidad de una persona, en particular cuando se crea un entorno intimidatorio, hostil, degradante, humillante u ofensivo".

Este concepto fue acogido por el art. 7 de la Ley Orgánica 3/2007, de 22 de marzo, para la igualdad efectiva de mujeres y hombres, el cual define el acoso sexual como "cualquier comportamiento, verbal o físico, de naturaleza sexual que tenga el propósito o produzca el efecto de atentar contra la dignidad de una persona, en particular cuando se crea un entorno intimidatorio, degradante u ofensivo". Igualmente, para la norma es acoso sexual "el condicionamiento de un derecho o de una expectativa de derecho a la aceptación de una situación constitutiva de acoso sexual o de acoso por razón de sexo que se considerará también acto de discriminación por razón de sexo".

Así entendido, el acoso sexual "comparte elementos definitorios con el acoso discriminatorio y el acoso moral, pero presenta un importante rasgo diferenciador al constituir un atentado a la libertad sexual de la mujer. De partida, no es preciso verificar la existencia de una conducta reiterada en el tiempo, bastando un solo acto para desencadenar la degradación ambiental que caracteriza el acoso y los efectos que proyecta sobre la víctima". Lo relevante es el carácter sexual de la conducta y su capacidad de crear un entorno hostil humillante y ofensivo para la víctima, afectando a su dignidad e integridad moral. De otra parte, en la definición de acoso sexual no resulta exigible acreditar la intencionalidad del agresor de atentar contra la dignidad de la víctima, siendo suficiente con la producción de este resultado[6].

De acudir a la interpretación dada por los Tribunales (y al respecto sigue sorprendiendo el ingente número de sentencias en el ámbito que siguen juzgando este fenómeno en los últimos años —y cuyos hechos probados no dejan de retrotraer a comportamientos que pensábamos erradicados—), cabe constatar cómo siguen las definiciones anteriores entendiendo como agravante "si tal conducta o comportamiento se lleva a cabo prevaliéndose de una posición jerárquica"[7]. Inciden en la naturaleza sexual del comportamiento: "que podrá consistir en la solicitud de favores sexuales, las conductas dirigidas a la realiza-

---

6 SÁEZ LARA, C.: "Violencia, mujer y trabajo", *Revista Galega de Dereito Social,* núm. 16, 2022, pp. 19 y ss. y CABEZA PEREIRO, J. y LOUSADA AROCHENA, F., "El acoso sexual como riesgo laboral: STSJ Galicia 24 enero 2000 (AS 2000, 60)", *Aranzadi social,* núm. 1, 2000, pp. 2893-2897.

7 STSJ Madrid 28 septiembre 2022 (rec. 597/2022).

ción de un acto carnal y otras conductas que carezcan de dicha finalidad pero sean obscenas, por ejemplo el uso de la pornografía en el trabajo"[8].

Distinguen dentro de esta conducta violenta aquella que constituya un incidente aislado o comportamientos más sistemáticos e introducen el término de "acoso sexual ambiental", que "es aquel que tiene como consecuencia un ambiente laboral negativo e insalubre y puede ser llevado a cabo por los superiores o por los iguales"[9]. También dan ejemplos (no exhaustivos) de qué tipo de comportamientos se consideran acoso sexual de palabra (comentarios obscenos, bromas sexuales, explicación de fantasías sexuales, rumores sobre la vida sexual de las personas, comentarios groseros sobre el cuerpo, explicación de preferencias sexuales); acoso sexual no verbal (llevar a cabo miradas al cuerpo fuera de tono, gestos obscenos, cartas, mensajes de móvil, notas, fotos dibujos con contenido sexual) y acoso sexual físico (por medio de actos como, a modo de ejemplo, la proximidad excesiva, pellizcar, buscar encuentros a solas, tocar, masajear de forma indeseada, tocar intencionada o 'accidentalmente' las partes sexuales del cuerpo)[10]. También diferencian entre el acoso sexual doloso o imprudente, o voluntario e involuntario. En el primero, la finalidad es atentar contra la dignidad de la persona, en el segundo se produce ese efecto aún sin ser ése el objetivo[11].

Entienden que el comportamiento constitutivo de acoso gravita en torno al carácter no deseado del mismo y sobre "el hecho de tener como objetivo o consecuencia el atentado a la dignidad y la existencia de un clima hostil; lo que comporta que para la calificación del ilícito resulte indiferente lo que el sujeto ofensor aprecie con relación a su conducta, puesto que de lo que se ha de partir es de lo que percibe la víctima, ya que es este carácter subjetivo y no deseado lo que constituye la esencia del acoso"[12].

3. VÍAS DE PREVENCIÓN FRENTE AL ACOSO SEXUAL: LOS PROTOCOLOS

Frente a tales (odiosas) acciones el ordenamiento jurídico laboral incorpora mecanismos sancionatorios. Así, el acoso sexual está incluido

8 STSJ Cataluña 30 enero 2018 (rec. 5957/2017).

9 STSJ Madrid 30 septiembre 2021 (rec. 633/2021).

10 STSJ Madrid 30 septiembre 2021 (rec. 633/2021).

11 STSJ Cataluña 30 enero 2018 (rec. 5957/2017) y SJS núm. 12 Barcelona 23 diciembre 2022 (rec. 844/2022).

12 STSJ Andalucía/Sevilla 24 marzo 2022 (rec. 2057/2020).

como causa de despido disciplinario en el art. 54.2 ET siempre que el sujeto activo del acoso sexual sea una persona trabajadora, y sea la víctima otra compañera de la empresa, la propia persona empleadora, un/a cliente/a u otra persona que trabaja en la empresa[13]. De igual modo, el art. 50 ET, pese a no especificar tal conducta, esta quedaría integrada como cualquier otro incumplimiento grave y culpable del empresario. En consecuencia, la persona trabajadora que sufra acoso sexual por parte de la persona empleadora puede solicitar la extinción de su contrato de trabajo por tal vía (sin perjuicio de solicitar el cese de dicho comportamiento)[14].

Sin embargo, resulta preferente evitar la producción del daño ocasionado (en este caso, impedir que se produzca el acoso sexual en el ámbito laboral) mediante mecanismos dirigidos a prevenir este tipo de comportamientos. En los últimos años ha ganado peso la perspectiva preventiva frente al acoso sexual[15]. Y tal es el objetivo y el eje sobre el que se articula la distinta normativa que ha seguido combatiendo la discriminación por razón de género en el mundo laboral.

De este modo, el art. 27 LO 3/2007 mandata a las Administraciones públicas proteger, promocionar y mejorar la salud laboral, y específicamente frente al acoso sexual y al acoso por razón de sexo en tanto riesgos laborales para las trabajadoras[16]. Y en su cumplimiento, el art. 2 RD 901/2020 ordena a todas las empresas (sea cual sea el número de personas trabajadoras) a adoptar, previa negociación, medidas dirigidas a promover condiciones de trabajo que eviten el acoso sexual y el acoso por razón de sexo y arbitrar procedimientos específicos para su prevención y para dar cauce a las denuncias o reclamaciones que puedan formular quienes hayan sido objeto del mismo. En caso de estar obligadas a contar con un plan de igualdad, el procedimiento de actuación frente al acoso sexual y al acoso por razón de sexo formará parte de su negociación conforme al art. 46.2 LO 3/2007.

---

13 Uno de los desgraciadamente numerosos ejemplos existentes en la doctrina judicial, STSJ Galicia 6 mayo 2021 (rec. 1320/2021). Y de acoso sexual ambiental STSJ Madrid 12 marzo 2021 (rec. 871/2020).

14 Así sucede en la STSJ Asturias 29 noviembre 2022 (rec. 2216/2022).

15 GONZÁLEZ VIDALES, C.: "Los planes de igualdad en el sector agrario: acción positiva, registro salarial, protocolos de acoso", en AA.VV.: *La negociación colectiva en el sector agrario,* Madrid (CCNCC), 2023, pp. 716 y ss.

16 MARTÍNEZ GAYOSO, M.N.: "Prevención de riesgos laborales, igualdad entre mujeres y hombres y negociación colectiva", *Lan Harremanak: Revista de relaciones laborales,* núm. 23, 2010, p. 212.

Específicamente, en el Anexo del RD 901/2020 obliga, de un lado, a que el diagnóstico contenga una descripción de los procedimientos y/o medidas de sensibilización, prevención, detección y actuación contra del acoso sexual, así como de la accesibilidad de los mismos; y de otro, los procedimientos de actuación frente al acoso sexual, los cuales han de contener los siguientes extremos:

a) Declaración de principios, definición de acoso sexual y por razón de sexo e identificación de conductas que pudieran ser constitutivas de acoso.

b) Procedimiento de actuación frente al acoso para dar cauce a las quejas o denuncias que pudieran producirse, y medidas cautelares y/o correctivas aplicables.

c) Identificación de las medidas reactivas frente al acoso y en su caso, el régimen disciplinario.

En todo caso, los procedimientos de actuación han de responder a los siguientes principios:

a) Prevención y sensibilización del acoso sexual y por razón de sexo, apostando para ello por la información y accesibilidad de los procedimientos y medidas. Se subraya en este principio el objetivo con el que han de ser diseñados, no tanto sancionar las conductas (que también), sino, sobre todo, impedir que se produzcan.

b) Confidencialidad y respeto a la intimidad y dignidad de las personas afectadas.

c) Respeto al principio de presunción de inocencia de la supuesta persona acosadora.

d) Prohibición de represalias de la supuesta víctima o personas que apoyen la denuncia o denuncien supuestos de acoso sexual y por razón de sexo.

e) Diligencia y celeridad del procedimiento.

f) Garantía de los derechos laborales y de protección social de las víctimas.

Por consiguiente, el protocolo o procedimiento del real decreto pasa a formar parte del contenido mínimo de los planes de igualdad[17]. Y a través

---

17 RIVAS VALLEJO, P.: "Planes de Igualdad", en AA.VV. (FERREIRO REGUEIRO, C., Dir. y VILLALBA SÁNCHEZ, A., Coord.): *Nuevos Estudios sobre la negociación*

de esta incorporación ha de avanzarse "en procedimientos de prevención cuya efectividad exigirá, en su contenido, la definición de los comportamientos prohibidos, la declaración de principios, compromiso de la empresa y de los directivos de tolerancia 0, promoción de que las víctimas denuncien, formación de los diversos operadores; procedimiento adecuado de denuncias, garantía de indemnidad de las víctimas que denuncien; así como una regulación del procedimiento sancionador (celeridad, confidencialidad, formación de la persona titular de la instrucción y tipificación de las infracciones gradualista y precisa)"[18].

El siguiente paso viene dado por la promulgación de la LO 10/2022, de 6 de septiembre, de garantía integral de la libertad sexual[19], cuyo art. 12.1 establece el deber de "promover condiciones de trabajo que eviten la comisión de delitos y otras conductas contra la libertad sexual y la integridad moral en el trabajo, incidiendo especialmente en el acoso sexual y el acoso por razón de sexo", que reproduce en gran medida el contenido del anterior art. 48.1 de la LO 3/2007, "si bien introduciendo algunas modificaciones sustanciales y eliminando algún inciso"[20]. Al tiempo, insta a la representación legal en el seno de la empresa a tener un activo papel en la lucha contra cualquier tipo de violencia y otras conductas contra la libertad sexual y la integridad moral en el trabajo, incidiendo especialmente en el acoso sexual y el acoso por razón de sexo[21]. El Consejo Económico y Social se mostró muy crítico en la valoración de este punto, en tanto, y pese a compartir "la necesidad de favorecer un clima laboral disuasorio de actitudes violentas, especialmente las de carácter sexual y discriminatorio" y "el propósito de reforzar en el trabajo la protección frente a la violencia sexual en el ámbito digital, un terreno que se está mostrando especialmente propicio para la vulneración del derecho a la intimidad de las personas",

---

colectiva, Pamplona (Aranzadi), 2022, págs. 570 y ss.

18 NIETO ROJAS, P.: "El complicado entramado normativo de planes de igualdad y protocolos en las empresas. Algunas reflexiones sobre protocolos anti-acoso y de gestión de la diversidad", *Labos*, Vol. 4, Número extraordinario 'Tormenta de reformas', 2023, pp. 132 y ss.

19 Siguiendo el análisis realizado en ÁLVAREZ CUESTA, H.: "La protección laboral y social de las víctimas de violencias sexuales en la Ley Orgánica 10/2022, de 6 de septiembre, de garantía integral de la libertad sexual", *Temas Laborales*, núm. 166, 2022.

20 CONSEJO ECONÓMICO Y SOCIAL: Dictamen 4 2020, sobre el Anteproyecto de Ley Orgánica de Garantía integral de la libertad sexual.

21 NIETO ROJAS, P.: "El complicado entramado normativo de planes de igualdad y protocolos en las empresas. Algunas reflexiones sobre protocolos anti-acoso y de gestión de la diversidad", cit., pp. 132 y ss.

considera, en primer lugar, que la redacción "adolece de una notoria confusión en sus términos, pues, en primer lugar, de su redacción no cabe inferir qué condiciones de trabajo en concreto pueden evitar la comisión del amplio abanico de delitos y conductas a que se refiere a continuación el artículo sin una acotación clara", y más de tener en cuenta que el marco natural para el diagnóstico y fijación de medidas de sensibilización, prevención, detección y actuación contra el acoso sexual y el acoso por razón de sexo son los planes de igualdad y los protocolos de actuación en esta materia, "herramientas cuya consideración se echa en falta en este artículo"[22].

A continuación, la LO 10/2022 impone a la empresa el diseño de "procedimientos específicos para su prevención y para dar cauce a las denuncias o reclamaciones que puedan formular quienes hayan sido víctimas de estas conductas, incluyendo específicamente las sufridas en el ámbito digital" (art. 12.1). Estos protocolos parecen configurarse como "procedimientos para la prevención de la criminalidad sexual en la empresa; aproximándose su conceptuación a los programas de prevención de riesgos penales, previstos por el art. 31 bis del Código Penal", y de forma coherente con la ampliación del listado de delitos que podrán imponerse a las personas jurídicas (art. 31 bis CP) a los delitos de acoso sexual (art. 184 CP) y moral (art. 173 CP)"[23].

En este sentido, el instrumento adecuado para su incorporación han de ser los planes de igualdad en aquellas empresas que estén obligadas o los tengan voluntariamente. Asimismo, y dado que estos procedimientos preventivos incluyen también canales de denuncia, habrá de plantearse su compatibilidad con los canales de denuncia interna[24], que impone la trasposición de la Directiva (UE) 2019/1937 del Parlamento Europeo y del Consejo, de 23 de octubre de 2019, relativa a la protección de las personas, que informen sobre infracciones del Derecho de la Unión y con la Ley 2/2023, de protección de los informantes y lucha contra la corrupción[25]. En tercer lugar, en el desarrollo de estos procedimientos de denuncia de la violencia y acoso sexual en el trabajo es preciso abordar la idoneidad de los mecanismos internos de solución de conflictos y de los acuerdos de confidencialidad"[26].

---

[22] CONSEJO ECONÓMICO Y SOCIAL: Dictamen 4 2020, sobre el Anteproyecto de Ley Orgánica de Garantía integral de la libertad sexual.

[23] SÁEZ LARA, C.: "Violencia sexual, mujer y trabajo", cit., p. 32.

[24] SÁEZ LARA, C.: "Violencia sexual, mujer y trabajo", cit., p. 32.

[25] Sobre esta norma, SÁEZ LARA, C.: "La Ley 2/2023 de protección de los informantes y lucha contra la corrupción", *Brief AEDTSS*, 2023.

[26] SÁEZ LARA, C.: "Violencia sexual, mujer y trabajo", cit., p. 34.

En cuanto al ámbito de aplicación de las medidas adoptadas, recoge una amplia formulación ("podrá beneficiarse la plantilla total de la empresa cualquiera que sea la forma de contratación laboral, incluidas las personas con contratos fijos discontinuos, con contratos de duración determinada y con contratos en prácticas. También podrán beneficiarse las becarias y el voluntariado. Asimismo, podrán beneficiarse de las anteriores medidas aquellas personas que presten sus servicios a través de contratos de puesta a disposición"), pero sin imponer, tal y como aparece formulado, su extensión obligatoria a todos los vínculos jurídicos enumerados.

En el siguiente párrafo se insiste en que "las empresas promoverán la sensibilización y ofrecerán formación para la protección integral contra las violencias sexuales a todo el personal a su servicio". El literal parece reproducir el contenido del art. 48.2 LO 3/2007, que recoge la obligación de los representantes de las personas trabajadoras de contribuir a prevenir el acoso sexual y el acoso por razón de sexo en el trabajo, mediante la sensibilización a los trabajadores y la información a la dirección de la empresa de las conductas o comportamientos de que tuvieran conocimiento y que pudieran propiciarlo[27], pero sin realizar tal remisión a las competencias a tal efecto de los representantes.

El siguiente apartado del art. 12 obliga a las empresas ("deberán") a "incluir en la valoración de riesgos de los diferentes puestos de trabajo ocupados por trabajadoras, la violencia sexual entre los riesgos laborales concurrentes, debiendo formar e informar de ello a sus trabajadoras". Esta obligación de incluir en la valoración de riesgos de los diferentes puestos de trabajo, la violencia sexual entre los riesgos laborales concurrentes, y formar e informar de ello a sus trabajadoras, vendría ratificada por el Convenio OIT 190, que obliga a los Estados a adoptar una legislación que exija a los empleadores prevenir la violencia y el acoso en el mundo del trabajo (incluida por razón de género) y en particular a identificar los peligros y evaluar los riesgos de violencia y acoso, con participación de los trabajadores y sus representantes, y adoptar medidas para prevenir y controlar dichos peligros y riesgos"[28]

A este respecto, ceñir esta obligación legal al puesto de trabajo que ocupen las trabajadoras en un determinado momento impide una prevención de las violencias sexuales real y efectiva. En este sentido, deben ser modi-

---

27 CONSEJO ECONÓMICO Y SOCIAL: Dictamen 4 2020, sobre el Anteproyecto de Ley Orgánica de Garantía integral de la libertad sexual.

28 SÁEZ LARA, C.: "Violencia sexual, mujer y trabajo", cit., p. 31.

ficados con premura diversos preceptos de la LPRL[29], por lo que debería integrarse en todos ellos y aparecer de forma explícita a tal efecto en la normativa preventiva[30], por ejemplo, en los arts. 16 y 19 entre otros de la citada norma especializada.

El último paso ha sido dado por la Ley 4/2023, de 28 de febrero, para la igualdad real y efectiva de las personas trans y para la garantía de los derechos de las personas LGTBI, cuyo art. 15 exige a las empresas con más de cincuenta personas trabajadoras dotarse de protocolos para afrontar situaciones de acoso contra integrantes del colectivo LGTBI, pero lo hace sirviéndose de un literal que parece pensar solo en acciones reactivas. Y esta redacción choca con el afán preventivo que impregna la regulación "modelo", dictada frente al acoso sexual y por razón de sexo[31].

Respecto al protocolo, la propuesta de reglamento prevé la posibilidad de acatar la obligación incorporando una mención expresa a las personas LGTBI en el protocolo general (que podría ser aquel destinado a atajar el acoso sexual y por razón de sexo) o bien permite que se amplíe este para incluir a estos colectivos, opción que ya había sido tomada por varios convenios colectivos.

En cualquier caso, el Anexo II marca la estructura de los protocolos de actuación para la atención del acoso y la violencia contra las personas LGTBI, los cuales necesariamente han de ajustarse, como mínimo (siempre cabrá la mejora de las cláusulas) a los siguientes apartados:

a) Declaración de principios en la que se manifieste el compromiso explícito y firme de no tolerar en el seno de la empresa ningún tipo de práctica discriminatoria considerada como acoso por razón de orientación e identidad sexual y expresión de género, quedando prohibida expresamente cualquier conducta de esta naturaleza. Tal y como está redactado, los protocolos que se desarrollen seguirán idéntico literal.

b) Prevé un ámbito de aplicación extensivo: el protocolo será de aplicación directa a las personas que trabajan en la empresa indepen-

---

29 ESPEJO MEGÍAS, P.: "La tutela laboral del derecho a la libertad sexual: ¿una protección integral?", *Revista de Trabajo y Seguridad Social (CEF)*, núm. 472, 2023, p. 108.

30 ÁLVAREZ CUESTA, H.: "Aspectos laborales de la Ley Orgánica 10/2022, de 6 de septiembre, de garantía integral de la libertad sexual", *Brief AEDTSS*, 2022.

31 AGRA VIFORCOS, B., "La orientación sexual de los trabajadores en la negociación colectiva", *Revista crítica de relaciones de trabajo, Laborum*, núm. 10, 2024, p. 58.

dientemente del vínculo jurídico que los una a ésta, siempre que desarrollen su actividad dentro del ámbito organizativo de la empresa. No cabe duda que se ha de aplicar a todas las personas trabajadoras de la empresa, cualquiera que sea su contrato laboral, a las personas puestas a disposición a través de una ETT, y, según como se interprete ámbito organizativo, a las personas que trabajen en contratas y subcontratas que compartan centro de trabajo y a las personas autónomas que compartan centro o lugar de trabajo. En el caso de las personas puestas a disposición, es posible que la ETT cuente con medidas propias a tal efecto y, en tal caso, procedería la solución ya apuntada en los planes de igualdad: se aplicaría de forma preferente las de la empresa usuaria en virtud del art. 11 LETT, sin perjuicio de poder entender las de la ETT como complementarias[32].

Asimismo, extiende el protocolo a quienes solicitan un puesto de trabajo y a quienes, con todas las dificultades que ello apareja, a los proveedores, clientes, visitas, entre otros. No especifica si se les extiende para su protección como posibles víctimas (opción más plausible, pero que podría interactuar con el protocolo propio de la empresa a la que pertenezcan) o como posibles sujetos activos del acoso (quienes en todo caso estarían incorporados vía protección de la persona trabajadora que fuera víctima).

c) Los principios rectores y garantías del procedimiento son:

- Agilidad, diligencia y rapidez en la investigación y resolución de la conducta denunciada que deben ser realizadas sin demoras indebidas, respetando los plazos que se determinen para cada parte del proceso y que constarán en el protocolo.
- Respeto y protección de la intimidad y dignidad a las personas afectadas ofreciendo un tratamiento justo a todas las implicadas.
- Confidencialidad: las personas que intervienen en el procedimiento tienen obligación de guardar una estricta confidencialidad y reserva, no transmitirán ni divulgarán información sobre el contenido de las denuncias presentadas, en proceso de investigación, o resueltas.
- Protección suficiente de la víctima ante posibles represalias, atendiendo al cuidado de su seguridad y salud, teniendo en

---

32 ARAGÓN GÓMEZ, C. y NIETO ROJAS, P., *Planes de igualdad en las empresas. Procedimiento de elaboración e implantación*, Madrid (CISS), 2021, p. 110.

cuenta las posibles consecuencias tanto físicas como psicológicas que se deriven de esta situación y considerando especialmente las circunstancias laborales que rodeen a la persona agredida.

- Contradicción, a fin de garantizar una audiencia imparcial y un trato justo para todas las personas afectadas.
- Restitución de las víctimas: si el acoso realizado se hubiera concretado en una modificación de las condiciones laborales de la víctima, la empresa debe restituirla en sus condiciones anteriores, si así lo solicitara.
- Prohibición de represalias: queda expresamente prohibido y será declarado nulo cualquier acto constitutivo de represalia, incluidas las amenazas de represalia y las tentativas de represalia contra las personas que presenten una comunicación de denuncia por los medios habilitados para ello, comparezcan como testigos o ayuden o participen en una investigación sobre acoso.

d) Procedimiento de actuación: El protocolo determinará el procedimiento para la presentación de denuncia o queja, así como el plazo máximo (no fija días y será una de las cuestiones a abordar cuando no se haya negociado el mismo) para su resolución.

La denuncia puede presentarse por la persona afectada o por quien ésta autorice, mediante el procedimiento acordado para ello y ante la persona que se determine de la Comisión encargada del proceso de investigación.

En caso de que la denuncia no sea presentada directamente por la persona afectada, se deber incluir su consentimiento expreso e informado para iniciar las actuaciones del protocolo.

Prevé la posibilidad de adoptar medidas cautelares: tras la recepción de la queja o denuncia y, una vez constatada la situación de acoso, se adoptarán medidas cautelares o preventivas que aparten a la víctima del acosador mientras se desarrolla el procedimiento de actuación hasta su resolución.

En el plazo máximo de los días hábiles acordados (de nuevo guarda silencio y no establece plazo supletorio alguno), y desde que se convoca la Comisión ésta tiene que emitir un informe vinculante en uno de los sentidos siguientes:

- Constata indicios de acoso objeto del protocolo y, si procede, propone la apertura del expediente sancionador.
- No aprecia indicios de acoso objeto del protocolo.

El informe deberá incluir, como mínimo, la descripción de los hechos, la metodología empleada, la valoración del caso, los resultados de la investigación y las medidas cautelares y/o preventivas, si procede.

e) Resolución: En esta fase se tomarán las medidas de actuación necesarias teniendo en cuenta las evidencias, recomendaciones y propuestas de intervención del informe emitido por la Comisión.

Si hay evidencias de la existencia de una situación de acoso por razón de orientación e identidad sexual o expresión de género, se instará la incoación de un expediente sancionador por una situación probada de acoso, se pedirá la adopción de medidas correctoras, y, si procede, se continuarán aplicando las medidas de protección a la víctima.

Si no hay evidencias de la existencia de una situación de acoso se procederá a archivar la denuncia.

Falta en el *iter* descrito la mención al derecho a la asistencia de un representante de las personas trabajadoras, aun cuando fuera a efectos didácticos o como recordatorio.

En fin, varias son las normas que inciden en la obligación del protocolo destinado a la prevención frente a los distintos tipos de acosos, incluido el sexual. Para cumplirlas, más oportuno (sencillo y eficaz) parece contar con un único documento que contenga "todos los tipos de acoso, su definición, alcance y conductas que los identifican, y que estableciera una batería de medidas de prevención primaria, que implicaría la realización de una evaluación de riesgos psicosociales y el establecimiento de medidas preventivas y actuaciones de concienciación y sensibilización, formación e información frente a las conductas de acoso; seguidamente, habría de incorporar medidas de prevención secundaria o medidas de protección, que implicaría la identificación y detección de conductas, actuaciones y comportamientos en una empresa que pueda ocasionar o que favorezcan la aparición de situaciones de acoso y, finalmente, medidas de prevención terciaria para paliar, reponer y/o restituir a la víctima. Aquellas compañías que ya cuenten con su protocolo deben revisar su contenido para incluir en él medidas específicas de prevención de conductas de violencia sexual, de conductas contra la integridad moral y las cometidas en el ámbito digital si estas no hubieran sido incorporadas en el protocolo en vigor"[33].

4. EL FUTURO YA PRESENTE: EL CIBERACOSO SEXUAL

Cada vez la tecnología impregna toda esfera humana, como herramienta o como fin en sí misma, y el acoso sexual no ha sido ajeno: cada vez se produce con más frecuencia acoso sexual laboral a través de medios tecnológicos[34], esto es, ciberacoso sexual. Por ello, el Convenio de la OIT núm. 190, sobre la violencia y el acoso de 2019, amplía el ámbito de aplicación hasta ahora analizado del acoso sexual en el trabajo[35].

Este Convenio considera violencia y acoso en el mundo del trabajo un conjunto de comportamientos y prácticas inaceptables, o de amenazas de tales comportamientos y prácticas, ya sea que se manifiesten una sola vez o de manera repetida, que tengan por objeto, que causen o sean susceptibles de causar, un daño físico, psicológico, sexual o económico. Frente a estos fenómenos, responde con un enfoque inclusivo, integrado y que tenga en cuenta las consideraciones de género.

Su ámbito de aplicación, tanto subjetivo como objetivo, como ya se ha afirmado *supra*, es sumamente amplio. De un lado, protege a los trabajadores y a otras personas en el mundo del trabajo, con inclusión de los trabajadores asalariados según se definen en la legislación y la práctica nacionales, así como a las personas que trabajan, cualquiera que sea su situación contractual, las personas en formación, incluidos los pasantes y los aprendices, los trabajadores despedidos, los voluntarios, las personas en busca de em-

---

33 NIETO ROJAS, P.: "El complicado entramado normativo de planes de igualdad y protocolos en las empresas. Algunas reflexiones sobre protocolos anti-acoso y de gestión de la diversidad", cit., pp. 132 y ss.

34 FERNÁNDEZ-COSTALES MUÑIZ, J.: "Salud laboral, digitalización, nuevas tecnologías y su reflejo en la negociación colectiva", *Revista Internacional y Comparada de Relaciones Laborales y Derecho del Empleo*, vol. 12, núm. 1, 2024.

35 Ha sido calificado como "un momento histórico en la evolución normativa de la OIT", MORENO SOLANA; A. "El impacto de la normativa internacional y europea en la regulación actual y futura del acoso, en especial, el ciberacoso o acoso digital", en AA.VV. (MERCADER UGUINA, J. R.; DE LA PUEBLA PINILLA, A.): *Cambio tecnológico y transformación de las fuentes laborales. Ley y convenio colectivo ante la disrupción digital*, Valencia (Tirant lo Blanch), 2022, p. 277. Un análisis en profundidad de sus implicaciones en ALTÉS TÁRREGA, J. y YAGÜE BLANCO, S.: *Convenio 190 de la OIT sobre violencia y acoso. Consecuencias de su ratificación en el ordenamiento laboral español*, Valencia (Tirant lo blanch), 2024.

pleo y los postulantes a un empleo, y los individuos que ejercen la autoridad, las funciones o las responsabilidades de un empleador. Y se extiende a todos los sectores, público o privado, de la economía tanto formal como informal, en zonas urbanas o rurales (art. 2). De otro, se aplica a la violencia y el acoso en el mundo del trabajo que ocurren durante el trabajo, en relación con el trabajo o como resultado del mismo (art. 3):

a) en el lugar de trabajo, inclusive en los espacios públicos y privados cuando son un lugar de trabajo;

b) en los lugares donde se paga al trabajador, donde éste toma su descanso o donde come, o en los que utiliza instalaciones sanitarias o de aseo y en los vestuarios;

c) en los desplazamientos, viajes, eventos o actividades sociales o de formación relacionados con el trabajo;

d) en el marco de las comunicaciones que estén relacionadas con el trabajo, incluidas las realizadas por medio de tecnologías de la información y de la comunicación;

e) en el alojamiento proporcionado por el empleador, y

f) en los trayectos entre el domicilio y el lugar de trabajo.

Precisamente el apartado d) es el que incorpora explícitamente el ciberacoso sexual al concepto de acoso y violencia laboral[36], ya aceptado por varios convenios colectivos que incluso proporcionan ejemplos de acciones que integrarían esta categoría: "enviar mensajes ofensivos, hostigadores, amenazantes e incomodar y perseguir a la víctima en espacios de internet que frecuenta, [o] uso del teléfono móvil como instrumento de acoso o acciones de presión permanente a través de TICs para actuar conforme a las solicitudes del acosador"[37].

---

36 Un análisis en profundidad en MEGINO FERNÁNDEZ, D.: "Violencia digital y ciberacoso: reflexiones al calor del Convenio 190 de la OIT y de los actuales planteamientos en la negociación colectiva", en prensa.

37 Anexo V III Convenio colectivo de Telefónica de España, SAU; Telefónica Móviles España, SAU y Telefónica Soluciones de Informática y Comunicaciones, SAU (BOE núm. 52, de 28 de febrero de 2024), de acuerdo con el cual, "en los supuestos de ciberacoso se aplicará el procedimiento de actuación en supuestos de acoso laboral previsto en el II Convenio Colectivo de Empresas Vinculadas. Asimismo, le resulta de aplicación lo establecido en el artículo 168 del II Convenio Colectivo de Empresas Vinculadas en cuanto en el mismo se regula de manera específica la utilización de dispositivos digitales corporativos, software y aplicativos, correo

En el fondo, poco ha cambiado (quizá la forma e instrumentos, no el fondo) desde que la pastora Marcela, en la novela sobre la que tanto el prof. Germán Barreiro estudió y escribió, reconoce que ha huido a los montes para evitar el acoso sexual que sufre: "Yo nací libre, y para poder vivir libre escogí la soledad de los campos. Los árboles destas montañas son mi compañía, las claras aguas destos arroyos mis espejos; con los árboles y con las aguas comunico mis pensamientos y hermosura. Fuego soy apartado y espada puesta lejos. A los que he enamorado con la vista he desengañado con las palabras".

5. BIBLIOGRAFÍA

AGRA VIFORCOS, B.: "Mujer y salud laboral", en AA.VV.: *La empleabilidad y la calidad en el empleo: apostando por la igualdad efectiva,* Madrid (Sepin), 2019.

AGRA VIFORCOS, B., "La orientación sexual de los trabajadores en la negociación colectiva", *Revista crítica de relaciones de trabajo, Laborum,* núm. 10, 2024.

ALTÉS TÁRREGA, J. y YAGÜE BLANCO, S.: *Convenio 190 de la OIT sobre violencia y acoso. Consecuencias de su ratificación en el ordenamiento laboral español,* Valencia (Tirant lo blanch), 2024.

ÁLVAREZ CUESTA, H.: "La protección laboral y social de las víctimas de violencias sexuales en la Ley Orgánica 10/2022, de 6 de septiembre, de garantía integral de la libertad sexual", *Temas Laborales,* núm. 166, 2022.

ÁLVAREZ CUESTA, H.: "Aspectos laborales de la Ley Orgánica 10/2022, de 6 de septiembre, de garantía integral de la libertad sexual", *Brief AEDTSS,* 2022.

ARAGÓN GÓMEZ, C. y NIETO ROJAS, P., *Planes de igualdad en las empresas. Procedimiento de elaboración e implantación,* Madrid (CISS), 2021.

CABEZA PEREIRO, J., LOUSADA AROCHENA, F., "El acoso sexual como riesgo laboral: STSJ Galicia 24 enero 2000 (AS 2000, 60)", *Aranzadi social,* núm. 1, 2000.

CONSEJO ECONÓMICO Y SOCIAL: Dictamen 4 2020, sobre el Anteproyecto de Ley Orgánica de Garantía integral de la libertad sexual.

ESPEJO MEGÍAS, P.: "La tutela laboral del derecho a la libertad sexual: ¿una protección integral?", *Revista de Trabajo y Seguridad Social (CEF),* núm. 472, 2023.

FERNÁNDEZ-COSTALES MUÑIZ, J.: "Salud laboral, digitalización, nuevas tecnologías y su reflejo en la negociación colectiva", *Revista Internacional y Comparada de Relaciones Laborales y Derecho del Empleo,* vol. 12, núm. 1, 2024.

GONZÁLEZ VIDALES, C.: "Los planes de igualdad en el sector agrario: acción positiva, registro salarial, protocolos de acoso", en AA.VV.: *La negociación colectiva en el sector agrario,* Madrid (CCNCC), 2023.

---

electrónico, sistema de mensajería y herramientas sociales y colaborativas, acceso a internet".

MARTÍNEZ GAYOSO, M.N.: "Prevención de riesgos laborales, igualdad entre mujeres y hombres y negociación colectiva", *Lan Harremanak: Revista de relaciones laborales,* núm. 23, 2010.

MEGINO FERNÁNDEZ, D.: "Violencia digital y ciberacoso: reflexiones al calor del Convenio 190 de la OIT y de los actuales planteamientos en la negociación colectiva", en prensa.

MORENO SOLANA; A. "El impacto de la normativa internacional y europea en la regulación actual y futura del acoso, en especial, el ciberacoso o acoso digital", en AA.VV. (MERCADER UGUINA, J. R.; DE LA PUEBLA PINILLA, A.): *Cambio tecnológico y transformación de las fuentes laborales. Ley y convenio colectivo ante la disrupción digital,* Valencia (Tirant lo Blanch), 2022.

NIETO ROJAS, P.: "El complicado entramado normativo de planes de igualdad y protocolos en las empresas. Algunas reflexiones sobre protocolos anti-acoso y de gestión de la diversidad", *Labos,* Vol. 4, Número extraordinario 'Tormenta de reformas', 2023.

RIVAS VALLEJO, P.: "Planes de Igualdad", en AA.VV. (FERREIRO REGUEIRO, C., Dir. y VILLALBA

SÁNCHEZ, A., Coord.): *Nuevos Estudios sobre la negociación colectiva,* Pamplona (Aranzadi), 2022.

RODRÍGUEZ-MUÑOZ, A.: *Riesgos psicosociales en el entorno laboral: una perspectiva de género,* Getafe (Universidad Carlos III de Madrid), 2017.

SÁEZ LARA, C.: "Violencia, mujer y trabajo", *Revista Galega de Dereito Social,* núm. 16, 2022.

SÁEZ LARA, C.: "La Ley 2/2023 de protección de los informantes y lucha contra la corrupción", *Brief AEDTSS,* 2023.

Capítulo VIII

La higiene personal del trabajador y su consideración como tiempo de trabajo: avances y oportunidades de mejora desde 1990

PATRICIA PRIETO PADÍN
Profesora Permanente Laboral de Derecho del Trabajo y de la Seguridad Social
Universidad de Burgos

SUMARIO: 1. ANOTACIONES DEL PROFESOR BARREIRO GONZÁLEZ A LA STS (SOCIAL) DE 24 DE FEBRERO DE 1990. 1.1. El pronunciamiento objeto de comentario; 1.2. Del continente y del contenido de la contribución; 1.3. Hallazgos relevantes en su obra. 2. AVANCES Y OPORTUNIDADES DE MEJORA EN LA MATERIA DESDE 1990. 3. BIBLIOGRAFÍA

1. ANOTACIONES DEL PROFESOR BARREIRO GONZÁLEZ A LA STS (SOCIAL) DE 24 DE FEBRERO DE 1990

Hace más de tres décadas, la Sala de lo Social del Tribunal Supremo dictó una ilustrativa sentencia que analizaba el despido disciplinario de un trabajador por desobediencia laboral ante unas órdenes del empresario que impedían al trabajador consumir y, por tanto, incluir dentro de la jornada laboral o del tiempo de trabajo considerado efectivo, aquel lapso temporal utilizado para su higiene personal.

El avistado profesor Barreiro González, tras localizar y realizar una lectura sosegada del supuesto de hecho debatido, de la normativa aplicable y del fallo del Alto Tribunal del orden social, así como de la fundamentación jurídica utilizada en pro de su decisión, estimó, con el ingenio y el entendimiento *iuslaboral* (y, a la par, socio-personal) que le caracterizaba, realizar un comentario y apuntar unas breves, pero cuidadosas reflexiones a propósito del caso.

1.1. El pronunciamiento objeto de comentario

Dictada en casación por infracción de ley, la sentencia del Tribunal Supremo de fecha 24 de febrero de 1990, y de la que el Magistrado Sr. Arturo

Fernandez López fue ponente[1], analiza el recurso interpuesto por el trabajador contra la ya extinta Magistratura de Trabajo (de fecha 20 de mayo de 1988) sobre despido disciplinario llevado a cabo por la empleadora y calificado en instancia como procedente. El afectado, por tanto, interesa, la nulidad o, subsidiariamente, la improcedencia del despido.

El origen de los acontecimientos se puede remontar al 14 de marzo de 1988, fecha en la que la empresa, dedicada a la fabricación y decorado de vidrio, comunica al trabajador (Peón Especialista) su despido disciplinario, tras una prestación laboral de casi ocho años y tras mediar el oportuno expediente contradictorio, dada su condición de miembro del Comité de Empresa. La causa reproducida en la carta de despido tiene el siguiente tenor: "El actor paró la máquina que tiene a su cargo, en los días 4, 9 y 10 de febrero de 1988, diez minutos antes de la hora de salida del trabajo para realizar su aseo personal por las condiciones de toxicidad que entendía se dan en su trabajo, siendo advertido por la Empresa en escritos de fechas 8, 11 y 19 de que si persistía en su actitud le sería incoado expediente como efectivamente fue realizado".

Da la casualidad que unos años antes, en 1986, el órgano de representación de los trabajadores, constituido en Comité de Empresa, solicitó de la Inspección de Trabajo un estudio sobre las condiciones de seguridad e higiene en la empresa. A esta solicitud, el Gabinete Técnico Provincial de tal organismo contesta mediante informe de 26 de junio de 1986 y, entre otras cosas, recuerda a la empleadora la obligación de conceder a los trabajadores expuestos al riesgo derivado de sustancias irritantes, tóxicas o infecciosas, el lavado de manos, cara y boca antes de tomar alimentos o bebidas o de salir de los locales de trabajo, para lo cual dispondrán de diez minutos para su limpieza personal.

Un tiempo después, el 26 de noviembre de 1987, la Inspección aclara que esos diez minutos dentro de la jornada laboral, contemplados en el art. 138.8 de la Ordenanza General de Seguridad e Higiene de 9 de marzo de 1971, no entran en juego de forma automática, sino que requiere la previa declaración de los trabajos realizados como tales, *ex* procedimiento previsto en la Ordenanza de Construcción, Vidrio y Cerámica de 28 de agosto de 1970.

---

1 Puede encontrarse digitalizada en la base de datos del Centro de Documentación Judicial (CENDOJ) del Consejo General del Poder Judicial, con el identificador europeo de jurisprudencia (ECLI, por sus siglas en inglés: *European Case Law Identifier*), núm. ES:TS:1990:17265.

Después y no antes de la carta de despido, la Empresa solicitó tal valoración por el Servicio de Prevención. La conclusión de esta especializada entidad, así como la de la Facultad de Ciencias (demandada igualmente por la empresa), fue que el puesto de "chorreado con Corindón" que desempeñaba el actor no exigía ninguna medida especial de prevención al no manejar sustancias infecciosas, tóxicas e irritantes. Sendos informes fueron leídos y considerados en una reunión del Comité de Higiene y Seguridad de la Empresa teniendo el Comité de Empresa la posibilidad, en caso de disconformidad con lo señalado en los informes referidos (no proceden los diez minutos de salida antes de concluir la jornada), de plantear la cuestión por vía de Conflicto Colectivo.

Realizados oportunamente los trámites requeridos por el trabajador (preceptivo acto de conciliación previo e interposición de demanda), la Magistratura de Trabajo desestima la demanda formulada contra la Empresa y califica de procedente el despido, declarando extinguido el contrato de trabajo que liga a las partes, sin derecho a indemnización ni a salarios de tramitación, con absolución de dicha demandada. Disconforme con el fallo de instancia, el afectado recurre en casación por infracción de ley. Ha juicio del trabajador afectado media una indebida aplicación del artículo 54.1 del Estatuto de los Trabajadores, al no reunir los hechos del incumplimiento contractual las notas de gravedad y culpabilidad.

Su pretensión prospera pues, en palabras del Alto Tribunal, la conducta del actor estuvo motivada por entender de buena fe que le amparaba la Ordenanza de Seguridad e Higiene en el Trabajo de 9 de marzo de 1971 y el informe de la Inspección de Trabajo de 26 de junio de 1986. Y aplicando la teoría gradualista con respecto a la desobediencia imputada, la máxima sanción de despido, no parecía responder a las exigencias de proporcionalidad y adecuación con el hecho cometido. Máxime de considerar que la empresa únicamente presentó informes que no respaldaban la actitud del actor sino con posterioridad al despido de aquel, lo que va en contra de los dictados de la buena fe empresarial (ex art. 20.2 del Estatuto de los Trabajadores).

En este escenario, la resolución del recurso de casación estima y declara la improcedencia del despido con las consecuencias previstas en la normativa laboral, correspondiendo la opción entre readmisión e indemnización prevista (828.967 ptas.) al trabajador afectado por mor de su condición de representante de los trabajadores, incluyendo en cualquiera de los dos casos los salarios de tramitación.

1.2. Del continente y del contenido de la contribución

Todo investigador que se precie a buscar la publicación del profesor Barreiro González intitulada "Despido disciplinario improcedente. Sobre la disposición de tiempo para higiene personal", podrá comprobar que la misma no aparece referenciada en ningún repositorio, tampoco en el mayor portal de difusión de la producción científica hispana especializado en ciencias humanas y sociales (conocido como Dialnet), a pesar de contener este sistema abierto una ingente cantidad de información, tanto de aquellas investigaciones publicadas a partir de su creación en 2001, como de cuantas ya habían sido previamente difundidas a la comunidad.

En consecuencia, solamente quien tenga el honor y privilegio de conocer la magnífica producción científica del profesor Barreiro González podrá reparar en su existencia, así como en los datos concretos de su ubicación para proceder a una posterior localización sita principalmente en las hemerotecas de las bibliotecas universitarias pero igualmente en alguno de los despachos jurídicos "de pata negra" que mantengan entre sus estantes revistas jurídicas prestigiosas a modo de reliquia, aunque en algunos casos puedan parecer un mero elemento decorativo.

Para encontrar la contribución debe acudirse a la Revista La Ley, Revista jurídica española de doctrina, jurisprudencia y bibliografía, en concreto al año 1990 y al Tomo 4: A de los repertorios acumulativos de aquella anualidad. Baste mencionar, en primer lugar, la relevancia de la Revista en la que consta la publicación (creada en 1980), así como de la editorial que avala la misma (*Wolters Kluwer* fundada en Países Bajos en 1836). Por mor de los datos actuales de tal editorial, aun cuando la concreta Revista diera a conocer su último volumen en 2007 (pero tuviera continuidad por su fusión con el Diario La Ley, quien ya cuenta con más de cuarenta años de existencia), puede afirmarse con seguridad que, de existir en aquella época incides de impacto, es decir, indicadores que evalúan la importancia relativa de una revista dentro del total de revistas de su área, ocuparía el primer lugar en el ranking, incluso estaría en el *top ten* de la clasificación general.

De profundizar en el continente de la obra cabe destacar que su lectura se inicia en la página 266 y se extiende durante 5 páginas más hasta la página 270. Como curiosidad, por mor del criterio editorial de la época, la visualización del texto en la Revista sigue un paginado vertical, pero la disposición del analizado comentario de sentencia, se acomoda en una sección horizontal que ocupa la mitad inferior de la hoja; la otra mitad superior contiene el literal del pronunciamiento judicial. Así, son lecturas independientes pero interrelacionadas que el lector puede encontrar coetáneas en una extensión total de 6 páginas.

Poniendo el foco de atención en el contenido del texto es indiscutible que el autor ofrece una narrativa propia, con personalidad y conocedora de la materia a tratar, que hace que la lectura sea muy entretenida y harto provechosa. Es más, puede decirse que cuanto todo aparece en el comentario refleja fielmente su casi mayoría de edad como experto jurídico. Ello porque en la fecha de la publicación de la obra, en 1990, ya habían pasado dieciséis años de su credencial de egresado con honores en la Licenciatura de Derecho, se cumplía una docena de años desde su condición de Doctor y alcanzaba casi un lustro como Catedrático de Derecho del Trabajo y de la Seguridad Social.

Así, comprometido con su quehacer profesional en su faceta de investigador aborda un tema que puede conocer a la perfección por compartir conexiones con su tema de tesis "Diligencia y negligencia en el cumplimiento. Estudio sobre la prestación del trabajo debida por el trabajador", pero que presenta aristas complejas por incidir otras variables a sopesar, como, por ejemplo, la seguridad y salud del trabajador. En este sentido, el autor homenajeado configuró la diligencia como un "programa de conducta, que necesariamente debe ser observado conforme a las necesidades y exigencias que el tráfico jurídico establece, y puede venir determinado bien por la ley, mediante reglas jurídicas concretas, bien por la propia relación obligatoria, bien por una norma de conducta de usual observancia en el tráfico jurídico", pero en ningún caso, ser creadora de situaciones de peligro o dañosa para las personas.

Bajo los anteriores mimbres, cabe destacar que, en virtud de su dominio a la perfección de la materia, en el texto se aprecia, por una parte, una estructura ordenada a través de una lógica y una coherencia jurídica brillantes. En este sentido, el autor pone de relieve no solamente los puntos principales del *iter* del proceso y del fondo del asunto, sino que trae a colación —y en avanzadilla a lo encontrado en los Tribunales—, otras circunstancias o variables conexas que pudieran presentarse *pro* futuro en los lugares de trabajo y/o en sede judicial, ya por ser conocedor de los mismos (dada la capacidad del homenajeado de conocer fielmente la realidad sociolaboral), ya por pensar en su hipotético acontecimiento (dado su don imaginativo y creativo que acrecentaba con el saber acumulado).

Por otro lado, mantiene un lenguaje sencillo y claro pero lleno de estilo propio que despierta y mantiene la atención de cualquier lector. Ello lo consigue gracias a que el tema trasciende por su importancia y curiosidad (si puesto en relación con la ética, la moral y la justicia social) pero indudablemente porque el autor lo aborda con hondura, madurez y sensibilidad, al tiempo, en una prosa jurídica (entre la que destaca el rigor, la construcción heterodoxa de las frases o la paleta de adjetivos empleados...) que hacen del breve texto un verdadero ensayo.

1.3. Hallazgos relevantes en su obra

El Derecho es una ciencia en continua evolución y el profesor Barreiro González ha hecho ciencia del Derecho y la ha transmitido a sus alumnos y discípulos y a cualesquiera que hayan seguido o sigan sus escritos. Como destacó con tiento un afamado abogado, magistrado y político uruguayo, "el investigador científico busca la verdad descubriendo hechos nuevos. El Juez es, también, un investigador: busca la verdad. El primero tratará de buscar normas de carácter general y el segundo resolverá el caso particular y concreto. El primero estará sometido a leyes físicas o naturales; el segundo actuará bajo el imperio de la legislación positiva. Pero ambos trabajan buscando la verdad que, al fin y al cabo, juzgar es descubrir la verdad en la vida y en la ley"[2].

De esta manera, el intelecto que caracterizaba al profesor Barreiro González hizo sacar de esta sentencia una polifonía jurídica, en el sentido de contemplar múltiples enfoques y perspectivas que pueden abarcarse y extrapolarse a partir del caso debatido, recordando la riqueza y complejidad del Derecho, pero también de la profesión del operador jurídico[3].

---

2 GAMARRA ABELLA, F.: *La vocación judicial: Edición especial dispuesta por la Suprema Corte de Justicia en homenaje al Dr. Francisco Gamarra, Maestro de Jueces, en el año de su fallecimiento,* Montevideo (Impresora Uruguaya), 1987, p. 8, recordada con acierto en su entradilla por MELIANTE GARCÉ, L.: "La decisión judicial en el proceso laboral. Génesis, particularidades y mitos", *Revista de la Facultad de Derecho de la Facultad de la República de Uruguay,* núm. 23, 2004, p. 65.

3 En este sentido, permítame el lector traer a colación una anécdota vivida con el homenajeado en esta obra colectiva: de los tantos momentos que, por fortuna, compartí con el profesor Barreiro González cuando realizaba los estudios de doctorado en la Universidad de León, recuerdo nítidamente todos aquellos en los que "charlábamos" sobre los entresijos del Derecho del Trabajo y de la Seguridad Social y de las cuestiones curiosas que, por cualquiera de los sentidos del cuerpo, llegaba a nuestro conocimiento sobre esta apasionante materia o temática análoga [en realidad, aunque era un dialogo, muchas veces se convertía en un monologo pues me gustaba escuchar sus palabras con los "seis sentidos" que nos acompañaban dada la riqueza de su sabiduría]. Precisamente un día le hice partícipe de una cláusula de un convenio colectivo localizada a partir de la lectura

Tras exponer sucintamente el supuesto de hecho y adelantar al lector la decisión del Alto Tribunal (la calificación de improcedencia del despido impugnado por el afectado), pone énfasis en los dos elementos requeridos para apreciar incumplimiento: de un lado, el de gravedad sopesado a tenor de las circunstancias concurrentes en cada caso concreto, con la consiguiente adecuación de la sanción. De otro lado, el de culpabilidad, valorado como una conducta o actitud que respondan o sean imputadas a una voluntad deliberada del trabajador o a su negligencia en el desarrollo del trabajo.

Subraya cómo ninguno de los dos fueron estimados por el Tribunal al entender que la conducta del operario estuvo motivada en la creencia de buena fe de que le amparaba la Ordenanza General de Seguridad e Higiene de 1971 y un informe de la Inspección de Trabajo (previo al acto de despido) pero recuerda que "con la finalidad de evitar juicios distorsionados siempre, claro está, a expensas de las concretas circunstancias del caso, [conviene indicar que...] no es el trabajador quien debe considerar el límite de la potestad directiva empresarial aun contando con informe favorable de la Inspección de trabajo".

Constituyendo el art. 138.8 de la Ordenanza antedicha la base normativa del despido, según el homenajeado son varias las cuestiones fundamentales que plantea su lectura, condensadas en tres, a saber:

1) El alcance y presupuestos del precepto. Recalca, en este sentido, cómo "el riesgo que el art. 138.8 pretende anular es el derivado del em-

---

y estudio de la negociación colectiva de Castilla y León, objeto de un proyecto de investigación desarrollado en el Área de la disciplina (en realidad, la había encontrado la Profesora González Vidales, quien me la había transmitido porque sabía que me gustaban los casos de laboratorio). En concreto, contenida en el art. 23.3.L del CC Zamorano Limpiezas Miranda S.L. de Miranda de Ebro (Burgos) (BOP Burgos núm. 32, de 15 febrero 2013) referida a una falta disciplinaria tipificada como muy grave, el literal rezaba como infracción laboral la siguiente: "hablar de cualquier tema relacionado con la empresa, la organización del trabajo, vacaciones, permisos o retribuciones, por parte del personal de Zamorano Limpiezas Miranda, S.L. con personal de los centros de trabajo en los que presta sus servicios, o con cualquier persona de la empresa o fuera de la empresa".

Esta impactante regulación sirvió para aprender del Doctor Barreiro una magnifica lección sobre la diligencia y negligencia en el desempeño del trabajo (puesta en relación con la concreta clausula) y, por tanto, para compartir un tiempo inigualable e irrepetible no solamente en términos jurídicos sino de alegría y felicidad, por mor del cercano trato que me ofrecía y de su envidiable y elogiable sentido del humor.

pleo, manipulación o fabricación de sustancias tóxicas irritantes o infecciosas en los locales de trabajo donde presten sus servicios los trabajadores, a través de medidas que afectan a dichos locales, así como a las instalaciones, aparatos y ropas de trabajo y también a través de aquellas que se concretan en la prohibición de introducir bebidas y tabaco, y en el establecimiento de un especial y obligado sistema de higiene personal para lo cual [...] han de disponer los trabajadores, dentro de la jornada laboral, de diez minutos antes de la comida, así como también antes de abandonar el trabajo". Todas ellas son directrices constituidas "de manera conjunta y no excluyente, dado que las primeras reducen y atenúan el riesgo, pero no lo eliminan totalmente". De esta manera, "la empresa viene obligada a conceder [tal] beneficio (...) aunque los trabajadores tengan la protección adecuada pues (...) basta que exista una sustancia irritante, tóxica o infecciosa para que haya obligación de conceder el tiempo que [dicha norma] contempla para higiene personal, precisamente con el objetivo de evitar la actualización del riesgo, esto es, que devenga el mal efectivo".

Empero, y resultando primordial, "se precisa la existencia de riesgo para que lo prevenido en el art. 138.8 pueda ser de aplicación (...) y para ello se hace preciso constatar si las personas trabajan bajo alguno de estos riesgos especiales a que la Ordenanza se refiere, esto es, queden expuestos a los mismos, porque de lo contrario no exigirían un aseo diferente y más esmerado que el propio del trabajo realizado en cualquier industria".

2) La consideración del tiempo en él contemplado para higiene personal como tiempo efectivo de trabajo en relación con los supuestos de jornada partida o jornada continua. Como bien alude el profesor Barreiro González, "el precepto mencionado señala que el tiempo por él concedido para higiene personal de los trabajadores lo es 'dentro de la jornada laboral'. El tenor de la norma es claro y no deja lugar a dudas en el sentido de que los periodos de diez minutos suponen tiempo de trabajo efectivo (...) con lo que estos (...) computan como jornada (...) sin que ello pueda dar lugar a entender disminuida aquella (...) [lo que] supone en realidad el acortar o disminuir en veinte minutos la jornada laboral, sin reducción de la retribución".

Sin embargo, otros elementos clave entran en juego, a saber, debe repararse, en primer lugar, en los supuestos de jornada partida, es decir, en los que exista un descanso ininterrumpido de una hora de duración como mínimo. En esta situación "hay obligación de conceder por la empresa el primer tiempo de diez minutos a que se refiere el art. 138.8 fuera, a su vez, del tiempo estrictamente dedicado al descanso, no, por tanto, embebido en él (...) con independencia de que los trabajadores realizan la comida en el propio centro de trabajo, en su domicilio o en otro lugar cualquiera distinto de los anteriores mencionado".

En segundo lugar, de aplicarse una jornada continua, es consabido que el preceptivo periodo de descanso de al menos 15 minutos, tradicionalmente conocido como 'pausa del bocadillo', no computa en principio como de jornada, salvo pacto en contrario individual o colectivo. En este escenario, "la empresa viene obligada a conceder los primeros diez minutos para higiene personal fuera del tiempo estrictamente dedicado al descanso con independencia de que este compute o no como de jornada".

Ahora bien, como señala el homenajeado, este intervalo de descanso constituye un derecho mínimo necesario por cumplirse seis horas seguidas de trabajo, concurriendo, por ende, otras dudas cuando se admita y se proceda a no descansar. En tales casos, "la cuestión que se plantea es si, y cómo, debe jugar el tiempo dedicado a la higiene personal". Su respuesta, no exenta de incertidumbre, es negativa y ello porque, como con coherencia señala, "si bien los periodos de diez minutos que contempla el art. 138.8 responden a un mismo objetivo, preservar la salud e higiene del trabajador, el primero de ellos, a diferencia del segundo, tiene un carácter funcional, esto es, se contempla 'para su limpieza personal', pero en función y 'antes de la comida', esto es, antes del descanso normalmente, que no forzosamente, dedicado a comer en el sentido usual del término, o como dice el propio precepto, antes de 'tomar alimentos o bebidas o de fumar', con lo que si el descanso no existe, mal que puede pretender su puesta en funcionamiento". Y de conformidad con este razonamiento, el autor prevé otro posible escenario para el que contempla con certeza la respuesta jurídica pues "a la vista de la finalidad de la norma para la que está prevista, si los diez primeros minutos no se han disfrutado por no existir descanso y por tanto falta la ocasión para ello, no pueden los trabajadores pretender que estos diez minutos se acumulen a los diez segundos minutos al final de la jornada".

Con todo, y dada la variedad de situaciones que pueden acontecer, habrá que prestar atención a aquellas en las que "pese a la ausencia de descanso intermedio, pueden eventualmente darse meras pausas, por ejemplo, simplemente para beber", en las que el autor invita a sopesar la aplicación de los diez minutos", lo cual abre un panorama de lo más variopinto en función de cada caso en concreto.

3) La articulación de este tiempo para higiene personal cuando confluye un sistema de trabajo a turnos. Bajo una perspectiva que busca un

equilibrio pacifico de intereses, el profesor Barreiro sitúa en el punto de mira la eventual alteración de la actividad productiva que puede conllevar un uso masivo y simultáneo del segundo tiempo de higiene personal, esto es de los diez minutos que debe disfrutar antes de abandonar el trabajo, en especial cuando el trabajo se ha organizado en turnos por cuanto si la finalización del trabajo efectivo en el puesto de trabajo acaba diez minutos antes, "puede el proceso productivo quedar durante este tiempo sin la vigilancia y control adecuados".

Es obvio que la obligación legal analizada y relacionada con la seguridad y salud de los empleados supone un desafío práctico para los sujetos que ordenan y gestionan la programación de turnos laborales de los empleados en una empresa con ciclo de producción continuo. Aquí, el autor, adelantado a cualquier sistema de gestión se inclinó por algunas posibles soluciones (a las cuales, empero, habría que buscar clara cobertura legal y presupuestaria dado el incremento del coste económico para la empresa y/o temporal para el trabajador): desde "la contratación de correturnos", pasando por el acuerdo de "una ampliación de jornada en diez minutos (...), con lo que finalizado un turno, entraría sin solución de continuidad el siguiente procediendo en ese momento el turno saliente, a su higiene personal y así sucesivamente", hasta una propuesta intermedia, como la de "acordar la ampliación de jornada no para todos los componentes del turno, sino para parte de ellos".

Parte de estas medidas correctoras también las contempla el autor frente a eventuales distorsiones en el proceso productivo por la confluencia de los diez primeros minutos para higiene personal y la pausa para el bocadillo. En este caso, además, habría que hacer matizaciones puesto que la pausa para el bocadillo (y, por consiguiente, los diez minutos previos para higiene personal), de un lado, puede no ser obligatoria, sino opcional para el trabajador, y de otro lado, no tiene por qué ser aplicada simultáneamente para todos los que la disfrutan. En este sentido, aboga por constituir estas pausas escalonadamente de forma que se procure satisfactoria solución al problema de cobertura de la producción, a menos que ya venga subsanado por la medida intermedia de *laissez-faire* a criterio y voluntad del empleado.

Poniendo broche final, el profesor Barreiro González cierra su comentario haciendo alusión al régimen disciplinario de la empresa con respecto al uso de este tiempo de higiene personal causal o con una finalidad muy concreta. De esta forma advierte que "ello significa que los diez minutos primeros y los diez minutos segundos han de ser empleados estrictamente en este menester y no en otros, control que la empresa puede y debe hacer.

El empleo de este tiempo por el trabajador, contrario a lo ordenado por la norma —y repárese bien, aunque a continuación el trabajador ni tome alimentos, beba o fume—, equivale a como si durante aquel no se hubiese trabajado y, por consiguiente, originándose las consecuencias legales a tal incumplimiento".

2. AVANCES Y OPORTUNIDADES DE MEJORA EN LA MATERIA DESDE 1990

Tras la aprobación de la Ley 31/1995, de 8 de noviembre, de prevención de riesgos laborales, las normas fundamentales y específicas de protección de los trabajadores contra los riesgos relacionados con la exposición a agentes biológicos (el Real Decreto 664/1997, de 12 de mayo) y cancerígenos (el Real Decreto 665/1997, de 12 de mayo) contemplan, dentro de una amplia batería de medidas higiénicas y casi con la misma redacción que la Ordenanza General de Seguridad e Higiene de 1971, que los trabajadores deben disponer, dentro de la jornada laboral, de diez minutos para su aseo personal antes de la comida y otros diez minutos antes de abandonar el trabajo.

Como nota de color, cabe destacar que, hace menos de un lustro, respecto del RD 665/1997, medió una modificación sobre el concreto precepto que reconoce el intervalo de higiene. El legislador demandó sustituir el literal por otro que indicará expresamente dos cuestiones fundamentales: de un lado, que tal derecho estaba a disposición exclusivamente de "los trabajadores identificados en la evaluación de riesgos como expuestos" a los riesgos mencionados; de otro, que "este tiempo en ningún caso podrá acumularse ni utilizarse para fines distintos". A pesar de su ausencia en el homólogo RD 664/1997, hay que entender imbricado el mismo tenor.

Una visión completa de la materia exige empero acudir a otras ricas fuentes del Derecho del Trabajo y de la Seguridad Social. Sin perjuicio de cuanto pueda existir a nivel supranacional (por ejemplo, las Directivas europeas sobre salud y seguridad en el trabajo), importa destacar el clausulado de los convenios colectivos en virtud del amplio papel otorgado a los interlocutores sociales, en especial cuando la norma estatal constituye un derecho mínimo necesario y relativo, susceptible de ser mejorado por la norma convencional (en virtud de esa relación ley-convenio de suplementariedad) y, precisamente hay margen para que la negociación colectiva, en atención a las concretas circunstancias productivas, aporte o aclare criterios del régimen jurídico.

Situado a semejante nivel de importancia, se asientan la multitud de pronunciamientos judiciales que tratan de delimitar esta prerrogativa, estando completamente vigentes aquellos dictados en el momento de aplicación de la extinta Ordenanza por su relevancia y riqueza. Así lo reconocen incluso hasta los propios interlocutores afirmando cómo "en todo caso se respetarán las resoluciones o sentencias recaídas en los procedimientos iniciados con anterioridad al día 20 de diciembre de 1988"[4]. Lo anterior obviamente forzosamente hace mencionar, como no podría ser de otra manera, que cualquier operador jurídico que se enfrente a la materia analizada, deba reparar en las investigaciones doctrinales enfocadas en este objeto de estudio.

Haciendo un balance general, no existen muchos estudios actuales que focalicen su atención en la problemática del reconocimiento y control del periodo de aseo por razón de la seguridad y salud de los trabajadores[5]. Déficit más notable si se compara con la diversidad de cláusulas en convenios colectivos que tratan de detallar la regulación de esta especifica materia o la multitud de pronunciamientos judiciales que aquilatan los aspectos más conflictivos de la misma y evidencian la abundante casuística. Incluso, de considerar la inexistencia de instrumentos jurídicos suficientes que permitan una clara definición del tiempo de trabajo y la existencia de intereses contrapuestos entre la empresa (interesada en evitar o difuminar del cómputo de la jornada todos aquellos períodos o tiempos muertos o escasamente productivos) y los trabajadores (interesados en que se computen como jornada de trabajo los tiempos a disposición de la empresa aunque no sean productivos o, como el debatido en estas líneas, de paréntesis en la prestación laboral pero enfocado específicamente al aseo personal del trabajador tras el desempeño de su trabajo en un proceso productivo tóxico)[6].

---

4 Art. 15 CC del sector de mataderos de aves y conejos (BOE núm. 10, de 12 enero 2022).

5 Entre los existentes, destaca con luz propia, el de ALBIOL MONTESINOS, I. y GOERLICH PESET, J.M.: "La reducción de jornada para aseo personal en los casos de utilización de sustancias irritantes, tóxicas o infecciosas. Notas sobre la interpretación jurisprudencial del art. 138.8 de la OGSHT", *Tribuna social: Revista de seguridad social y laboral*, núm. 79, 1997, pp. 7-17.

6 Entre los ejemplos más señeros excluidos del cómputo de tiempo de trabajo están el tiempo empleado en remitir solicitudes (permisos, vacaciones, cambios de turnos) a través de una aplicación informática, SAN 24 junio 2020 (Rec. 65/2020) o el tiempo dedicado a operaciones previas al inicio de las tareas productivas, como el cambio de ropa a uniforme, STS 15 noviembre 1991 (Rec. 1026/1991) o STSJ Andalucía/Málaga 24 octubre 2002 (Rec. 1616/2002). En cambio, sí se considera tiempo de trabajo efectivo, el tiempo destinado a entregar y recoger el arma en

Dada la relevancia y afectación diaria en las empresas en las que concurren los riesgos previstos en la norma, tanto para quienes aportan su trabajo exponiéndose a agentes contaminantes, como para quienes se benefician del manejo por el trabajador de las sustancias tóxicas o similares y procuran, al tiempo, una gestión empresarial optima de la seguridad y salud laboral, existe un espacio enorme para la actuación e investigación dirigida a medir y promover el nivel de aplicación de este derecho-obligación defendiendo, a la postre, un presente y un futuro laboral y social más equitativo y humano.

A este respecto pueden traerse al lector ejemplos en los cuales el convenio colectivo recoge expresamente la concreta existencia de este tiempo de aseo por seguridad y salud sin distinción alguna de destinatarios (digno de alabanza, aunque solo sea por una cuestión de pedagogía jurídica y conocimiento del estado del arte[7]) o, con carácter más restrictivo, una delimitación positiva[8] y/o negativa[9] de los puestos de trabajo o funciones beneficiados o excluidos del disfrute del tiempo de higiene. Aspecto tratado por el Tribunal Supremo en el sentido de afirmar años ha, cómo este tiempo de aseo solamente es aplicable cuando haya utilización de productos animales o vegetales que en su elaboración y tratamiento concurra el componente de alguna sustancia peligrosa, tóxica, irritante o infecciosa, no siendo posible equiparar a los trabajadores que simplemente manipulan cualquier sustancia animal o vegetal con aquellos que, además, lo hacen con un riesgo para su salud[10]. Así, en algunos casos, no se apreciará la

---

el sector de la vigilancia y seguridad, STS 18 septiembre 2000 (Rec. 1696/1999), el invertido en recoger el uniforme en lugar distinto al de su centro de trabajo, STS 24 septiembre 2009 (Rec. 2033/2008), o el tiempo de puesta de la ropa de trabajo de la que la empresa se encarga de higienizar y custodiar STSJ Castilla y León/Valladolid 9 mayo 2018 (Rec. 575/2018), o en fin, el tiempo que el personal de enfermería dedica a informar al otro turno sobre los pacientes, SSTS 20 junio 2017 (Rec. 170/2016) y STSJ Castilla y León/Valladolid 29 enero 2024 (Rec. 349/2023) o con el trabajador al que se releva en el caso de los operarios de salvamento de un aeropuerto, STSJ Islas Baleares 4 abril 2014 (Rec. 47/2014).

7 Art. 9 CC Sector de Limpieza Hermética de Madrid Capital (BO Comunidad de Madrid núm. 115, de 15 de mayo de 2021) o CC gallego de transporte sanitario de enfermos/as y accidentados/as en ambulancia (DO Galicia núm. 14, de 19 de enero de 2024).

8 Para un solo colectivo de trabajadores (pintores) en art. 34 CC ODEL-LUX, S.L.A. (BO Comunidad de Madrid núm. 143, de 16 de junio de 2012).

9 Art. 15 CC del sector de mataderos de aves y conejos (BOE núm. 10, de 12 de enero de 2022).

10 Para el sector de mataderos de aves y conejos, SSTS 15 noviembre 1991 (Rec. 1026/1991) y 7 octubre 1996 (Rec. 7190/1992).

suficiente o evidente exposición a los riesgos[11], pero ello no supone trasladar sin más tal parámetro, sino que habrá de comprobar las circunstancias concurrentes[12], incluso en aquellos casos en los que un hecho aislado de contagio no reúna una entidad cuantitativa suficiente para cuestionar el sistema de evaluación y prevención vigente en la empresa, pero corrobore que el contacto con agentes tóxicos puede darse aunque no forme parte del proceso productivo ordinario[13].

Con menos acierto, hay convenios que contemplan este periodo de aseo como tiempo de descanso pudiendo mediar una incertidumbre en el empleado respecto a su consideración como tiempo efectivo de trabajo salvo que lo diga expresamente[14]. O establecen para todos los trabajadores adscritos al convenio colectivo un tiempo de aseo personal de 10 minutos[15], o de 15 minutos[16], obviando que la ley en realidad les reconoce 20 minutos, separados en las fracciones mencionadas. Incluso, hasta de dudosa legalidad resalta la cláusula siguiente: que será "absorbible este tiempo proporcionalmente, en caso de reducción de jornada, establecida por Decreto o disposición legal"[17], a pesar de existir un aplaudido pronunciamiento que reconoció que el tiempo para el aseo ha de tener cómputo dentro de la jornada de trabajo, al margen de que la acordada en convenio colectivo sea inferior a la legal o a la general del sector, e independientemente de que cada puesto de trabajo se haya provisto de útiles para el aseo personal o la limpieza de las herramientas[18].

Cuestión distinta es que los procedimientos de actuación permitan a los trabajadores expuestos a los riesgos ambientales singularmente nocivos, ausentarse para su higiene siempre que sea preciso. Escenario en el que, al disponer ya de específicos tiempos de aseo personal a criterio del concreto empleado y tantas veces como sea necesario a lo largo de su jornada, puede no ser necesario aplicar esta previsión concreta *lex specialis*[19], pues lo con-

---

11 STS 23 marzo 2021 (Rec. 247/2021).

12 STS 28 enero 2022 (Rec. 2502/2021).

13 STSJ País Vasco 22 febrero 2022 (Rec. 2520/2021).

14 Art. 26 CC Exide Technologies, S.L.U. (BOE núm. 251, de 20 de octubre de 2021).

15 Por cuanto la actividad principal de la empresa es recuperar el zinc y el plomo contenidos en el polvo generado en las acerías de horno de arco eléctrico. Art. 24 CC Empresa Befesa Zinc Aser, S.A.U (BO Vizcaya núm. 94, de 20 de mayo de 2021).

16 Art. 25 CC Refractarios Kelsen, S.A. (BO Guipúzcoa núm. 36, de 8 de febrero de 2022).

17 Art. 28 CC provincial de preparadores de especias, condimentos y herboristería (BO Alicante núm. 42, de 2 de marzo de 2020).

18 STSJ Cataluña 26 junio 1998 (Rec. 3309/1997).

19 Respecto al colectivo de trabajadores de una empresa de ambulancias, en tanto el aseo personal se configura como una tarea habitual y consustancial a las del pro-

trario realmente conduciría a reducir en veinte minutos la jornada diaria[20]. Desde luego, esta posibilidad (supeditada igualmente a la atención de trabajadores sensibles[21]) es más flexible y se alza como más positiva y "apegada a la finalidad pretendida, pues al cuantificar el tiempo de forma rígida, (...) la finalidad pasa a un segundo plano [cuando, en realidad, pesa una obligación de ponderar entre] la real necesidad de higiene existente —en atención, entre otros, al tipo de sustancia utilizada, al tipo de contacto con ella de los trabajadores, o a las medidas de prevención utilizadas y los recursos ofrecidos por el empresario para desarrollarla [tales como,] accesibilidad, eficacia, etc" [22].

Siguiendo las líneas avanzadas por el profesor Barreiro González, algunos convenios colectivos se han ocupado de contemplar, dentro del artículo dedicado a la movilidad del personal, una especial sustitución de concretos trabajadores durante su periodo de descanso y aseo personal. El tenor es el siguiente: "la sustitución del Encargado de Fundición por una persona del mismo relevo durante su descanso correspondiente a 25 minutos (15 minutos de bocadillo y 10 minutos para su aseo personal) será retribuida a razón del 50% de la diferencia salarial de su categoría correspondiente y la de Encargado y por cada día de sustitución"[23].

---

pio puesto de trabajo examinado, por lo que carece de sentido que se le concedan además esos dos periodos de diez minutos para reiterar unas pautas de aseo que devienen del todo innecesarias por reiterativas, STS 14 de marzo de 2024 (Rec. 107/2022) o para trabajadores de residencias de la tercera edad, STS 21 diciembre 2023 (Rec. 1722/2022).

20 En relación a los trabajadores auxiliares de enfermería de un Hospital, STS 20 marzo 2024 (Rec. 301/2021).

21 Piénsese, por ejemplo, en aquel trabajador, auxiliar de enfermería de residencia geriátrica, que sufre una dermatitis alérgica derivada de productos que se usan en el puesto de trabajo y se comprueba que las consecuencias gravosas o limitantes son fácilmente evitables si la empresa adopta medidas para minimizar los efectos que sobre la salud de la trabajadora producen los elementos a que es alérgica, en especial con el empleo de medios profilácticos comunes, en especial mediante el uso de guantes de categoría III para usos médico-sanitarios y el uso de jabones neutros sin alérgenos, STSJ Galicia, Social, 20 junio 2023 (Rec. 3279/2022).

22 ALBIOL MONTESINOS, I. y GOERLICH PESET, J.M.: "La reducción de jornada para aseo personal en los casos de utilización de sustancias irritantes, tóxicas o infecciosas. Notas sobre la interpretación jurisprudencial del art. 138.8 de la OGSHT", *cit.*, p. 16.

23 Art. 22 CC empresa Aurubis Berango, S.L.U. (BO Vizcaya núm. 13, de 18 de enero de 2024).

En otro de los puntos calientes abordados por el homenajeado se observan en muestras negociales que contemplan prohibiciones de ser sustituido este periodo temporal por compensación económica[24] o de ser empleado para realizar otras tareas diferentes al aseo personal[25]. Al respecto, lo anterior hay que distinguirlo del hecho de "no darle la utilidad mencionada", en cuyo caso no cabrá el descuento del tiempo de trabajo[26]. Claro está que el mantenimiento de las facultades empresariales de control y dirección no permiten impedir el completo disfrute del derecho laboral pues el tiempo de aseo constituye una suerte de derecho absoluto que no puede compatibilizarse con ninguna actividad laboral por trivial que ésta sea[27].

Y en relación al tiempo de pausa o descanso intrajornada que acontece al tiempo de aseo, razones lógicas llevan a afirmar que cabe utilizarlo para realizar una ingesta de alimentos o dedicarse a cualquier otra cuestión. Es un tiempo particular del trabajador, y como tal tiene derecho a que su desarrollo y transcurso se lleve a cabo en circunstancias de higiene y salubridad, de tal manera que pueda realizar una ruptura con su actividad laboral, y dedicarse para al descanso físico, al ocio intelectual, a la conversación, o cualquier otra posibilidad que se considere oportuna, manipulando objetos, elementos o comestibles con plena seguridad[28].

En cualquier caso, y por mor del genérico deber de protección empresarial, cabe demandar que el empresario disponga de adecuados y modernos mecanismos para asegurar que el trabajador expuesto a estos riesgos permanece y abandona el centro de trabajo perfectamente aseado a fin de evitar su propia contaminación o el contagio a terceras personas, haciéndose eco, *mutatis mutandis*, de aquellos otros parámetros normativos (principalmente, art. 7.4 del RD 664/1997 y) y judiciales que ordenan a la empresa el lavado y descontaminación y, en su caso destrucción, de la ropa de trabajo y los equipos de protección que puedan estar contaminados[29].

---

24 Art. 15 CC del sector de mataderos de aves y conejos (BOE núm. 10, de 12 de enero de 2022).

25 Art. 15 CC del sector de mataderos de aves y conejos (BOE núm. 10, de 12 de enero de 2022).

26 Art. 8 CC del servicio de limpieza y recogida de residuos del puerto de A Coruña (DO Galicia núm. 137, de 17 de julio de 2002).

27 Así, se ha declarado inadmisible que el empresario exija a los trabajadores que, durante el tiempo dedicado al aseo personal, realicen tareas de vigilancia del proceso productivo, aun compatibles con aquél, STSJ País Vasco 30 abril 1992 (Rec. 371/1992).

28 STSJ País Vasco 22 febrero 2022 (Rec. 2520/2021).

29 Por su ejemplaridad, STSJ Castilla y León/Valladolid 29 enero 2009 (Rec. 2156/2009).

***

Como colofón, advertir al lector que, en la búsqueda de la verdad y de la justicia y de que esta perviva, las anotaciones del Profesor Barreiro, lejos de quedar en la narración jurídica de la época adquieren en la actualidad total virtualidad y, por tanto, relevancia pues muchos de las cuestiones y problemas centrales o periféricos que competen al Derecho del Trabajo, como disciplina jurídica distan de ser nuevas o actuales (incluso aunque aparezcan disfrazadas con otros ropajes), suponiendo por tanto la evidencia de un perenne conflicto ante el cual se exige proporcionar las idénticas soluciones jurídicas, sin perjuicio de eventuales modulaciones o de la búsqueda de alternativas de adaptación si constase la aparición de verdaderos nuevos elementos a sopesar, por mor de no hacer perder a la disciplina jurídica los rasgos que han constituido siempre su propia razón de ser y que permiten seguir cumpliendo su función igualmente en un contexto profundamente renovado[30].

3. BIBLIOGRAFÍA

ALBIOL MONTESINOS, I. y GOERLICH PESET, J.M.: "La reducción de jornada para aseo personal en los casos de utilización de sustancias irritantes, tóxicas o infecciosas. Notas sobre la interpretación jurisprudencial del art. 138.8 de la OGSHT", *Tribuna social: Revista de seguridad social y laboral*, núm. 79, 1997.

BARREIRO GONZÁLEZ, G.: "Despido disciplinario improcedente. Sobre la disposición de tiempo para higiene personal", *Revista La LEY*, 1990, T. 4.

GAMARRA ABELLA, F.: *La vocación judicial: Edición especial dispuesta por la Suprema Corte de Justicia en homenaje al Dr. Francisco Gamarra, Maestro de Jueces, en el año de su fallecimiento*, Montevideo (Impresora Uruguaya), 1987.

GONZÁLEZ ORTEGA, S.: "Cuestiones actuales (y no tanto) del Derecho del Trabajo", *Temas Laborales*, núm. 64, 2002.

MELIANTE GARCÉ, L.: "La decisión judicial en el proceso laboral. Génesis, particularidades y mitos", *Revista de la Facultad de Derecho de la Facultad de la República de Uruguay*, núm. 23, 2004.

---

30 Sobre el particular GONZÁLEZ ORTEGA, S.: "Cuestiones actuales (y no tanto) del Derecho del Trabajo", *Temas Laborales*, núm. 64, 2002, pp. 9 a 34.

Capítulo IX

Los delegados de prevención: personificación de la vertiente colectiva del derecho a la seguridad y salud en el trabajo

BEATRIZ AGRA VIFORCOS
Profesora Titular de Derecho del Trabajo y de la Seguridad Social
Universidad de León

SUMARIO: 1. INTRODUCCIÓN. 2. LA PARTICIPACIÓN DE LOS TRABAJADORES EN LA EMPRESA EN MATERIA DE SEGURIDAD Y SALUD LABORAL. 3. LOS DELEGADOS DE PREVENCIÓN. 3.1. Designación de los delegados de prevención. 3.2. Ámbito funcional: competencias y facultades. 3.3. Deber de sigilo. 3.4. Garantías y prerrogativas. 4. LOS DELEGADOS DE PREVENCIÓN EN EL COMITÉ DE SEGURIDAD Y SALUD. 5. LA REMODELACIÓN CONVENCIONAL DE LOS DELEGADOS DE PREVENCIÓN Y LOS COMITÉS DE SEGURIDAD Y SALUD. 6. BIBLIOGRAFÍA

1. INTRODUCCIÓN

Son numerosas las obras del maestro en las que posó su mirada sobre los derechos colectivos de los trabajadores, esencial elemento de equilibrio en un ordenamiento jurídico construido para embridar el conflicto siempre latente entre las partes social y económica que se coordinan a través del contrato de trabajo. Su atención se centró, en particular, en los mecanismos de representación y en las personas a través de las cuales se desenvuelven la información, la consulta y la participación de los asalariados. Las facultades, prerrogativas y garantías que la ley les confiere se alzan como factor nuclear para que un sistema de relaciones laborales pueda ser adjetivado como democrático, algo que el Dr. Barreiro, portador siempre de una gran sensibilidad social, puso en valor en múltiples ocasiones[1].

---

1 Así, entre otras, en *El crédito de horas de los representantes de los trabajadores*, Madrid (IELSS), 1994; "Algunas reflexiones sobre el crédito de horas de los delegados sindicales", en AA.VV.: *Cuestiones actuales de Derecho del Trabajo*, Madrid (MTSS), 1990; "Garantías de los representantes de los trabajadores", en AA.VV.: *Derecho vivo del Trabajo y Constitución. Estudios en Homenaje al Prof. Dr. Fernando Suárez González*,

Su trayectoria muestra, asimismo, un enorme interés hacia ese nuevo subsector del Derecho Laboral que se abrió paso con fuerza a partir de 1995 con la Ley de prevención de riesgos laborales. Director y participante en múltiples proyectos sobre el tema, no solo inculcó en sus discípulos el amor por la seguridad y salud en el trabajo, sino que su iniciativa en este ámbito contribuyó a fraguar una disciplina que hoy es central dentro del iuslaboralismo.

A partir de la confluencia de ambas inclinaciones, no puede causar sorpresa alguna el particular atractivo que el análisis de los delegados de prevención presentó para el profesor[2]. Representantes con funciones específicas en relación con la salvaguarda de la vida e integridad de los trabajadores, a su través adquiere forma el poder de la plantilla para intervenir en cuantas decisiones empresariales puedan afectar a tan relevantes bienes jurídicos, convirtiéndose así en personificación señera de la ineludible vertiente colectiva que —en el buen entender de los legisladores comunitario y español— la materia plantea.

Ramas del ordenamiento laboral, la sindical y la preventiva, especialmente relevantes también en la trayectoria de quien suscribe estas líneas, cuya voluntad no es otra que rendir tributo a un gran jurista, mejor mentor y excepcional persona.

Madrid (Wolters Kluwer), 2003; "El crédito de horas de los representantes de los trabajadores en la doctrina del Tribunal Supremo", en AA.VV.: *El Estatuto de los Trabajadores en la Jurisprudencia del Tribunal Supremo. Estudios dedicados al catedrático y magistrado D. Antonio Martín Valverde*, Madrid (Tecnos), 2015; "Despido de delegado de personal por amortización de puesto de trabajo individualizado", *La Ley*, T. I, 1990; "La garantía de prioridad de permanencia de los representantes de los trabajadores. Suspensión de contratos autorizada antes de la elección y ejecutada después", *La Ley*, T. I, 1990; "Uso indebido del crédito horario. Participación del trabajador en las negociaciones del convenio colectivo del sector", *La Ley*, T. II, 1990 o "Sobre si la cuantía del crédito de horas se establece o no en función del tiempo efectivo de prestación de servicios", *Documentación Laboral*, núm. 31, 1990.

2 Sirvan de muestra "Garantías y facilidades de los Delegados de Prevención", en AA.VV.: *El conflicto colectivo y la huelga. Estudios en homenaje al Prof. Gonzalo Diéguez*, Murcia (Laborum), 2008; "El sistema de garantías de los Delegados de Prevención", en AA.VV.: *Doctrina jurisprudencial en materia preventiva*, León (Eolas), 2008; "Notas sobre la identificación de las garantías de los Delegados de Prevención", *La Ley*, T. I, 2007 o "Notas sobre el tiempo de inactividad de los Delegados de Prevención con motivo de su función representativa y de su adecuada formación", *Actum Social*, núm. 9, 2007.

2. LA PARTICIPACIÓN DE LOS TRABAJADORES EN LA EMPRESA EN MATERIA DE SEGURIDAD Y SALUD LABORAL

"El gobierno de la empresa es [...] un corolario resultante de la propiedad de los medios de producción agrupados en la misma"[3]. Ello no obsta para que la gestión empresarial se impregne de la tendencia democratizadora consolidada a lo largo del s. XX y que en el marco de las relaciones industriales ha venido a significar el reconocimiento a los trabajadores de prerrogativas que les permiten implicarse, en mayor o menor medida, en la toma decisiones[4].

Estas vías de colaboración son fundamentales merced al citado principio democrático, pero también desde un punto de vista meramente instrumental, al servicio de la rentabilidad[5], y, por supuesto, desde el de la salud laboral, en tanto el desconocimiento empresarial de la condición humana de su personal "puede generar dolor y sufrimiento", sirviendo la participación al objetivo de evitarlo[6]. Extremo confirmado empíricamente una vez constatada la existencia de una relación positiva entre esta intervención y los índices de satisfacción y bienestar[7].

Así las cosas, parece lógico que el art. 4.1.g) ET recoja como derecho laboral básico el de participación, cuya regulación hace patente la clara primacía de su ejercicio indirecto, a través de representantes unitarios y sindicales. El sistema estructurado sobre estos órganos se sustenta no solo en sendos derechos de información (pasiva —umbral mínimo de participación[8]— y activa —consulta—), sino también en el reconocimiento de

---

3 PALOMEQUE LÓPEZ, M.C.: "La participación de los trabajadores en la empresa (Una revisión institucional)", en AA.VV.: *XVII Congreso Nacional de Derecho del Trabajo y de la Seguridad Social. Gobierno de la empresa y participación de los trabajadores: viejas y nuevas formas institucionales,* Madrid (MTAS), 2007, p. 23.

4 GALIANA MORENO, J.M. y GARCÍA ROMERO, B.: "La participación y representación de los trabajadores en la empresa en el modelo normativo español", *Revista del MTAS,* núm. 43, 2003, p. 13.

5 ORTEGA LOZANO, P.G.: "El modelo de participación, la protección eficaz en materia de seguridad y salud en el trabajo y sus vías de reparación: la cultura de la prevención en clave de responsabilidad", *Lan Harremanak,* núm. 44, 2020, p. 188.

6 GARCÍA JIMÉNEZ, J.: "La protección de la salud laboral en la Unión Europea", *Revista de Derecho de la Unión Europea,* núm. 11, 2006, p. 134.

7 PAYÁ CASTIBLANQUE, R. y BENEYTO CALATAYUD, P.J.: "Participación sindical y salud laboral: una relación positiva", *Barataria. Revista Castellano-Manchega de Ciencias Sociales,* núm. 24, 2018, p. 79.

8 Pero esencial para permitir el desarrollo de fórmulas más intensas, VALDÉS DAL-RÉ, F.: "La participación de los trabajadores en la Ley de prevención de riesgos

facultades de vigilancia y control, de colaboración y cooperación o, bajo los términos y condiciones legalmente establecidos, de negociación colectiva y promoción de medidas de conflicto, incluida la huelga.

Partiendo de estos mimbres, y como no podía ser de otro modo, la LPRL otorga máxima trascendencia a la participación de los trabajadores en la gestión preventiva. No es solo un derecho (art. 34.1 LPRL) que el empresario debe garantizar (art. 18 y Capítulo V LPRL), es un componente básico del sistema (art. 2.1 LPRL), por lo que la prevención de riesgos ha de ser entendida "como una magnífica oportunidad para desarrollar una cultura empresarial [favorecedora] del diálogo y la cooperación, entre quienes tienen mando y quienes no"[9]. La preponderancia —también aquí— de los cauces indirectos no hace sino confirmar que las condiciones de seguridad y salud se hallan colectivizadas[10].

El modelo representativo incorporado a la legislación preventiva no se desmarca del diseñado por ET y LOLS; al contrario, lo asume y complementa[11]. La participación se seguirá desarrollando a través de los cauces preexistentes[12], pues, aun cuando la LPRL articula nuevos canales (una representación específica —delegados de prevención— y un órgano de composición mixta —comités de seguridad salud—), en modo alguno priva de sus competencias a las representaciones genéricas, cuyas "esferas de actuación" permanecen intactas (art. 34 LPRL)[13]. Cierto es que han surgido problemas de delimitación competencial y de solapamiento de funciones[14], pero la aplicación de la norma a lo largo del tiempo ha ido sol-

---

laborales", *Tribuna Social*, núm. 73, 1997, p. 32.

9 Pues la LPRL "propugna un modelo de gestión empresarial 'participativo'", basado "en los principios esenciales de un sistema de calidad fundamentado en la mejora continua", INSST: "Liderazgo transformador y condiciones de trabajo (II): bases de actuación", *Nota Técnica de Prevención 1026*, 2014, p. 1.

10 GUTIÉRREZ COLOMINAS, D.: "El papel de la negociación colectiva en la representación preventiva: puntos críticos sobre su regulación e instrumentación", *Temas Laborales*, núm. 152, 2020, p. 178.

11 QUESADA SEGURA, R.: *La autonomía colectiva en la Ley de Prevención de Riesgos Laborales*, Valencia (Tirant lo Blanch), 1997, p. 24.

12 Representantes unitarios y sindicales representan los intereses del personal en su integridad, lo que abarca todas las facetas de la relación laboral, configuradas como un todo, CRUZ VILLALÓN, J.: "La representación de los trabajadores en materia de prevención de riesgos profesionales", *Temas Laborales*, núm. 26, 1993, p. 18.

13 ATC 98/2000, de 6 de abril.

14 SALCEDO BELTRÁN, M.C.: "Las competencias y facultades de los Delegados de Prevención", *Tribuna Social*, núm. 77, 1997, p. 48 o PAYÁ CASTIBLANQUE, R.:

ventando estas dificultades —no eliminándolas por completo[15]—, bajo la orientación que inspira la propia LPRL, cuya lectura transversal muestra la voluntad de configurar a los nuevos delegados como figura puramente participativa, frente al perfil más conflictual y reivindicativo correspondiente a las instancias tradicionales[16].

Por cuanto hace al rol a desempeñar por los sindicatos, procede recordar que, aunque ninguna ley reconoce expresamente su derecho a la participación en la empresa en cuanto atañe a la seguridad y salud laboral[17], la actuación de las secciones y delegados sindicales y la fuerte sindicalización de los órganos de representación unitaria ofrecen a aquellos una vía para involucrarse en la materia[18], como también lo hace su papel en la negociación colectiva.

3. LOS DELEGADOS DE PREVENCIÓN

3.1. Designación de los delegados de prevención

Definidos como "los representantes de los trabajadores con funciones específicas en materia de prevención de riesgos laborales" (art. 35.1

"Sistema orgánico de representación en seguridad y salud laboral en España", *Lan Harremanak*, núm. 47, 2022, pp. 171-172 y, con BENEYTO CALATAYUD, P.J.: "Participación sindical y salud laboral: una relación positiva", cit., p. 68.

15 "La segunda duda es la relativa a qué representantes de los trabajadores se refiere el art. 33.2 LPRL. En principio, tan representantes de los trabajadores son los unitarios (comités de empresa y delegados de personal) como los sindicales (delegados sindicales) [...]. Además, existen representantes de los trabajadores específicos en materia de prevención de riesgos laborales: los delegados de prevención y entre sus competencias figura la de ser consultados por el empresario, con carácter previo a su ejecución, acerca de las decisiones a que se refiere el artículo 33 de la presente Ley (art. 36.1 c LPRL). La interpretación conjunta de ambas normas plantea interrogantes sobre si la consulta ha de efectuarse solo con los delegados de prevención. La dificultad interpretativa no se soluciona con lo dispuesto en el art. 34.1 y 2 LPRL", STSJ Asturias 2 noviembre 2022 (rec. 1885/2922).

16 ROMERAL HERNÁNDEZ, J.: *El delegado de prevención*, Valladolid (Lex Nova), 2008, p. 72 o GUTIÉRREZ COLOMINAS, D.: "El papel de la negociación colectiva en la representación preventiva: puntos críticos sobre su regulación e instrumentación", cit., p. 172.

17 SAN 1 febrero 1999 (rec. 187/1998) o STS 6 mayo 1998 (rec. 2201/1997).

18 FERNÁNDEZ MARCOS, L.: "Representación y participación especializada de los trabajadores en materia de prevención de riesgos laborales", *Documentación Laboral*, núm. 62, 2000, p. 108.

LPRL), los delegados de prevención guardan una fuerte vinculación con la representación unitaria, "al constituirse por irradiación directa" de la misma[19]. En efecto, su designación por y entre los comités de empresa o los delegados de personal (art. 35.2 LPRL) les convierte en órgano "de segundo grado"[20], en un "sistema abiertamente endogámico"[21] que deja al margen a los representantes sindicales[22].

Muestra la norma, además, un claro afán por configurar un órgano de dimensiones reducidas a fin de facilitar su operatividad, lo que no oculta que la *ratio* final —con un tope de ocho delegados— resulta, salvo mejora a través de convenio[23], sumamente escasa. Por otra parte, desde la doctrina se ha criticado el nulo margen de maniobra que aquella confiere a los representantes unitarios para adaptar el número de delegados a las características de la empresa, señaladamente, la peligrosidad de sus actividades o los datos de siniestralidad[24]. De nuevo, la cuestión queda a la sensibilidad que los negociadores muestren respecto a estos extremos.

La apuntada conexión con los órganos regulados en los arts. 62 y ss. ET en cuanto hace a la forma de designación encuentra, sin embargo, algunas quiebras. Junto a las concretas hipótesis de la DA 4ª LPRL (elección de los delegados "provisionales" por mayoría de trabajadores en centros que no han podido elegir representantes por no cumplirse los requisitos de antigüedad exigidos en el art. 69.2 ET[25]) y la DA 10ª LPRL (aplicable a las cooperativas), destaca lo dispuesto por el art. 35.4 LPRL,

---

19 STSJ País Vasco 7 octubre 2003 (rec. 8/2003).

20 SSTSJ Galicia 31 mayo 2022 (rec. 12/2022), Castilla-La Mancha 29 enero 2021 (rec. 11/2020) o Andalucía/Málaga 3 marzo 2000 (rec. 2492/1999).

21 PURCALLA BONILLA, M.A. y RODRÍGUEZ SÁNCHEZ, R.: "Notas sobre la figura del delegado de prevención", *Relaciones Laborales*, T. II, 1997, pp. 428 y ss.

22 ATC 98/2000, de 6 de abril, sobre la doctrina unificada vertida por la STS 19 octubre 1998 (rec. 330/1998). Téngase presente que, aunque la aplicación práctica de la norma pueda indicar otra cosa, la representación sindical queda claramente postergada en la legislación de seguridad y salud laboral, OJEDA AVILÉS, A.: "La representación unitaria: el «faux ami»", *Revista del Ministerio de Trabajo e Inmigración*, núm. 58, 2005, p. 353.

23 STS 20 abril 2021 (rec. 58/2020) o, en la doctrina, GUTIÉRREZ COLOMINAS, D.: "El papel de la negociación colectiva en la representación preventiva: puntos críticos sobre su regulación e instrumentación", cit., p. 186.

24 MELLA MÉNDEZ, L.: "Los delegados de prevención: algunos puntos críticos", *Aranzadi Social*, núm. 5, 2003, pp. 869 y ss.

25 El acuerdo mayoritario del personal es insoslayable, no siendo suficiente la decisión adoptada por una cuarta parte de la plantilla a través de un proceso informal, STSJ Andalucía/Granada 27 abril 2000 (rec. 122/2000).

que determina la disponibilidad de la regla legal, convertida así en subsidiaria[26], pues —por mor del precepto— los convenios[27] podrán fijar otros sistemas de elección siempre que tal facultad corresponda al personal o a sus representantes.

Así pues, los negociadores pueden alterar la legitimación pasiva, habilitando la elección de trabajadores que no ostenten la condición previa de representantes[28] o el establecimiento de un modelo mixto en el que unos delegados se designen siguiendo la pauta legal y otros la prevista en convenio[29]. Asimismo, la activa, permitiendo que el delegado de prevención sea elegido por los empleados[30] o por el comité intercentros[31]; no, en cambio, y dado el tenor legal, que intervengan en la elección el empresario[32] o las organizaciones sindicales[33] (sí —en opinión de algunos pronunciamientos— sus secciones[34]), aunque la atribución del nombramiento en las distintas representaciones de los sindicatos integradas en los comités de empresa sí debe reputarse lícita de ser tal el criterio seleccionado por el órgano de representación unitaria.

Por consiguiente, a partir de la habilitación al convenio, podrán existir delegados de prevención "de naturaleza legal", designados por los representantes del personal (modalidad del art. 35.2 LPRL), junto a otros "de carácter convencional" (por la vía del art. 35.4 LPRL), nombrados "conforme al diferente sistema que pudiera haberse pactado". De cualquier

---

26 SAN 31 octubre 1997 (rec. 146/1997) o SSTSJ Cataluña 3 febrero 2000 (rec. 8126/1999), Andalucía/Málaga 16 junio 2000 (rec. 483/2000) o Comunidad Valenciana 24 enero 2012 (rec. 1914/2011).

27 Al parecer estatutarios [SSAN 25 septiembre 1998 (rec. 106/1998) y 28 marzo 2012 (rec. 24/2012)], no bastando un acuerdo alcanzado al margen de las exigencias del Título III ET, ni mucho menos un protocolo suscrito sin participación empresarial, SSTSJ Galicia 7 abril 2000 (rec. 5245/1999) o Aragón 15 febrero 2000 (rec. 4/2000).

28 SSTSJ Cataluña 3 febrero 2000 (rec. 8126/1999) o 7 marzo 2001 (rec. 8352/2000).

29 SSTSJ Madrid 24 enero 2020 (rec. 927/2019) y Galicia 30 diciembre 2018 (rec. 3260/2018).

30 A propuesta del delegado de personal en el caso resuelto por la STSJ Cataluña 3 febrero 2000 (rec. 8126/1999).

31 STSJ País Vasco 7 octubre 2003 (rec. 8/2003).

32 Es nulo un convenio que establezca que el nombramiento corresponde, por partes iguales, a los representantes unitarios y a la empresa, STSJ Madrid de 19 de septiembre de 1996 (rec. 4443/1996).

33 STS 3 abril 2013 (rec. 1324/2011).

34 STSJ Cataluña 10 febrero 2023 (rec. 6159/2022).

modo, la LPRL vertebra un "régimen jurídico unitario" para todos ellos sin distinción en atención a la modalidad de elección[35].

Por otra parte, bajo los parámetros definidos por el art. 35.1 LPRL, y a falta de otra previsión convencional, el órgano elector cuenta con gran libertad en cuanto al modo de conducirse, toda vez que la LPRL no fija procedimiento alguno para la designación; en particular, podrá ajustar su decisión a la regla de la proporcionalidad (en relación con su propia composición) o hacerlo a la de la mayoría, en tanto las competencias otorgadas a los delegados no tienen carácter negocial ni decisorio, como tampoco las del comité de seguridad y salud del que, en su caso, forman parte[36]. Ahora bien, tanto el reglamento del comité de empresa, como el convenio, pueden establecer exigencias procedimentales o imponer el respeto a la proporcionalidad[37].

Tampoco se contempla el derecho a nombrar sustitutos[38], ni ha dispuesto nada la LPRL en relación con la duración del mandato, entendiendo el Tribunal Supremo a este respecto que el vacío legal no puede interpretarse como un "derecho a nombrar y revocar sin límite alguno, sin justificación

---

35 SSTSJ Madrid 24 enero 2020 (rec. 927/2019) o Galicia 20 diciembre 2018 (rec. 3260/2018).

36 Es posible, por tanto, excluir a un sindicato (en el sentido de miembros del comité de empresa elegidos por sus listas), "sin que ello suponga una vulneración del derecho a la libertad sindical", STSJ Castilla-La Mancha 29 enero 2021 (rec. 11/2020). En el mismo sentido, SSTS 15 junio 1998 (rec. 4863/1997), 14 junio 1999 (rec. 3997/1998), 30 abril 2001 (rec. 2887/2000), 14 marzo 2006 (rec. 2466/2004) o 31 marzo 2009 (rec. 81/2008); SSTSJ Andalucía/Sevilla 25 octubre 2012 (rec. 1991/2012) y 11 febrero 2000 (rec. 2272/1999), Madrid 27 enero 2012 (rec. 6216/2011), Castilla-La Mancha 14 diciembre 2000 (rec. 1148/2000), Extremadura 10 diciembre 2004 (rec. 661/2004) o Cantabria 4 mayo 2005 (rec. 434/2005); en doctrina confirmada a nivel constitucional en ATC 98/2000, de 6 de abril. La respuesta será otra si la negociación colectiva amplía las funciones de los delegados de prevención o el comité de seguridad y salud, reconociéndoles facultades de naturaleza negocial o decisoria; por todas, SSTS 14 junio 1999 (rec. 3997/1998) o 30 abril 2001 (rec. 2887/2000) y SSTSJ Andalucía/Sevilla 3 abril 2008 (rec. 18/2007) o Galicia 31 mayo 2022 (rec. 12/2022).

37 SSTSJ Andalucía/Sevilla 23 junio 2004 (rec. 1586/2004); País Vasco 10 mayo 2005 (rec. 849/2005), 7 octubre 2003 (rec. 8/2003) y 30 mayo 2000 (rec. 874/2000); Castilla-La Mancha 30 abril 2002 (rec. 393/2002); Madrid 14 febrero 2001 (rec. 5495/2000); Galicia 7 abril 2000 (rec. 5245/1999) o 31 mayo 2022 (rec. 12/2022) o Murcia 17 abril 2000 (rec. 1574/1999).

38 STS 2 abril 2019 (rec. 27/2018) o STSJ Cataluña 18 septiembre 2017 (rec. 25/2017).

alguna, ni concurrencia de causa alguna que lo legitime", pues ello puede dar lugar a situaciones de abuso en las que se produzcan constantes nombramientos y ceses tras un corto período de tiempo[39]. En definitiva, "la lógica jurídica nos indica que este tipo de decisiones deben tomarse sin ningún atisbo de arbitrariedad que lesione los derechos en juego"[40].

3.2. Ámbito funcional: competencias y facultades

El perfil abiertamente participativo de los delegados de prevención se percibe en su elenco de competencias, incorporado al art. 36.1 LPRL, que, aun cuando "no va más allá de acentuar funciones de colaboración", eleva los niveles de participación del personal en materia preventiva más allá de lo pautado previamente en relación con la representación unitaria[41].

Destaca por su intensidad un amplio deber de consulta que exige al empresario recabar la opinión de los representantes (en su rol de intermediarios) antes de adoptar gran parte de las decisiones relativas a su gestión en la materia[42]. Más allá de un mero trasvase de información, es preciso abrir una oportunidad al diálogo y el intercambio de opiniones[43], con la meta en la mejora a partir de las aportaciones concretas de los interlocutores[44]. De este modo, la LPRL pretende instaurar una cultura preventiva que permita

---

39 STS 2 abril 2019 (rec. 27/2018), para un supuesto en el que en el plazo de seis meses se comunicaron a la empresa más de veinticinco cambios; es decir, más de cuatro al mes.

40 La potestad de los representantes unitarios no puede llevar "al absurdo de aceptar como normales los continuos ceses, nombramientos, o el nombramiento de delegados sustitutos o suplentes, tal y como ha hecho en el último año el sindicato"; "si alguna cosa queda clara [...] es que los más de 25 cambios que se hicieron, no respondían a otra finalidad que la de obtener [más] beneficios [...] que los que legalmente le hubiera correspondido de haberlo hecho de acuerdo a la finalidad y el espíritu de la norma", STSJ Cataluña 18 septiembre 2017 (rec. 25/2017).

41 QUESADA SEGURA, R.: *La autonomía colectiva en la Ley de Prevención de Riesgos Laborales*, cit., p. 49.

42 La fórmula abierta incorporada al final del precepto constituye muestra clara de la voluntad expansiva del legislador, QUIRÓS HIDALGO, J.G.: "Derechos de información y consulta en materia de prevención de riesgos laborales. ¿Participación de los trabajadores en la empresa?", *Revista Universitaria de Ciencias del Trabajo. Universidad de Valladolid*, núm. 10, 2009, p. 149.

43 SSTSJ Asturias 2 noviembre 2022 (rec. 1885/2922) o Andalucía/Granada 26 octubre 2020 (rec. 607/2020).

44 ROMERAL HERNÁNDEZ, J.: "Derechos de información, consulta y crédito horario del delegado de prevención a la luz de la jurisprudencia", *Nueva Revista Española de Derecho del Trabajo*, núm. 209, 2018, p. 26.

a los trabajadores "intervenir en el proceso decisional"[45] desde las primeras fases de construcción del sistema[46].

Para el ejercicio de sus competencias (presidido por la buena fe[47]), el art. 36.2 LPRL enumera una serie de facultades, reconducibles a sendas modalidades: primero, funciones fiscalizadoras o de vigilancia y control, que se concretan en el acompañamiento a los técnicos o los inspectores de trabajo, la visita a los lugares de trabajo (sin autorización ni preaviso[48]), la investigación de daños a la salud, la posibilidad recabar del empresario la adopción de medidas (debiendo la empresa motivar su negativa) o la de proponer a los representantes unitarios la paralización de actividades por riesgo grave e inminente, quedando habilitados los delegados para tomar la decisión de no ser posible reunir con la urgencia requerida a aquellos.

Y, en segundo lugar, facultades de carácter informativo, que les permiten acceder (con las limitaciones que emanan de la confidencialidad de los datos médicos[49]) a la información y documentación necesaria, prerrogativa que en modo alguno se ciñe al mero examen de los expedientes o archivos en las oficinas de la entidad ni excluye la existencia de una obligación de entregar copia[50]; de hecho, la expresión "tener acceso" debe "entenderse en el sentido más amplio, es decir, de la manera que se facilite o haga más cómoda la función y atribuciones de los delegados"[51]. Además, su rol representativo les confiere el derecho a ser informados por el empresario de los daños padecidos por los trabajadores, a recibir de aquel las informaciones procedentes de los encargados de la prevención o los organismos competentes para la seguridad y salud laboral y a conocer los requerimientos efectuados a la empresa por la ITSS[52] (art. 43 LPRL) o sus órdenes de paralización de trabajos o tareas (art. 44 LPRL).

---

45 STSJ Castilla y León/Valladolid 13 octubre 1999 (rec. 1793/1999).

46 STSJ Andalucía/Granada 26 octubre 2020 (rec. 607/2020).

47 El ejercicio de las competencias del delegado de prevención no puede "servir de patente de corso para los excesos", SSTSJ Cantabria 17 enero 2002 (rec. 937/2000) y Madrid 23 enero 2002 (rec. 5428/2001).

48 STSJ Cataluña 15 febrero 2022 (rec. 5127/2021).

49 STS 24 febrero 2016 (rec. 79/2015).

50 STSJ Cataluña 20 diciembre 2005 (rec. 6444/2005).

51 STSJ Cantabria 1 junio 2005 (rec. 216/2005). Prima "el principio de efectividad del derecho", ROMERAL HERNÁNDEZ, J.: "Derechos de información, consulta y crédito horario del delegado de prevención a la luz de la jurisprudencia", cit., p. 30.

52 STSJ Madrid 28 enero 2013 (rec.1169/2010).

A mayores, señala el art. 37.2 LPRL que el empresario ha de proporcionar a los delegados medios y formación preventiva para el desarrollo de sus funciones. Referencia a los medios que debe incluir los gastos de desplazamiento relacionados con su cometido, como "única solución válida" para "la plena y eficaz realización" de su misión[53]. En cuanto a la formación, la disposición reitera, sin grandes diferencias, algunas de las previsiones que ya aparecían en el art. 19 LPRL para la generalidad de los trabajadores[54].

Téngase presente, como matización final, que los delegados de prevención no derivan en principio, de la libertad sindical, siendo su fundamento legal[55], por lo que, con carácter general, las infracciones relacionadas con sus competencias y facultades no implicarían violación del art. 28 CE[56]. Ahora bien, como ocurre con la representación unitaria, será preciso efectuar un análisis casuístico para proporcionar adecuada respuesta a cada hipótesis[57].

3.3. Deber de sigilo

En lógica correspondencia con el amplio derecho de información pasiva que se les reconoce, a los delegados de prevención les será de aplicación lo dispuesto en el art. 65.2 ET en cuanto al sigilo debido respecto de las informaciones a que tuviesen acceso como consecuencia de su actuación en la empresa (art. 37.3 ET) y que, en legítimo interés de esta, hayan sido comunicadas con carácter reservado. Como décadas atrás destacara el Tribunal Constitucional, dado el equilibrio que debe existir entre la facultad empresarial de imponer una obligación de reserva y el ejercicio de las funciones representativas, el calificativo empresarial no torna *per se* una información en reservada, sino que la materia debe presentar características que objetivamente determinen tal carácter[58]. En cualquier caso, siendo merecedora de tal consideración, debe entenderse transgredido el deber

---

53 STSJ Cantabria 14 julio 2008 (rec. 550/2008).

54 Incluida su consideración como tiempo de trabajo para generar derecho a descanso compensatorio, STS 18 abril 2002 (rec. 2362/2001), SAN 21 noviembre 2006 (rec. 128/2006) o STSJ Madrid 16 marzo 2011 (rec. 4953/2010).

55 SSTSJ Cantabria 4 mayo 2005 (rec. 434/2005) y 8 agosto 2001 (rec. 697/2001).

56 STSJ Castilla-La Mancha 29 enero 2021 (rec. 11/2020).

57 Por todas, STS 16 noviembre 2016 (rec. 3757/2014) o STSJ Cataluña 22 febrero 2022 (rec. 5127/2021).

58 STC 213/2002, de 11 de noviembre.

de sigilo cuando el representante utiliza la información de forma abusiva, interesada, privativa y singular[59].

La expresa y específica remisión al apartado segundo del art. 65 ET permite plantear si también quedan sujetos los delegados a los límites establecidos en los ordinales tercero y cuarto. La analogía invita a una respuesta positiva, apoyada, asimismo, por otros argumentos:

El art. 65.3 ET impide emplear los documentos entregados al comité fuera del estricto ámbito de la empresa o para fines distintos a los que motivaron tal entrega. Dado que el precepto ocupaba el art. 65.2 *in fine* en el ET de 1995 antes de su reforma por Ley 38/2007, es sencillo colegir que, si hasta esa fecha era aplicable a los delegados de prevención, seguirá siéndolo una vez la modificación estatutaria trasladó su tenor al art. 65.3 ET. Aquella imposibilidad resultará, pues, operativa, pero teniendo en cuenta que —como en el caso de los representantes unitarios— debe quedar matizada de colisionar con el derecho de información[60] y que aquella restricción habrá de ceder ante la necesidad de aportar documentación para el ejercicio de acciones administrativas o judiciales[61].

En cuanto hace a la subsistencia del deber tras la expiración del mandato (art. 65.3.pfo.2º ET), su extensión tampoco parece ofrecer dudas: el art. 65.2 ET (al que remite el art. 37.3 LPRL) no fija límite temporal al sigilo, por lo que la confidencialidad habrá de ser respetada mientras la información conserve su carácter reservado.

El art. 65.4 ET, por su parte, permite a la empresa, a fin de evitar un grave quebranto, omitir la comunicación de informaciones constitutivas

---

59 Así cuando un representante utiliza para su propio interés ("proceso individual en materia de determinación de una contingencia de IT propia"), documentos de la empresa sobre una investigación de accidentes (efectuada por la Mutua en relación con treinta y dos trabajadores), "por mucho que en una aparente tutela judicial efectiva de uso probatorio pretenda enervar el nivel de confidencialidad", STSJ País Vasco 9 marzo 2021 (rec. 160/2021).

60 STC 227/2006, de 17 julio, y de forma más específica, STSJ Islas Canarias 7 noviembre 2007 (rec. 641/2007). Sobre la cuestión, POQUET CATALÁ, R.: "Delegados de prevención: conflictos entre el derecho de información y el deber de sigilo", *Revista General de Derecho del Trabajo y de la Seguridad Social*, núm. 61, 2022.

61 Ha de prevalecer la necesidad de garantizar la observancia de la ley; las labores de control que ejercen los representantes "puede fundamentar denuncias o demandas judiciales ante el empresario", sin que la prohibición de utilizar la documentación pueda impedirles aportarla, QUESADA SEGURA, R.: *La autonomía colectiva en la Ley de Prevención de Riesgos Laborales*, cit., p. 79.

de secreto industrial, financiero o comercial. Previsión que alcanzará a los delegados de prevención, máxime tras la Ley 1/2019 y su refuerzo a los secretos empresariales.

Sentado lo anterior, habrá de concluirse la aplicabilidad, también, de cuanto dispone el art. 65.5 ET en relación con la posible impugnación de las decisiones de la empresa en orden a atribuir carácter reservado o no comunicar ciertas informaciones. Según indica, habrá de acudirse a la modalidad procesal especial de conflictos colectivos (arts. 153 y ss. LRJS), compatible con la eventual sanción en los términos establecidos por la LISOS.

Sea como fuere, tal y como han sentenciado los tribunales, "tan solo excepcionalmente se puede compartir que determinados datos de la documentación entregada a los delegados de prevención sean omitidos bien por no tener trascendencia alguna en la implantación y desarrollo en las actividades preventivas, o bien por entrar en colisión con derechos fundamentales y libertades públicas de terceros" relacionados, por ejemplo, con "vigilancia de la salud, secreto comercial, seguridad de personas e instalaciones [o] seguridad patrimonial"[62].

3.4. Garantías y prerrogativas

La LPRL considera conveniente proporcionar a los delegados de prevención la debida protección frente a represalias de su empresario, así como las oportunas prerrogativas dirigidas a facilitar el ejercicio de sus funciones[63], y lo hace, de nuevo, mediante una técnica remisiva no demasiado acertada, al limitarse a afirmar la aplicabilidad de lo previsto en el art. 68 ET.

Por consiguiente, están protegidos por las garantías previstas para la salvaguarda de los representantes unitarios. A saber, y sin mayores dificultades, apertura de expediente contradictorio en el supuesto de sanción por falta grave o muy grave, con audiencia al interesado y al resto de delegados (art. 68.a ET); indemnidad disciplinaria, o derecho a no ser despedido ni

---

62 STSJ País Vasco 9 marzo 2021 (rec. 160/2021).

63 Previsión necesaria, al menos, para cuantos no pertenecen al órgano de representación unitaria, pues, respecto a los integrados en el mismo, resulta redundante SSTSJ Madrid 24 enero 2020 (rec. 927/2019), Galicia 30 diciembre 2018 (rec. 3260/2018), Islas Canarias 15 diciembre 2015 (rec. 1077/2015) o Cataluña 7 marzo 2001 (rec. 8352/2000).

sancionado por el ejercicio de sus funciones durante su representación ni en el año siguiente a la expiración del mandato, salvo revocación (correspondiente, en este caso, a quienes tuvieran competencia para su nombramiento) o dimisión (art. 68.c ET), y no discriminación en su promoción económica o profesional (art. 68.c ET).

Pero también, pese a los defectos técnicos de la norma en este punto, las garantías de los arts. 68.b ET y 56.4 ET: por cuanto hace, de un lado, a la prioridad de permanencia en la empresa o centro en los supuestos de suspensión o extinción por causas tecnológicas o económicas (art. 68.b ET), la remisión de la LPRL al art. 68 ET plantea un primer problema, pues aparentemente deja fuera de la protección los traslados (art. 40 ET) y las suspensiones o extinciones por causas organizativas, de producción o por fuerza mayor (arts. 51 y 52.c ET); procede, sin embargo, abogar por una interpretación finalista y extensiva en virtud de la cual los delegados disfruten de las mismas garantías, y con idéntica amplitud, que los representantes unitarios[64]. Otro tanto ocurre con el derecho de opción en caso de despido (art. 56.4 ET), pues, una vez más, es preciso servirse del enfoque teleológico para ensanchar la cobertura proporcionada por el literal[65].

Asimismo, los delegados de prevención son titulares de las prerrogativas que para salvaguardar la propia función representativa se incorporan al art. 68 ET: libertad de expresión o derecho a manifestar con libertad sus opiniones en las materias concernientes a su representación, pudiendo publicar y distribuir, sin perturbar el usual desenvolvimiento del trabajo, publicaciones de interés laboral o social, comunicándolo a la empresa (68.d ET) y derecho a un crédito de horas mensuales retribuidas para el ejercicio de su representación (art. 68.e ET)[66].

El delegado que es representante unitario no verá duplicado su crédito (al menos no directamente y salvo otra previsión en convenio) y el que no lo es podrá acceder al que le correspondería de serlo[67], en los términos

---

64 ROMERAL HERNÁNDEZ, J.: *El delegado de prevención*, cit., p. 299, o, en los tribunales, STSJ Cataluña 3 febrero 2000 (rec. 8126/1999).

65 SSTSJ Cataluña 3 febrero 2000 (rec. 8126/1999), Andalucía/Sevilla 15 noviembre 2002 (rec. 3062/2002) o, tácitamente, Madrid 17 junio 2003 (rec. 1378/2003).

66 El cual se imputará a la jornada del trabajador, sin que, siendo este docente, tenga derecho a que se imputen específicamente a sus horas lectivas o carga docente, STSJ País Vasco 13 noviembre 2012 (rec. 606/2012).

67 STS 16 noviembre 2016 (rec. 3757/2014) o SSTSJ Galicia 30 diciembre 2018 (rec. 3260/2018) y Andalucía/Sevilla 21 noviembre 2018 (rec. 2647/2018).

previstos en el ET[68], en cuya virtud el número de horas (entre quince y cuarenta) dependerá del de trabajadores del centro o empresa. El resultado es la penalización de las funciones de cuantos acumulan la doble condición, sobre todo cuando se trate de un único delegado de personal/prevención; es decir, en las empresas más pequeñas[69].

El problema es solventado de forma indirecta por el art. 37.1.pfo.3° LPRL, que introduce un incremento material o *de facto*[70], al disponer que sea considerado tiempo de trabajo efectivo, sin imputación al crédito, el destinado a reuniones del comité de seguridad y salud o convocadas por el empresario, el ocupado en acompañar a los técnicos o a los inspectores de trabajo o el consumido en presentarse en el lugar donde un trabajador haya sufrido un daño[71]. Aun así, la "previsión legal es marcadamente insuficiente para abarcar todas las funciones del delegado de prevención, que son mucho más amplias y no se agotan con el desempeño de esas puntuales actividades a que se refiere el antedicho precepto", bastando para confirmarlo con comparar la previsión del art. 37.1 LPRL con las competencias listadas en el art. 36 LPRL, motivo por el cual el derecho al crédito horario deviene imprescindible[72], sumándose al destinado a las actividades indicadas[73].

El crédito actúa como un permiso retribuido cuyo uso se presume correcto, siendo factible la activación del poder disciplinario en caso de que-

---

68 Incluida la posible acumulación del crédito si prevista en convenio; es más, prevista para los representantes unitarios, habrá de aplicarse también a los delegados de prevención, aunque la norma pactada no lo establezca expresamente, STS 17 octubre 2023 (rec. 257/2021).

69 PAYÁ CASTIBLANQUE, R. y BENEYTO CALATAYUD, P.J.: "Participación sindical y salud laboral: una relación positiva", cit., p. 70.

70 GUTIÉRREZ COLOMINAS, D.: "El papel de la negociación colectiva en la representación preventiva: puntos críticos sobre su regulación e instrumentación", cit., p. 179.

71 En lógica correspondencia, los tribunales reconocen el derecho de un delegado a disfrutar del descanso compensatorio correspondiente a las sesiones de aquel comité celebradas en jornada no laboral [STSJ País Vasco 27 febrero 2001 (rec. 2960/2000); también, STSJ Cataluña 16 octubre 2014 (rec. 4179/2014)] o al abono como horas extraordinarias de las destinadas, más allá de la jornada o en día de libranza, a reuniones relacionadas con la evaluación de riesgos, a falta de otra solución en el convenio y para garantizar que no sea el trabajador quien asuma el peso financiero de su cargo, STSJ Galicia 17 abril 2013 (rec. 3994/2010).

72 STSJ Galicia 30 diciembre 2018 (rec. 3260/2018).

73 STSJ Cataluña 4 mayo 1999 (rec. 6199/1998).

brar tal presunción[74]. Con todo, procede sentar, primero, que, siendo un derecho de los representantes, no está sometido a autorización empresarial y, por ende, solo en circunstancias excepcionales —como la necesidad de cubrir un servicio público inaplazable— podrá denegarse su ejercicio[75]; segundo, que la exigencia de justificación no alcanza a la de especificar la actividad concreta[76], y, tercero, que —por extensión de la jurisprudencia aplicable a la representación unitaria—, cuando la función representativa sea incompatible por su inmediatez con el preaviso (personarse con prontitud en el lugar del accidente, acompañar al inspector…), decaerá la obligación de cumplirlo.

4. LOS DELEGADOS DE PREVENCIÓN EN EL COMITÉ DE SEGURIDAD Y SALUD

El comité de seguridad y salud es el órgano que, con una composición paritaria (delegados de prevención junto a empresario y/o sus representantes en igual número), se destina a la consulta regular y periódica de las actuaciones preventivas de la empresa (art. 38 LPRL)[77]. Se trata, por tanto, de un lugar de encuentro entre plantilla y dirección para el desarrollo de una participación equilibrada; en cuanto tal, es el foro idóneo para debatir, intercambiar opiniones, impulsar políticas consensuadas y diseñar propuestas comunes[78].

La ley es tajante respecto a quienes integran el comité en representación de los trabajadores y, por ende, no cabe pacto alguno cuyo resultado implique dejar fuera del mismo a quienes ostentan la condición de delega-

---

74 Aunque "las facultades fiscalizadoras del empresario […] se hallan restringidas, no están totalmente excluidas", permitiendo la reacción en caso de romperse la presunción de uso correcto mediante la acreditación de un empleo desviado", SSTSJ Islas Canarias 2 septiembre 2014 (490/2014) o Madrid 23 enero 2002 (rec. 5428/2001).

75 STSJ Andalucía/Sevilla 4 abril 2000 (rec. 835/2000).

76 SSTSJ Andalucía/Sevilla 16 mayo 2000 (rec. 106/1999) y Madrid 23 enero 2002 (rec. 5428/2001).

77 La actuación del comité "no va a suponer ningún conflicto con el empresario", pues constituye un órgano paritario cuyo ámbito competencial no supone "una intervención excesiva de su actividad productiva", SALCEDO BELTRÁN, M.C.: "Las competencias y facultades de los Delegados de Prevención", cit., pp. 54-55.

78 QUESADA SEGURA, R.: *La autonomía colectiva en la Ley de Prevención de Riesgos Laborales*, cit., pp. 92-93. Eso sí, en su configuración legal no es "una sede de negociación colectiva", STS, Cont.-advo., 15 diciembre 2022 (rec. 2868/2021).

dos de prevención[79]. Es importante destacar, asimismo, que los designados en representación de la empresa no asimilan su estatus al de aquellos delegados, por lo que no acceden, por ser miembros del comité, a las garantías que para estos prevé el art. 37.1 LPRL[80]. Podrán disfrutarlas, eso sí, por su condición de representantes unitarios o sindicales o, lo que suele ser más habitual, de técnicos designados para el desarrollo de funciones preventivas o pertenecientes al servicio de prevención propio (art. 30.4 LPRL)[81].

En principio, el comité debe ser constituido en las empresas o centros con cincuenta trabajadores o más (art. 38.2 LPRL), pero es posible una mejora convencional para reclamar su implantación —obligatoria o facultativa— con un volumen inferior de mano de obra[82]. Además, la conexión legal de su ámbito con el de los comités de empresa ha llevado al Tribunal Supremo a afirmar la aplicación analógica de las reglas del art. 63.2 ET sobre comité de empresa conjunto[83]; en consecuencia, en la empresa que tenga en la misma provincia, o en municipios limítrofes, dos o más centros cuyos censos no alcancen los cincuenta trabajadores, pero que en su conjunto los sumen, se constituirá un comité de seguridad y salud conjunto. Sin embargo, solo será así si la negociación colectiva omite toda regulación al respecto, pues si mediante acuerdo se determina la creación de instrumentos de participación diferentes, habrá que estar a lo convenido y no al art. 63 ET, que deviene así subsidiario[84].

Una vez constituido, el propio comité adoptará sus reglas de funcionamiento (art. 38.3 LPRL), sin perjuicio del respeto a los mínimos legales: reuniones, al menos, trimestrales[85] y cuando lo solicite alguna de las representaciones en el mismo (art. 38.3 LPRL) y posible participación, con voz,

---

79 STS 3 abril 2013 (rec. 1324/2011).

80 SSTSJ Madrid 24 enero 2020 (rec. 927/2019), Cataluña 22 enero 2019 (rec. 5254/2018) y Andalucía/Sevilla 3 marzo 2000 (rec. 4373/1999).

81 SSTSJ Andalucía/Sevilla 3 marzo 2000 (rec. 4373/1999) y 19 diciembre 2002 (rec. 3685/2002) o Cantabria 29 junio 2010 (rec. 534/2010). En la doctrina, AGUILERA IZQUIERDO, R.: "Sobre las garantías de los trabajadores que ejercen funciones preventivas", *Aranzadi Social*, núm. 16, 2000, pp. 34 y ss.

82 SAN 30 junio 2021 (rec. 526/2020). En tanto la previsión legal no impide que "en la negociación colectiva puedan configurarse libremente otras modalidades de actuación en esta materia que mejor se ajusten a la estructura empresarial existente en cada caso, respetando esos mínimos legales", STS 20 abril 2021 (rec. 58/2020).

83 STS 3 diciembre 1997 (rec. 1087/1997).

84 STS 22 diciembre 2008 (rec. 17/2008) y SAN 3 junio 2014 (rec. 112/2012).

85 Cuya ausencia puede derivar en la aplicación de la LISOS y la sanción a la empresa por infracción grave consistente en incumplir los derechos de información,

pero sin voto, de los delegados sindicales (no extensible, en principio, a otras figuras nacidas del convenio[86]) y los responsables técnicos de la prevención de la empresa, así como de trabajadores con especial cualificación o información respecto a cuestiones concretas que se debatan en su seno[87] y de técnicos ajenos a la empresa, siempre que así lo solicite alguna de las representaciones (art. 38.2 LPRL), no resultando necesario acuerdo mayoritario[88]. A ello viene a añadirse la viabilidad de articular reuniones conjuntas de los comités de las distintas empresas concurrentes en un mismo centro de trabajo (o, en su defecto, de los delegados de prevención y los empresarios) como mecanismo de coordinación a los efectos de dar cumplimiento a lo exigido por el art. 24 LPRL y su reglamento de desarrollo (art. 39.3 LPRL, equivalente al art. 16 RD 171/2004).

La mentada intervención de los delegados sindicales (coherente con lo dispuesto en el art. 10.3.2ª LOLS) viene a reforzar la interpretación extensiva del derecho de estos a acceder (en los términos marcados por el citado art. 10 LOLS) "a la misma información y documentación que la empresa ponga a disposición del comité de empresa"[89], incluyendo aquella de la que son destinatarios los delegados de prevención, "puesto que, en definitiva, estos no son otra cosa que los representantes de los trabajadores con funciones específicas en materia de prevención de riesgos en el trabajo" y no cabe duda de que, para que aquellos delegados sindicales puedan intervenir en los debates del comité de seguridad y salud, deben haber tenido acceso previamente a la oportuna información[90]. El incumplimiento

---

consulta y participación de los trabajadores reconocidos en la normativa preventiva, SJS núm. 2 Toledo 17 mayo 2023 (proced. 489/2022).

86 Como los delegados sindicales autonómicos, salvo si el convenio que prevé su existencia contempla también aquella posible participación en el comité, STSJ Cantabria 7 julio 1998 (rec. 823/1998).

87 Para la presencia de trabajadores, la norma no exige "que se traten temas específicos, que se realice una especial convocatoria ni mucho menos que deba justificar el motivo por el cual quiere estar presente en la reunión, basta con que sea trabajador de la empresa, tenga una especial cualificación [en el caso, técnico de prevención de nivel intermedio y responsable de prevención en un sindicato] o información de las cuestiones debatidas y que así lo solicite alguna de las representaciones en el comité", STSJ Cantabria 4 octubre 2006 (rec. 683/2006).

88 STSJ Madrid 27 enero 2012 (rec. 6216/2011).

89 Con el alcance explicitado por la doctrina constitucional en, entre otras, STC 213/2002, de 11 de noviembre.

90 STSJ Galicia 25 octubre 2018 (rec. 2212/2018), siguiendo la doctrina previamente fijada por STS 8 julio 2014 (rec. 282/2013) y reiterada posteriormente en SAN 25 junio 2021 (rec. 472/2020).

de esta obligación vulnera la libertad sindical y es susceptible, incluso, de generar consecuencias indemnizatorias[91].

Por cuanto hace al marco de actuación del comité (atribuido a los delegados de prevención en ausencia del órgano paritario), es menester apuntar que, salvo ampliación convencional, queda circunscrito, en esencia, a las dos funciones contempladas en el art. 39.1 LPRL, que lo configuran como un órgano fundamentalmente técnico, consultivo y asesor[92] al que corresponde, de un lado, participar en la elaboración, puesta en práctica y evaluación de los planes y programas de prevención de riesgos de la empresa (participación que "debe ser efectiva, desde el comienzo del proceso" —no bastando la mera información pasiva—[93] y que, de faltar, traerá aparejada la obligada reelaboración de tales planes y programas[94]) y, de otro, promover iniciativas sobre métodos y procedimientos para la efectiva prevención de los riesgos, proponiendo a la empresa la mejora de las condiciones o la corrección de las deficiencias existentes. Competencias para cuyo ejercicio efectivo ostenta amplias facultades de naturaleza eminentemente informativa (art. 39.2 LPRL), a partir de las cuales el empleador asume una obligación permanente y dinámica de informar y hacer al comité partícipe de todas las cuestiones relevantes en el ámbito de la seguridad y salud laboral[95].

Para concluir, es preciso señalar que el art. 38.3.pfo.2° LPRL contempla el posible establecimiento de un comité de seguridad y salud intercentros en empresas con varios centros dotados de comité de seguridad y salud; equivalente preventivo, pues, del órgano previsto en el art. 63.3 ET, aunque la LPRL es mucho más flexible, al permitir su nacimiento por acuerdo de empresa. Nada dice la norma respecto a su composición y delega en el pacto constitutivo la delimitación de sus funciones, las cuales suelen ir

---

91 SAN 23 abril 2018 (rec. 349/2017).

92 Por todas, SSTSJ País Vasco 7 octubre 2003 (rec. 8/2003) o Castilla-La Mancha 29 enero 2021 (rec. 11/2020).

93 STSJ Andalucía/Granada 26 octubre 2020 (rec. 607/2020). Como lo sería limitarse a trasladar al comité "actuaciones preventivas ya elaboradas unilateralmente por la empresa", STSJ Castilla-La Mancha 29 enero 2021 (rec. 11/2020), atendiendo a la jurisprudencia sentada por STS 16 febrero 2016 (rec. 250/2014).

94 SAN 14 mayo 2014 (rec. 32/2014).

95 AGUILAR DEL CASTILLO, M.C.: "El comité de seguridad y salud como órgano de participación de los trabajadores en la negociación colectiva", en AA.VV. (CABEZA PEREIRO, J. y FERNÁNDEZ DOCAMPO, B., Coords.): *Participación y acción sindical en la empresa*, Albacete (Bomarzo), 2013, p. 120.

orientadas a canalizar la acción de los comités de centro en relación con cuestiones que afectan al conjunto de la empresa[96].

5. LA REMODELACIÓN CONVENCIONAL DE LOS DELEGADOS DE PREVENCIÓN Y LOS COMITÉS SEGURIDAD Y SALUD

Como se desprende de la ordenación legal, "el legislador atribuye en esta materia una amplia autonomía a las partes para que puedan regular mediante la negociación colectiva la forma y manera de designación y funcionamiento de los órganos de prevención de riesgos laborales"[97]. Una nueva muestra se localiza en el art. 35.4.pfo.2º LPRL, en cuya virtud tanto a través de aquella, como mediante los acuerdos sobre materias concretas del art. 83.3 ET, podrá acordarse que las competencias reconocidas en la LPRL a los delegados de prevención "sean ejercidas por órganos específicos creados en el propio convenio o en los acuerdos citados".

De este modo, la LPRL se presenta abierta a la posibilidad de que se articulen diferentes cauces de participación de los trabajadores en materia de seguridad y salud laboral, en previsión que, preciso es indicarlo, ha sido ampliamente acogida por los negociadores[98]. Los ejemplos resultan innumerables, sobre todo a través de órganos sectoriales con diferente alcance geográfico (delegados o comités autonómicos, estatales…)[99], aunque también existen otras opciones mucho menos exploradas, como representantes para centros que por su tamaño quedan al margen del diseño legal o delegados de prevención conjuntos para varios centros de trabajo dotados de esta figura[100]. Nada impide, tampoco, la instauración de un único co-

---

96 Su existencia parece conveniente como espacio "donde se podrá unificar la política preventiva que se acuerde en la empresa, las decisiones y las actuaciones al respecto y donde se racionalizará el ejercicio del poder de decisión empresarial, haciendo más efectiva la participación de los trabajadores a través de sus representantes. Superándose, en suma, los inconvenientes y limitaciones de una representación parcelada", QUESADA SEGURA, R.: *La autonomía colectiva en la Ley de Prevención de Riesgos Laborales*, cit., pp. 85-89.

97 SAN 30 junio 2021 (rec. 526/2020). La LPRL "ha querido conceder un gran margen de maniobra a la negociación colectiva" en lo relativo a la participación y representación de los trabajadores, STS 20 abril 2021 (rec. 58/2020).

98 MENDOZA NAVAS, N.: *Prevención de riesgos laborales: la regulación convencional*, Albacete (Bomarzo), 2007, p. 113.

99 SAN 3 junio 2014 (rec. 112/2012).

100 GUTIÉRREZ COLOMINAS, D.: "El papel de la negociación colectiva en la representación preventiva: puntos críticos sobre su regulación e instrumentación", cit.,

mité de seguridad y salud para la empresa, con todas las competencias del art. 39 LPRL, "conformándolo como un órgano específico integrado por todos los delegados de prevención existentes en cada uno de los centros de trabajo"[101].

El principal problema generado por las instancias representativas de origen convencional viene dado por su composición, puesta en relación con sus funciones, en tanto, de otorgarse al órgano competencias decisorias o negociales, la libertad sindical impide excluir o dejar infrarrepresentados a los sindicatos que tengan derecho a formar parte del mismo. Poco más cabe añadir respecto a una doctrina constitucional plenamente consolidada[102].

6. BIBLIOGRAFÍA

AGUILAR DEL CASTILLO, M.C.: "El comité de seguridad y salud como órgano de participación de los trabajadores en la negociación colectiva", en AA.VV. (CABEZA PEREIRO, J. y FERNÁNDEZ DOCAMPO, B., Coords.): *Participación y acción sindical en la empresa*, Albacete (Bomarzo), 2013.

AGUILERA IZQUIERDO, R.: "Sobre las garantías de los trabajadores que ejercen funciones preventivas", *Aranzadi Social*, núm. 16, 2000.

BARREIRO GONZÁLEZ, G.: *El crédito de horas de los representantes de los trabajadores*, Madrid (IELSS), 1994.

BARREIRO GONZÁLEZ, G.: "Algunas reflexiones sobre el crédito de horas de los delegados sindicales", en AA.VV.: *Cuestiones actuales de Derecho del Trabajo*, Madrid (MTSS), 1990.

BARREIRO GONZÁLEZ, G.: "Despido de delegado de personal por amortización de puesto de trabajo individualizado", *La Ley*, T. I, 1990.

BARREIRO GONZÁLEZ, G.: "La garantía de prioridad de permanencia de los representantes de los trabajadores. Suspensión de contratos autorizada antes de la elección y ejecutada después", *La Ley*, T. I, 1990.

BARREIRO GONZÁLEZ, G.: "Sobre si la cuantía del crédito de horas se establece o no en función del tiempo efectivo de prestación de servicios", *Documentación Laboral*, núm. 31, 1990.

pp. 190-192.

101 STS 20 abril 2021 (rec. 58/2020).

102 Entre muchas, SSTC 73/1984 de 27 de junio; 39/1986, de 31 de marzo; 184/1991, de 30 de septiembre; 213/1991, de 11 de noviembre, o STC 107/2000, de 5 de mayo. Asimismo, SSTS 11 julio 2000 (rec. 3314/1999), 8 junio 2001 (rec. 4627/2000), 13 marzo 2002 (rec. 1196/2001) y 19 octubre 2004 (rec. 176/2003).

BARREIRO GONZÁLEZ, G.: "Uso indebido del crédito horario. Participación del trabajador en las negociaciones del convenio colectivo del sector", *La Ley*, T. II, 1990.

BARREIRO GONZÁLEZ, G.: "Garantías de los representantes de los trabajadores", en AA.VV.: *Derecho vivo del Trabajo y Constitución. Estudios en Homenaje al Prof. Dr. Fernando Suárez González*, Madrid (Wolters Kluwer), 2003.

BARREIRO GONZÁLEZ, G.: "Notas sobre el tiempo de inactividad de los Delegados de Prevención con motivo de su función representativa y de su adecuada formación", *Actum Social*, núm. 9, 2007.

BARREIRO GONZÁLEZ, G.: "Notas sobre la identificación de las garantías de los Delegados de Prevención", *La Ley*, T. I, 2007.

BARREIRO GONZÁLEZ, G.: "El sistema de garantías de los Delegados de Prevención", en AA.VV.: *Doctrina jurisprudencial en materia preventiva*, León (Eolas), 2008.

BARREIRO GONZÁLEZ, G.: "Garantías y facilidades de los Delegados de Prevención", en AA.VV.: *El conflicto colectivo y la huelga. Estudios en homenaje al Prof. Gonzalo Diéguez*, Murcia (Laborum), 2008.

BARREIRO GONZÁLEZ, G.: "El crédito de horas de los representantes de los trabajadores en la doctrina del Tribunal Supremo", en AA.VV.: *El Estatuto de los Trabajadores en la Jurisprudencia del Tribunal Supremo. Estudios dedicados al catedrático y magistrado D. Antonio Martín Valverde*, Madrid (Tecnos), 2015.

CRUZ VILLALÓN, J.: "La representación de los trabajadores en materia de prevención de riesgos profesionales", *Temas Laborales*, núm. 26, 1993.

FERNÁNDEZ MARCOS, L.: "Representación y participación especializada de los trabajadores en materia de prevención de riesgos laborales", *Documentación Laboral*, núm. 62, 2000.

GALIANA MORENO, J.M. y GARCÍA ROMERO, B.: "La participación y representación de los trabajadores en la empresa en el modelo normativo español", *Revista del MTAS*, núm. 43, 2003.

GARCÍA JIMÉNEZ, J.: "La protección de la salud laboral en la Unión Europea", *Revista de Derecho de la Unión Europea*, núm. 11, 2006.

GUTIÉRREZ COLOMINAS, D.: "El papel de la negociación colectiva en la representación preventiva: puntos críticos sobre su regulación e instrumentación", *Temas Laborales*, núm. 152, 2020.

INSST: "Liderazgo transformador y condiciones de trabajo (II): bases de actuación", *Nota Técnica de Prevención 1026*, 2014.

MELLA MÉNDEZ, L.: "Los delegados de prevención: algunos puntos críticos", *Aranzadi Social*, núm. 5, 2003.

MENDOZA NAVAS, N.: *Prevención de riesgos laborales: la regulación convencional*, Albacete (Bomarzo), 2007.

OJEDA AVILÉS, A.: "La representación unitaria: el «faux ami»", *Revista del Ministerio de Trabajo e Inmigración*, núm. 58, 2005.

ORTEGA LOZANO, P.G.: "El modelo de participación, la protección eficaz en materia de seguridad y salud en el trabajo y sus vías de reparación: la cultura de la prevención en clave de responsabilidad", *Lan Harremanak*, núm. 44, 2020.

PALOMEQUE LÓPEZ, M.C.: "La participación de los trabajadores en la empresa (Una revisión institucional)", en AA.VV.: *XVII Congreso Nacional de Derecho del Trabajo y de la Seguridad Social. Gobierno de la empresa y participación de los trabajadores: viejas y nuevas formas institucionales*, Madrid (MTAS), 2007.

PAYÁ CASTIBLANQUE, R.: "Sistema orgánico de representación en seguridad y salud laboral en España", *Lan Harremanak*, núm. 47, 2022.

PAYÁ CASTIBLANQUE, R. y BENEYTO CALATAYUD, P.J.: "Participación sindical y salud laboral: una relación positiva", *Barataria. Revista Castellano-Manchega de Ciencias Sociales*, núm. 24, 2018.

POQUET CATALÁ, R.: "Delegados de prevención: conflictos entre el derecho de información y el deber de sigilo", *Revista General de Derecho del Trabajo y de la Seguridad Social*, núm. 61, 2022.

PURCALLA BONILLA, M.A. y RODRÍGUEZ SÁNCHEZ, R.: "Notas sobre la figura del delegado de prevención", *Relaciones Laborales*, T. II, 1997.

QUESADA SEGURA, R.: *La autonomía colectiva en la Ley de Prevención de Riesgos Laborales*, Valencia (Tirant lo Blanch), 1997.

QUIRÓS HIDALGO, J.G.: "Derechos de información y consulta en materia de prevención de riesgos laborales. ¿Participación de los trabajadores en la empresa?", *Revista Universitaria de Ciencias del Trabajo. Universidad de Valladolid*, núm. 10, 2009.

ROMERAL HERNÁNDEZ, J.: *El delegado de prevención*, Valladolid (Lex Nova), 2008.

ROMERAL HERNÁNDEZ, J.: "Derechos de información, consulta y crédito horario del delegado de prevención a la luz de la jurisprudencia", *Nueva Revista Española de Derecho del Trabajo*, núm. 209, 2018.

SALCEDO BELTRÁN, M.C.: "Las competencias y facultades de los Delegados de Prevención", *Tribuna Social*, núm. 77, 1997.

VALDÉS DAL-RÉ, F.: "La participación de los trabajadores en la Ley de prevención de riesgos laborales", *Tribuna Social*, núm. 73, 1997.

Capítulo X

El crédito horario de la representación de los trabajadores

Francisco Xabiere Gómez García
Profesor Ayudante Doctor de Derecho del Trabajo y de la Seguridad Social
Universidad de León

SUMARIO: 1. INTRODUCCIÓN. 2. FUNCIÓN Y EXTENSIÓN DE LA PRERROGATIVA. 3. DISPOSICIÓN Y REQUISITOS. 4. LA CUANTÍA Y LA ACUMULACIÓN. 5. LA INDEMNIZACIÓN POR VULNERACIÓN. 6. BIBLIOGRAFÍA.

...Virán herbiñas, tenras coma nenos,
virán xílgaros daquí e dacolá.
Coma un río que marmura na noite
escoitaremos teu cantar.

1. INTRODUCCIÓN

El tema tratado en este pequeño escrito es la garantía consistente en un crédito horario, de carácter retribuido, del que disponen los representantes de los trabajadores para poder ausentarse de su puesto de trabajo y ejercer sus múltiples labores representativas, las cuales, de forma directa o indirecta, repercuten en interés de los trabajadores. Por supuesto, cabe entender esta representación de las personas trabajadoras en el sentido del art. 3 del Convenio 135 OIT[1], es decir, tanto a los libremente elegidos por los trabajadores de la empresa (o del específico centro de trabajo según el ET) como a los nombrados o elegidos por los sindicatos o por los afiliados a ellos, puesto que en cualquier caso "el titular natural del derecho de representación es el colectivo de los trabajadores representados"[2].

1 Convenio sobre los representantes de los trabajadores, 1971 (núm. 135).
2 STS 5 junio 1990.

En dos ocasiones especiales tuvo a bien el profesor Barreiro acercarse a esta problemática: en primer lugar, en una monografía del año 1984[3]; en segundo lugar, treinta años después (y de la mano de su discípulo, el profesor Fernández Domínguez), en un homenaje al catedrático y magistrado Martín Valverde[4]. Sin lugar a duda, el buen juicio aconseja intentar seguir ahora la misma sistemática de ambas aportaciones.

En definitiva, sirvan los iniciales versos del lugués Álvaro Cunqueiro para acompañar este pequeño homenaje a otro lucense, también cultivador de la literatura (entre otras pasiones), como lo era Don Germán. Ofrenda de quien, con bastante egoísmo, gusta de considerarse su último alumno, pues tuve el honor en mi primer año de carrera (¡ahí sí que estábamos *tenros coma nenos*!) de recibir las últimas lecciones del profesor Barreiro, cuando allá por el año 2010 tuvo un serio problema de salud que lo retiró de la docencia, por supuesto solo de la reglada, pues su magisterio continuó y a buen seguro nos acompañará, pues seguiremos *escoitando o seu cantar.*

2. FUNCIÓN Y EXTENSIÓN DE LA PRERROGATIVA

El art. 68 ET dispone que los miembros del comité de empresa y los delegados de personal tendrán, entre sus garantías, la de "disponer de un crédito de horas mensuales retribuidas cada uno de los miembros del comité o delegado de personal en cada centro de trabajo, para el ejercicio de sus funciones de representación". Pero, debido al doble canal de representación en el Estado español, esta prerrogativa no se agota ahí.

Como bien expuso la jurisprudencia constitucional, el derecho a la libertad sindical recogida en el art. 28.1 CE comprende, además del derecho de los trabajadores de organizarse sindicalmente, "el derecho de los sindicatos de ejercer aquellas actividades que permiten la defensa y protección de los propios trabajadores, de lo que se sigue que para el eficaz ejercicio de sus funciones, los representantes sindicales han de disfrutar de una serie de garantías y facilidades, que de algún modo se incorporan al contenido esencial del derecho de libertad sindical", siendo una de ellas

---

3 BARREIRO GONZÁLEZ, G.: *El crédito de horas de los representantes de los trabajadores*, Madrid (Instituto de Estudios Laborales y de la Seguridad Social), 1984.

4 BARREIRO GONZÁLEZ, G. y FERNÁNDEZ DOMÍNGUEZ, J.J.: "El crédito de horas de los representantes de los trabajadores en la doctrina del Tribunal Supremo", en AA.VV.: *El Estatuto de los Trabajadores en la Jurisprudencia del Tribunal Supremo*, Madrid (Editorial Tecnos), 2015, pp. 752-776.

el disponer de un crédito de horas mensuales retribuidas[5]. De ahí que, en cuanto expresión de tutela legal para otorgar efectividad al derecho fundamental de la libertad sindical, "el desconocimiento, la privación o la no tutela (de ese derecho) por los órganos judiciales puede ser objeto de protección en la vía de amparo"[6]. Sin embargo, cabe puntualizar que, pese a los vasos comunicantes en este doble canal, no podrán otorgarse derechos reservados a los representantes de una sección sindical, "ni bajo el pretexto de un acuerdo de mejora en la representación", a los miembros de una entidad carente de la condición de sindicato y, por ello, "del exclusivo régimen de la acción sindical", como ocurre cuando se equipara a un portavoz de una candidatura independiente que concurre a las elecciones a comités de empresa con un delegado sindical y, por ello, le es concedido el crédito horario[7].

En esta vía sindical, es el art. 10 LOLS el que determina que "los delegados sindicales, en el supuesto de que no formen parte del comité de empresa, tendrán las mismas garantías que las establecidas legalmente para los miembros de los comités de empresa o de los órganos de representación que se establezcan en las Administraciones públicas"; eso sí, siempre que estos delegados lo sean de sindicatos con presencia en los comités de empresa (o en los órganos de representación que se establezcan en las Administraciones públicas) en "las empresas o, en su caso, en los centros de trabajo que ocupen a más de 250 trabajadores". Esta toma en consideración del ámbito empresarial o del centro de trabajo a la hora de establecer el número de delegados sindicales y, por lo tanto, el número de horas de representación a conceder, ha sido una de las cuestiones judicialmente más relevantes. Así, la STS 15 julio 1996 (rec. 3432/1995) entiende que el art. 8.1 LOLS "configura la constitución de la sección sindical con carácter alternativo en la empresa o en el centro de trabajo, opción esta que corresponde al sindicato en el desarrollo de su libertad de organización interna", motivo por el cual el cumplimiento de los dos requisitos citados (número de trabajadores y presencia en el comité) deben entenderse referenciados a la opción escogida[8]. Sin embargo, la posterior STS 10 noviembre 1998 (rec. 2123/1998) vino a distinguir entre la facultad de constituir secciones sindicales y la facultad de nombrar delegados sindicales que representen a estas secciones sindicales con las garantías del art. 68 ET, entendiendo que

---

5 STC 40/1985 de 13 marzo.

6 STC 61/1989 de 3 abril.

7 STS 14 abril 2015 (rcud. 88/2014).

8 De modo similar, la STS 28 noviembre 1997 (rec. 1092/1997).

"la posibilidad de acudir a la empresa o al centro de trabajo no es algo que quede al arbitrio del sindicato, sino que ello está en función de los órganos de representación de los trabajadores para ejercer su derecho de participación en la empresa"[9].

La actual doctrina, consagrada por la STS 18 julio 2014 (rec. 91/2013), parte de la consideración de las diferencias entre los delegados sindicales, cuya referencia "en primer lugar es la empresa y solo *en su caso* aparece el centro de trabajo", y los miembros del comité de empresa, que, pese a su nombre, "la referencia es el centro de trabajo y solo en ciertos casos se podrá constituir o un *comité de empresa conjunto* (...) o un *comité intercentros*". De ahí que "la opción entre organizar la Sección Sindical de Empresa —y, consiguientemente, los Delegados Sindicales que la van a representar ante el empresario— de manera conjunta para toda la empresa o de forma fraccionada por centros de trabajo (siempre que estos —todos o, al menos alguno— cuenten con más de 250 trabajadores[10]), corresponde al sindicato en cuestión, puesto que se trata de un ejercicio de la actividad sindical integrante del derecho de libertad sindical del que es titular el sindicato". Esta sentencia contó con un voto particular que, reconociendo "la complejidad de la regulación legal y la dificultad que entraña coordinar la norma orgánica con la estatutaria, para aquellos supuestos en los que, como parece ser el caso, ninguno de los centros de trabajo de la empresa superen los umbrales previstos en la LOLS y en el ET", entiende que la garantía horaria de los propios representantes unitarios parece venir determinada por el centro de trabajo, motivo por el cual, extender a toda costa los intereses sindicales "vendría a consagrar, sin justificación objetiva y razonable alguna, un trato judicial discriminatorio —por más favorable— a la representación sindical respecto a la unitaria"; si bien lo que verdaderamente parece subyacer en la argumentación del voto es la carga sobre el empleador del costo de esa garantía.

Otra cuestión interesante en relación a la potestad del sindicato para autoorganizarse es que, cuando la "empresa" es una entidad pública donde convivan personal laboral y funcionarial, cabe la posibilidad de constituir una sección sindical "mixta" que agrupe a todo el personal, siempre que no contravenga lo establecido en los Estatutos del Sindicato. En este

---

9 Asimismo, SSTS 15 marzo 2004 (rec. 116/2003) y 9 junio 2005 (132/2004). Distinción entre los arts. 8 y 10 LOLS que, bajo otra premisa, ya había sido manifestada en la STS 21 noviembre 1994 (rec. 3191/1993).

10 Incluso cuando por el convenio colectivo de aplicación se rebaja este umbral mínimo a 150 trabajadores, según la STS 18 octubre 2016 (rec. 244/2015).

caso, es permisible acudir al cómputo de efectivos en los dos ámbitos para el nombramiento de delegados sindicales, procediendo del mismo modo para el cálculo del

crédito horario[11]. Sin embargo, cuando el sindicato únicamente tenga presencia, bien en el Comité de Empresa, bien en la Junta de Personal, la designación de un delegado sindical "no implica que, a efectos de sus derechos, se puedan otorgar al margen del marco normativo que ha permitido tal designación", por lo que lo sería por su presencia en uno de ellos, sin perjuicio de que la Sección Sindical haya querido extender la actividad del mismo al resto de los trabajadores respecto de los cuales carece de presencia en el órgano correspondiente, siendo este ámbito de actuación menor el que "justifica que el crédito horario no pueda equipararse a la de quienes tienen mayor ámbito de acción por estar presentes en los dos órganos representantes de los trabajadores —Comités de Empresa y Juntas de Personal—"[12].

A la representación sindical y estatutaria cabe añadir, a estos efectos, a los Delegados de Prevención, los cuales, según el art. 35 LPRL, son los representantes de los trabajadores con funciones específicas en materia de prevención de riesgos en el trabajo. En principio, el punto 2 de ese artículo impone que la persona designada fuera ya un representante legal de los trabajadores. Sin embargo, el posterior punto 4 no obsta a que los convenios colectivos puedan establecer otros sistemas de designación de los Delegados de Prevención, siempre que se garantice que la facultad de designación corresponde a los representantes del personal o a los propios trabajadores. De modo que incluso "pueden también coexistir en una misma empresa ambos sistemas de designación, si el convenio colectivo se acoge a la facultad que le otorga el art. 35.4 LPRL y los representantes de los trabajadores optan por elegir unos delegados de prevención entre sus integrantes y otros bajo la diferente modalidad que pudiere haber contemplado el convenio colectivo"[13].

Pues bien, según el art. 37.1 LPRL, lo previsto en el art. 68 ET en materia de garantías será de aplicación a los Delegados de Prevención en su condición de representantes de los trabajadores, lo que incluye evidentemente el crédito horario. Es entendible esta extensión de la prerrogativa a quienes ejercitan tareas de protección y prevención de riesgos laborales,

---

11 STS 13 marzo 2024 (rec. 240/2021).

12 STS 31 marzo 2022 (rec. 101/2020).

13 STS 16 noviembre 2016 (rcud. 3757/2014).

máxime si no forman parte del comité de empresa ni ostentan cargo de representación de los trabajadores, "en aras a evitar que puedan sufrir perjuicios adicionales por el desempeño independiente y reivindicativo de esa actividad que puede llevarles a desencuentros importantes con su empleador"[14].

3. DISPOSICIÓN Y REQUISITOS

Cuando el art. 68.e ET señala que el crédito de horas mensuales retribuidas, destinadas como garantía para los representantes de los trabajadores, lo son para el ejercicio de sus funciones de representación, hay que entender ese crédito en un sentido amplio, incluyendo, como indica el punto 11 de la Recomendación 143 OIT[15], el tiempo libre necesario para asistir a reuniones, cursos de formación, seminarios, congresos y conferencias sindicales. En este sentido, cabe destacar que la tarea de representación aparece enumerada entre los derechos básicos reconocidos a los trabajadores (art. 4.1 ET), esto es, claramente diferenciada de la atinente a los derechos nacidos de la concreta relación de trabajo con la empresa (art. 4.2 ET), lo que conlleva un tratamiento específico[16].

Así las cosas, "una recta comprensión del precepto lleva a concluir que el representante utilizará el número de horas que necesite para el ejercicio de dichas funciones y en el día en que las precise, sin que la norma obligue a que utilice el día completo si las funciones de representación solo exigen dedicar unas determinadas horas"[17]. Tampoco el aspecto locativo queda reducido al centro de trabajo, dado que estas funciones pueden incluir "tanto estudio como elaboración de informes que pueden realizarse en lugares muy varios y privadamente, como actividades de relación social con compañeros"[18], las cuales a veces precisan "realizarse en reuniones informales y en lugares de recreo", por lo que debe seguirse un "criterio de

---

14 Nuevamente la STS 16 noviembre 2016 (rcud. 3757/2014), cuyo litigio de fondo tuvo repetición durante dos anualidades más, obligando a dictarse las SSTS 29 mayo 2018 (rcud. 2333/2016) y 7 febrero 2020 (rcud. 1584/2017).

15 Recomendación sobre los representantes de los trabajadores, 1971 (núm. 143).

16 Así lo manifiesta la STS 5 diciembre 1989.

17 STS 8 noviembre 2010 (rec. 144/2009). También la STS 27 junio 2018 (rec. 227/2016), anulando, en un convenio colectivo, la cláusula que limita la utilización del crédito horario a jornadas completas.

18 STS 2 noviembre 1989.

flexibilidad en el cómputo del tiempo empleado" y, al tiempo, "preservarse la independencia del representante"[19].

En cuanto a los requisitos formales para el disfrute del crédito horario, "la naturaleza jurídica de *permiso retribuido* que caracteriza al crédito horario y que determina su necesaria relación con la actividad laboral del titular (pues en principio ha de disfrutarse en periodo de trabajo)"[20], hace que, lo mismo que los restantes permisos retribuidos del art. 37.3 ET, el ejercicio del crédito horario requiera preaviso y justificación, "determinados por la necesidad de organizar el proceso productivo y de prevenir el uso abusivo del crédito"[21]. Sin embargo, la doctrina del Tribunal Supremo considera desde antiguo que el permiso que el trabajador ha de solicitar del empresario "tiene en realidad la naturaleza de un simple aviso previo al ser obligatoria su concesión salvo razones extraordinarias, dados los términos de la norma que utiliza el verbo *disponer*"[22]. Por ello, no cabe que el empresario establezca de forma unilateral una serie de requisitos condicionantes para el uso del crédito horario, por ejemplo, un "preaviso mínimo por escrito de 48 horas salvo por razones de urgencia *(pero de urgencia, no todo es urgente, no todo es un imprevisto)*"[23], lo que no exime al representante de ejercer esta prerrogativa conforme a las reglas de la buena fe. De igual manera, la justificación posterior tampoco resulta ni ilimitada ni incondicionada, bastando una comunicación genérica porque, "además, si la empresa exigiese un conocimiento pormenorizado de la mentada reunión sindical, tal conducta entrañaría un atentado a los Convenios 87 y 98 de la OIT"[24].

En suma, asiste a los representantes de los trabajadores "una presunción *iuris tantum* de probidad en su empleo; sin perjuicio, claro es, de la prueba en contrario, que acarrearía la pertinente consecuencia sancionadora"[25]. Sin embargo, la mentada amplitud de la actividad de representantes y delegados, en la práctica "hace siempre difícil y problemático determinar por observaciones externas si (...) están desempeñando o no las funciones propias de su cargo"[26]. Impedimentos aparte, es cierta la posibilidad de que la facultad disciplinaria del empresario pueda incidir en la conducta seguida

---

19 STS 5 diciembre 1989.

20 STS 23 marzo 2015 (rec. 49/2014).

21 STS 6 marzo 2019 (rcud. 1052/2017).

22 STS 7 mayo 1986.

23 STS 18 mayo 2016 (rec. 37/2015).

24 STS 14 abril 1987.

25 STS 14 abril 1987.

26 STS 2 noviembre 1989.

por cualquier representante, requiriéndose para ello que el crédito horario sea empleado "en actividades manifiestamente incompatibles con la actividad representativa, que esta conducta sea sostenida y ponga en riesgo el interés legítimo del empresario en que los representantes hagan cuerpo con sus representados y que las pruebas obtenidas de esta conducta no atenten a la libertad sindical"[27].

4. LA CUANTÍA Y LA ACUMULACIÓN

Respecto a la cuantía de horas, es destacable que la entrada en vigor del primer ET, en marzo de 1980, supusiera la reducción del crédito de horas respecto a lo señalado en la norma anterior[28], por cuanto desde ese momento pasa a introducirse una escala variable bajo la cual solo los representantes de los centros mayores de setecientos cincuenta trabajadores mantendrán la reserva de hasta cuarenta horas laborales mensuales (mejorable por acuerdo de empresa o convenio colectivo), viéndose así gran cantidad de ellos abocados a una minoración hasta las 15 horas. Destaca la monografía que en esta pérdida tuvo bastante peso la comparativa con la situación en otros países europeos, en especial con el modelo francés y, así mismo, que la merma del "tiempo de representación" fue en conjunto aún mayor, puesto que en paralelo hubo una reducción del número de representantes[29].

Por lo tanto, el crédito viene configurado de acuerdo con la escala reflejada en el art. 68.e ET, la cual otorga 15 horas en aquellos en cada centros de trabajo que ocupen hasta cien trabajadores; 20 horas donde haya de ciento uno a doscientos cincuenta trabajadores; 30 horas si el número de trabajadores va desde doscientos cincuenta y uno a quinientos; 35 horas cuando existan entre quinientos uno y setecientos cincuenta trabajadores; y, finalmente, 40 horas cuando el número de trabajadores exceda de setecientos cincuenta y uno. En consecuencia, la doctrina jurisprudencial permite que la empresa ajuste el crédito horario de los representantes cuando se produce una disminución persistente de plantilla, acomodándolo al número real de trabajadores con los que el representante debe desarrollar su función[30].

---

27 STS 27 noviembre 1989.

28 Esto es, el Decreto 1878/1971, de 23 de julio, por el que se regula el régimen jurídico de garantías de los cargos sindicales electivos, en su art. 13.

29 BARREIRO GONZÁLEZ, G.: *El crédito de horas de los representantes de los trabajadores*, Madrid (Instituto de Estudios Laborales y de la Seguridad Social), 1984.

30 STS 14 julio 2022 (rec. 135/2020).

Cabe precisar que este derecho a la cuantía correspondiente debe mantenerse aunque el representante sea acreedor de otro crédito horario en la empresa, atribuido por convenio, al pertenecer a una comisión paritaria que concede cuarenta horas mensuales para cada vocal miembro, por ser esta de composición mixta, formando parte de ella tanto representantes empresariales como representantes de los trabajadores (designados únicamente por "los sindicatos firmantes" del convenio colectivo)[31].

Por otra parte, como ya quedó sentado, el sindicato puede organizar libremente la estructura representativa que desea implantar en la empresa, en particular, a nivel de centros de trabajo o de la empresa en su conjunto, y que si la sección sindical se establece a nivel de empresa es ese mismo ámbito es el que ha de tomarse en cuenta para determinar su derecho a designar delegado sindical al amparo del artículo 10.1 LOLS[32]. Pues bien, puede surgir la duda de la cuantía horaria correspondiente a un representante unitario en un centro de trabajo cuando es nombrado delegado sindical de una sección sindical de empresa de ámbito estatal. Tal es el caso de la STS 10 mayo 2017 (rec. 88/2016) tras sentencias de instancias inferiores entendiendo, a tenor del art. 10.3 LOLS, que en estos casos el crédito horario solo opera a favor de los delegados sindicales que no formen parte del comité de empresa. Sin embargo, el Alto Tribunal entiende que ese artículo dispone una garantía de mínimos para quien no forma parte del comité, pero que "el precepto no puede ser utilizado para mermar unos derechos que por su carácter de Delegados Sindicales pueden llegar a ser superiores a los que disfruten los miembros del Comité". De ahí que no se trate de acumular ambos derechos, sino aplicar la garantía específica que posee el delegado sindical en materia de crédito horario cuando así lo ha dispuesto la sección sindical con su designación. La interpretación contraria, es decir, "resolver el problema haciendo prevalecer el estatuto de representante unitario con motivo de que ya se disfrutaba de él, implica que en la hipótesis inversa (primero delegado sindical, luego representante unitario) prevalecería el estatuto de delegado sindical, lo que aboca a soluciones opuestas a partir de un dato casual"[33].

En otro orden de cosas, el mismo precepto estatutario que instaura la escala, establece que "podrá pactarse en convenio colectivo la acumulación de horas de los distintos miembros del comité de empresa y, en su caso, de los delegados de personal, en uno o varios de sus componentes, sin rebasar

---

31 STS 723/2023 (rec. 315/2021).

32 Por todas, la STS 6 junio 2017 (rec. 216/2016).

33 STS 10 mayo 2017 (rec. 88/2016).

el máximo total, pudiendo quedar relevado o relevados del trabajo, sin perjuicio de su remuneración". Dado que legalmente no es posible rebasar el máximo total parece notorio que la finalidad del reparto es ganar en eficacia respecto de las labores representativas, pues como indica la jurisprudencia constitucional, tras recalcar que la acumulación en todo caso precisa de la libre voluntad concurrente del empleador y los representantes de los trabajadores, "(constituye) su utilización una decisión interna de cada sindicato en aras de un eficaz desarrollo de su actividad sindical en la empresa y fuera de ella"[34].

Asimismo, puesto que ese precepto habilita la posibilidad en la negociación colectiva del pacto acumulativo entre los distintos integrantes de los órganos de representación unitaria de los trabajadores, cuando efectivamente el convenio colectivo de aplicación admite la acumulación, "esa misma previsión debe ser igualmente aplicable a los delegados de prevención" por la equiparación que hace el art. 37.1 LPRL al remitirse al art. 68 ET, aún sin que exista una concreta referencia a este tipo de representantes en el texto paccionado, pero que tampoco les excluye de manera expresa[35].

Un elemento que no parece resuelto, al menos de forma satisfactoria, es la cesión de crédito horario de trabajadores en situación de incapacidad temporal o de descanso por vacaciones o festivos. Así, la STS 23 marzo 2015 (rec. 49/2014) debe fijar cuál es el número de horas al año que el sindicato demandante, a través de su delegado sindical, puede disponer en atención al sistema de cálculo del art. 68 ET, al que hay que acudir por remisión de la LOLS. Para ello, comienza resaltando que "el crédito horario está indefectiblemente ligado a la actividad laboral, pues en elementales términos lógicos el *permiso* [crédito horario] no es concebible sino como exención al cumplimiento de una obligación previa [actividad laboral]". De ahí que justifique un diferente tratamiento jurídico para ambos supuestos por cuanto "la divergencia entre ellos viene determinada por la también diversa *causa* de su respectiva inactividad. Así, en tanto que la IT se produce en tiempo de actividad laboral que no puede llevarse a cabo precisamente porque media la contingencia protegida, muy contrariamente el periodo de vacaciones es —por imposición legal— tiempo de obligada inactividad". La consecuencia es que debe imperar el criterio de mantenimiento del crédito "en los supuestos en que su titular se vea afectado por IT, pues con

---

34 STC 70/2000 de 13 de marzo.

35 STS 17 octubre 2023 (257/2021). Jugando aquí un papel importante la jurisprudencia (sobre la fijación de servicios mínimos en una huelga) en el sentido de que deben vetarse interpretaciones restrictivas de un derecho fundamental.

tal solución se evitaría que resultasen injustificadamente perjudicados los intereses colectivos a que el crédito atiende, en tanto que la solución contraria privaría —durante toda la IT— de la defensa representativa que el legislador dispone a favor del colectivo de trabajadores"; por el contrario, tratándose de inactividad por vacaciones, el Alto Tribunal afirma que, dado que todo trabajador tiene derecho al mes de vacaciones anuales, "el cómputo anual del crédito horario del art. 68 ET solo puede ser el de multiplicar por 11 mensualidades el número de horas mensuales allí indicado"[36].

Frente a esta concepción, parecen más acordes a la tradición colectiva de la institución garantista horaria los argumentos manifestados en el voto particular cuando, para justificar la necesidad de interpretar el cómputo anual como la suma de doce mensualidades, afirma que "no estamos aquí ante la reclamación del derecho a los permisos, ejercitada por un trabajador individual en el que concurra la condición de representante sindical; sino ante la demanda de carácter colectivo del sindicato, que acciona en su propio nombre en defensa de su derecho de acción sindical a través de las garantías que reclama para aquel que resulte ser designado como su delegado". De este modo, "una cosa es el derecho a utilizar un número determinado de horas y otra el modo en que actúa sobre la relación laboral del trabajador-representante el concreto uso de las mismas; como también es distinto el número total de horas que se pueden utilizar de aquel efectivamente utilizado"[37].

Por último, hay que poner de relieve que mientras el crédito horario regulado en el artículo 68.e ET "constituye un mínimo de derecho indisponible, susceptible de ser mejorado por convenio colectivo, pero no de ser limitado o modalizado en su ejercicio, la acumulación de horas de los distintos representantes únicamente procede si así se ha acordado en convenio colectivo". En consecuencia, en el pacto colectivo puede establecerse o no la acumulación y, por lo tanto, "puede acordarse la forma, límites y efectos de dicha acumulación", por ejemplo, que la utilización del crédito horario habrá de ser por jornadas completas[38].

---

[36] Y, limitándose a reproducir su literal, también las SSTS 18 enero 2018 (rcud. 58/2017) y 6 marzo 2019 (rcud. 1052/2017).

[37] Voto particular de la STS 23 marzo 2015 (rec. 49/2014).

[38] STS 8 noviembre 2010 (rec. 144/2009). Bien es cierto que, en este caso, cuando los representantes electos tenían que atender actividades sencillas o menos exigentes podían utilizar su propio crédito horario como más les convenía, sin tener que utilizar un mínimo de una jornada.

5. LA INDEMNIZACIÓN POR VULNERACIÓN

A juicio de la jurisprudencia constitucional, el derecho al crédito de horas retribuidas forma parte del contenido adicional del derecho a la libertad sindical, siendo de libre reconocimiento y configuración por el legislador y, en su caso, por la negociación colectiva[39]. Esta conexión con uno de los derechos fundamentales, vía art. 28.1 CE, posibilita el acceso a la tutela judicial del art. 53.2 CE, la cual "en el ordenamiento laboral presenta una dualidad de cauces procesales" [40]: por un lado, la tutela de la libertad sindical a través del proceso laboral especial que configura la modalidad procesal formalizada en los arts. 177 y ss. LRJS; y, por otro, la tutela de los derechos fundamentales en el marco de otras modalidades procesales a las cuales hace remisión el art. 184 LRJS.

La propia LOLS, en su art. 15, indica que, si el órgano judicial entendiese probada la violación del derecho de libertad sindical, decretará el cese inmediato del comportamiento antisindical, así como la reparación consiguiente de sus consecuencias ilícitas, remitiendo las actuaciones al Ministerio Fiscal, a los efectos de depuración de eventuales conductas delictivas. El art. 183 LRJS añade que, cuando la sentencia declare la existencia de vulneración, el juez deberá pronunciarse sobre la cuantía de la indemnización que, en su caso, le corresponda a la parte demandante por haber sufrido discriminación u otra lesión de sus derechos fundamentales y libertades públicas, en función tanto del daño moral unido a la vulneración del derecho fundamental, como de los daños y perjuicios adicionales derivados. Indemnización con finalidad tanto reparadora como preventiva del daño, que no podrá darse mientras en un procedimiento penal esté viva la acción de daños y perjuicios derivada de delito o falta. Por lo tanto, la fijación del "quantum indemnizatorio" corresponde al juzgador de instancia, siendo únicamente revisada por la Sala si es manifiestamente irrazonable o arbitraria[41].

La recapitulación histórica de la doctrina del Tribunal Supremo en materia de indemnización por vulneración de derechos fundamentales muestra como, tras una etapa inicial de concesión automática en la que se entendió procedente la condena al pago de la indemnización por los daños morales causados, sin necesidad de que se acreditara un específico

[39] Así lo constata, con cita de la STC 241/2005 de 10 de octubre, la STS 11 abril 2016 (rec. 528/2014).

[40] STS 20 abril 2022 (recud. 2391/2019).

[41] STS 13 marzo 2024 (rec. 240/2021).

perjuicio por considerar que éste debía de presumirse, se pasó a exigir la justificación de la reclamación acreditando indicios o puntos de apoyo suficientes en los que se pudiera asentar la condena[42]. Es precisamente esta segunda época la mostrada por el capítulo sobre la doctrina del Tribunal Supremo[43], revelando que (hasta ese 2015) la respuesta del Alto Tribunal había sido siempre denegatoria, bien por ausencia de acreditación del daño efectivamente causado o, al menos, de hechos indiciarios que sustenten la condena indemnizatoria, bien por falta de las bases y elementos necesarios para valorar los daños.

En la actualidad, entendiendo la especial dificultad de la estimación detallada de los daños morales unidos a la vulneración del derecho fundamental, el Tribunal Supremo afirma que "deben flexibilizarse las exigencias normales para la determinación de la indemnización, sin que pueda exigirse al reclamante la aportación de bases más exactas y precisas para su determinación"[44]. De ahí el recurso a la utilización del criterio orientador de las sanciones pecuniarias previstas por la LISOS para las infracciones producidas en estos casos, el cual ha sido admitido por la jurisprudencia constitucional[45], pero sin caer en una aplicación sistemática y directa de aquella, pues su horquilla cuantificadora de las sanciones para un mismo tipo de falta (leve, grave, muy grave) resulta ser excesivamente amplía, debiendo necesariamente acompañarse de una valoración de las circunstancias concurrentes en el caso concreto, en aspectos tales como "la persistencia temporal de la vulneración del derecho fundamental, la intensidad del quebrantamiento del derecho, las consecuencias que se provoquen en la situación personal o social del trabajador o del sujeto titular del derecho infringido, la posible reincidencia en conductas vulneradoras, entre otros"[46], a los que cabe añadir, en su caso, la merma "del derecho a la actividad sindical, con la influencia que ello tiene en su imagen ante afiliados y trabajadores de la empresa"[47].

---

42 STS 24 octubre 2019 (rec. 12/2019).

43 BARREIRO GONZÁLEZ, G. y FERNÁNDEZ DOMÍNGUEZ, J.J.: "El crédito de horas de los representantes de los trabajadores en la doctrina del Tribunal Supremo", en AA.VV.: *El Estatuto de los Trabajadores en la Jurisprudencia del Tribunal Supremo,* Madrid (Editorial Tecnos), 2015, pp. 752-776.

44 STS 11 julio 2023 (rec. 243/2021).

45 STC 247/2006 de 24 de julio.

46 STS 20 abril 2022 (recud. 2391/2019).

47 STS 11 enero 2017 (rec. 11/2016).

6. BIBLIOGRAFÍA

BARREIRO GONZÁLEZ, G.: *El crédito de horas de los representantes de los trabajadores*, Madrid (Instituto de Estudios Laborales y de la Seguridad Social), 1984.

BARREIRO GONZÁLEZ, G. y FERNÁNDEZ DOMÍNGUEZ, J.J.: "El crédito de horas de los representantes de los trabajadores en la doctrina del Tribunal Supremo", en AA.VV.: *El Estatuto de los Trabajadores en la Jurisprudencia del Tribunal Supremo*, Madrid (Editorial Tecnos), 2015.

Capítulo XI

Solución extrajudicial de conflictos en el punto de mira de una posible eficiencia judicial

Natalia Ordoñez Pascua
Profesora Contratada Doctora de Derecho del Trabajo y de la Seguridad Social
Universidad de León

SUMARIO: 1. EL CONFLICTO LABORAL COMO SUCESO IMBRICADO EN LA RELACIÓN DE TRABAJO. 2. UNA ESPERADA INTERVENCIÓN NORMATIVA COMO MEDIO DE POTENCIACIÓN DE SOLUCIONES EXTRAJUDICIALES EN EL ORDEN SOCIAL. 3. ASAC VI: UN AVANCE EN LA REGULACIÓN CONVENCIONAL DE LOS PROCEDIMIENTOS AUTÓNOMOS DE SOLUCIÓN DE CONFLICTO. 4. BIBLIOGRAFÍA

Hoy, como 10 años antes puse de manifiesto con ocasión en la obra colectiva "Lecturas sobre la Obra Científica de Germán José María Barreiro González en sus XXV años como Catedrático de Derecho del Trabajo", continua siendo habitual la excesiva judicialización de situaciones que podrían encontrar avenencia sin necesidad de acudir a los tribunales y enterrar entre papeles a sus Señorías, y al hilo de ello procede traer a colación aquel acertado pasaje del que el Profesor D. Germán José María Barreiro González dejaba constancia en la p. 45 de su obra *Ius Quijotescum* (2006), una de las múltiples llevadas a cabo fruto de su prolija pasión por la escritura, y que rezaba así: "Paréceme que en este pleito no ha de haber largas dilaciones, sino juzgar luego a juicio de buen varón [de equidad, sin recurrir a los tribunales]; y, así, yo doy por sentencia que el sastre pierda las hechuras, y el labrador el paño, y las caperuzas se lleven a los presos de la cárcel[una crítica, quizás, al uso de dar a los presidiarios cosas, alimentos y enseres en mal estado] y no haya más... [y] se hizo lo que mandó el gobernador".

1. EL CONFLICTO LABORAL COMO SUCESO IMBRICADO EN LA RELACIÓN DE TRABAJO

Las relaciones laborales constituyen uno focos más sensibles a la aparición de conflictos de trabajo por lo que todo apunta a que el adecuado encauzamiento de la mentada conflictividad constituiría una herramienta capaz de conseguir un "arreglo" adecuado, ora, haciendo partícipes directos en la solución a las partes implicadas, ora, recurriendo a la ayuda de mediadores, pero, en todo caso, prescindiendo de la vía judicial establecida a tal efecto y utilizada en exceso.

El reconocimiento de la existencia del conflicto laboral y de la búsqueda de mecanismos de solución llevaron a la Organización Internacional del Trabajo (OIT) a descender sobre esta cuestión; así, en 1951 ve la luz la Recomendación 92[1] sobre la Conciliación y el Arbitraje voluntarios en la que se apuesta por el impulso de los sistemas de solución autónoma de conflictos laborales valiéndose para el fin pretendido de organismos que deberían contar con una participación equilibrada de aquellos sujetos objeto de confrontación y que no son otros que las personas trabajadoras y los empleadores[2]. En este mismo texto se abogaba por el fortalecimiento de la figura del arbitraje voluntario como medio para evitar el conflicto colectivo aceptando la decisión de un tercero siempre que exista consentimiento previo de las partes interesadas en el procedimiento[3]. Sin embargo, el mecanismo o instrumento internacional utilizado —Recomendación—para vehiculizar y promover estos sistemas resolutivos carece de valor vinculante por lo que únicamente apunta al establecimiento de pautas para orientar el ordenamiento jurídico, las políticas públicas y las prácticas de los Estados miembros, sin que esto pueda mermar importancia a su valor de directriz que los miembros habrán de tener como referencia.

Por cuanto hace a la norma española, la existencia de conflicto encuentra engarce en el contenido de la Constitución Española de 1978 (CE)[4], a través del art. 7 CE —con el papel reconocido a los sindicatos y asociaciones empresariales para la defensa de sus intereses—, el art. 28.2 CE —mediante la posibilidad de ejercer el derecho a la huelga como mecanis-

---

1 Adoptada en Ginebra, 34ª reunión CIT (29 junio 1951).

2 Arts. 1 y 2, Recomendación 92 OIT: "Se deberían establecer organismos de conciliación voluntaria, apropiados a las condiciones nacionales, con objeto de contribuir a la prevención y solución de los conflictos de trabajo entre empleadores y trabajadores. Todo organismo de conciliación voluntaria, establecido sobre una base mixta, debería comprender una representación igual de empleadores y de trabajadores".

3 Art. 6 Recomendación 92 OIT: "Si un conflicto ha sido sometido al arbitraje, con el consentimiento de todas las partes interesadas, para su solución final, debería estimularse a las partes para que se abstengan de recurrir a huelgas y a lockouts mientras dure el procedimiento de arbitraje y para que acepten el laudo arbitral".

4 LANTARÓN BARQUÍN, D.: "A vueltas sobre la solución extrajudicial del conflicto laboral", *Información Laboral*, núm. 10, 2003, p. 2.

mo de defensa de los intereses de la persona trabajadora— y, de manera más concreta, en el art. 37.2 CE, con el reconocimiento del derecho de las partes —trabajadores y empresarios— a adoptar medidas de conflicto colectivo, abriendo la posibilidad al desarrollo de un modelo amplio de relaciones colectivas sustentado una diversidad de fórmulas de solución de conflicto combinando medios de solución autónoma pacíficos con otros de presión[5]. Así, la resolución de las controversias laborales permitiría acudir tanto de manera directa a la vía judicial como optar por otras vías de carácter no jurisdiccional, sin que tal dicotomía suponga en modo alguno la renuncia a ningún derecho en tanto el sistema de solución autónoma extrajudicial de conflictos no excluye en modo alguno la vía judicial, sino que supone una vía adicional de poner fin a los conflictos laborales cuando las partes no llegan al acuerdo de forma directa.

Sin dejar el marco de desarrollo del contenido constitucional, muchas han sido las referencias al uso de la vía extrajudicial como medio de resolución de conflictos como es posible constatar en la Ley Orgánica de Libertad Sindical[6](LOLS) que, descendiendo en el contenido del art. 28.1 CE, recoge en su tenor el derecho de participación de los sindicatos más representativos —en su ámbito territorial— en los sistemas no jurisdiccionales de solución de conflictos de trabajo[7], o las posteriores reformas laborales operadas —de manera más acusada durante el periodo de 2010-2012— que incentivan el uso de los medios autónomos como fórmula más adecuada para la resolución de las discrepancias en materia de trabajo[8].

Así, la existencia de sistemas extrajudiciales sustentados en la autocomposición, como eficaz alternativa al ejercicio tradicional de la administración de justicia en materia de solución de conflictos, son resultado del desarrollo de otros cauces que debidamente justificados pretenden evitar el elevado volumen de asuntos que llegan a los Juzgados —inasumible— con la consiguiente incapacidad de resolución en tiempo y forma que tal cantidad de trabajo supone, fortaleciendo la autonomía colectiva, minorando los trámi-

---

5 OLARTE ENCABO, S.: "El papel de la administración autonómica andaluza a través de CARL en la resolución de conflictos colectivos de trabajo del SERCLA", *Temas Laborales*, núm. 160, 2021, p. 190.

6 Ley Orgánica 11/1985, de 2 de agosto, de Libertad Sindical (LOLS).

7 Art. 6.3.d), LOLS.

8 Real Decreto-Ley 10/2010, de 16 de junio, de medidas urgentes para la reforma del mercado de trabajo (sustituido por la Ley 35/2010, de 17 de septiembre, de medidas urgentes para la reforma del mercado de trabajo), Real Decreto-Ley 7/2011, de 10 de junio, de medidas urgentes para la reforma de la negociación colectiva o la Ley 3/2012, de 6 de julio, de medidas urgentes para la reforma del mercado laboral.

tes administrativos y colaborando en la labor de desjudicializar el conflicto laboral en *aras* a poder dar más pronta solución a aquellas cuestiones

Con estas premisas, procedería llevar a cabo una clasificación de los procedimientos de solución que el panorama normativo permite y que, atendiendo a la naturaleza de los mismos, podrían adoptar la forma, de un lado, de mecanismos extrajudiciales y judiciales de solución de conflictos y, de otro, de procedimientos de solución autónomos creados en el seno de la negociación colectiva. Atendiendo a esa clasificación la diferencia entre los procedimientos judiciales y extrajudiciales podría situarse en la intervención o no de un tercero en la solución del conflicto lo que supone diferenciar aquellos medios extrajudiciales que dan cabida a los procedimientos autónomos con sustento en la negociación colectiva[9]. Aparecen así tres posibilidades de solución: la conciliación, en la que el tercero reúne a las partes con el objeto de facilitar un acuerdo entre ellas y obtener así su avenencia sin intervención alguna del órgano conciliador en la solución salvo en lo que atañe al impulso del diálogo; la mediación en la que el tercero supera la simple puesta en contacto de posiciones divergentes intentando aproximar a las partes y proponer soluciones con sustento predominantemente en criterios de equidad[10], y el arbitraje, que atribuye al árbitro el poder de resolver cuando actúa por la libre decisión de las partes interesadas en el conflicto constituyendo su decisión —laudo arbitral— un acto con efectos equivalentes a la decisión jurisdiccional.

2. UNA ESPERADA INTERVENCIÓN NORMATIVA COMO MEDIO DE POTENCIACIÓN DE SOLUCIONES EXTRAJUDICIALES EN EL ORDEN SOCIAL

La necesidad de atender las demandas del orden social en un periodo de tiempo lo más exiguo posible responde al especial carácter tuiti-

---

9 CASAS BAAMONDE, Mª E.: "La solución extrajudicial de los conflictos laborales", *Relaciones Laborales*, núm. 2, 1992, pp. 27-39.

10 MERCADER UGUINA, J. R.: "Relaciones Laborales y solución extrajudicial de controversias", *Anuario de la Facultad de Derecho de la Universidad Autónoma de Madrid*, núm.11, 2007, p. 92. En sentido similar el pasaje contenido en el capítulo "De como el gran Sancho Panza tomó la posesión de su ínsula, y del modo que comenzó a gobernar" del libro Don Quijote de la Mancha de D. Miguel de Cervantes, y que rememoraba el Profesor Don Germán José Barreiro González por su paralelismo con los procesos en los cuales con la intervención de un tercero se resuelve con sustento en la equidad.

vo que el Derecho del Trabajo respecto de las relaciones de trabajo en general y de figura de la persona trabajadora en particular, por lo que los tiempos transcurridos hasta la puesta en marcha de mecanismos de reparación del daño juegan un importante papel y deberían ser lo más cortos posibles.

Nuestro ordenamiento jurídico exige ciertos condicionantes previos a la interposición de una demanda judicial, precisamente, en orden a ofrecer una solución que evite la excesiva judicialización[11]; esta no es una cuestión nueva ya que el carácter preceptivo del intento de celebración de acto de conciliación ante el extinto Instituto de Mediación, Arbitraje y Conciliación —hoy Servicio de Mediación, Arbitraje y Conciliación— previo para la tramitación de cualquier procedimiento laboral figuraba en el tenor del art. 4 del Real Decreto 2756/1979, de 23 de noviembre así como en el art. 63 de la Ley Reguladora de la Jurisdicción Social (LRJS)[12] que insistía en cumplir con esta necesidad como fórmula de "descarga" del volumen de trabajo de los juzgados de lo social a la par que trataba de potenciar la voluntad negociadora otorgando superior valor al acuerdo negociado entre las partes. De hecho, en el preámbulo dejaba clara la intención de conseguir agilizar la tramitación procesal y reforzar la conciliación extrajudicial y la mediación —tanto la previa como la intraprocesal—, el arbitraje, mediante la regulación de una modalidad procesal de impugnación del laudo y con previsión de la revisión de los laudos arbitrales firmes, y la posibilidad de transacción judicial en cualquier momento del proceso. Con el fin señalado, procede al establecimiento de un Título dedicado a la evitación del proceso —Título V— en el que desciende a los mecanismos de solución extrajudicial estableciendo el acto de la conciliación o, en su caso, la mediación ante el servicio administrativo que corresponda como requisito *sine qua non* para el acceso a la vía judicial con la clara idea de conseguir una avenencia y hacer desistir a las partes de continuar con la vía abierta del procedimiento jurisdiccional social. Sin embargo, el número de procedimientos que superan esta barrera y llegan al ámbito jurisdiccional es muy elevado, bien porque el carácter obligatorio de la vía previa no afecta a todas las materias —aunque desde luego a las de mayor calado—, bien por la incapacidad de encontrar soluciones satisfactorias para las partes interesadas.

---

11 MUNUERA GÓMEZ, P y GIL DEL VAL, N.: "Procedimiento extrajudicial de resolución de conflictos socio-laborales; la mediación laboral", *Revista General de Derecho del Trabajo y de la Seguridad Social*, núm. 62, 2022, p. 4.

12 Ley 36/2011, de 10 de octubre, reguladora de la jurisdicción social

En orden a evitar estas situaciones y potenciar los medios extrajudiciales, se gesta el Proyecto de Ley de una pretendida eficiencia procesal[13] que mantiene la insistencia en encontrar soluciones pactadas mediante los llamados MASC —medios adecuados de solución de controversias— de los que, sin embargo, excluye la materia laboral, si bien propone algunas modificaciones en el articulado de la LRJS. En todo caso, una parte sustancial de la reforma dirigía sus esfuerzos a la reactivación de los medios adecuados de solución extrajudicial[14] entre los cuales figuraba un art. 6.3 en virtud del cual "Si se iniciara un proceso judicial con el mismo objeto que el de la previa actividad negociadora intentada sin acuerdo, los tribunales deberán tener en consideración la colaboración de las partes respecto a la solución amistosa y el eventual abuso del servicio público de Justicia al pronunciarse sobre las costas o en su tasación, y asimismo para la imposición de multas o sanciones previstas, todo ello en los términos establecidos en la Ley 1/2000, de 7 de enero, de Enjuiciamiento Civil", todo ello con ánimo de corregir el abuso del servicio público de Justicia, noción que aquí declara desde todo punto incompatible con la sostenibilidad de un sistema que pretende sustentarse en la eficiencia y que aquí engarza con la conculcación de la regla de la buena fe procesal, resultando del uso inadecuado la posibilidad de abrir el mecanismo de imposición motivada de las sanciones previstas en la Ley 1/2000, 7 de enero, de Ley de Enjuiciamiento Civil.

Con todo, del inconcluso procedimiento legislativo contenido en el Proyecto de Ley 121/000097, de medidas de eficiencia procesal del servicio público de Justicia, han sobrevivido —por cuanto aquí importa— en el texto del Real Decreto-Ley 6/2023, de 19 de diciembre, de medidas urgentes para la ejecución del Plan de Recuperación, Transformación y Resiliencia en materia de servicio público de justicia, función pública, régimen local y mecenazgo, cuestiones que precisan ser reseñadas. Se trata de un texto que acomete la reforma de la Ley 36/2011, de 10 de octubre, reguladora de la jurisdicción social y recoge algunas de medidas de eficiencia procesal del servicio público de justicia para armonizar la regulación procesal civil, penal, contencioso-administrativa y social dentro del contexto de tramitación electrónica.

---

13 Proyecto de Ley de medidas de eficiencia procesal del servicio público de justicia. BOCG núm.97-1, 22 de abril de 2022.

14 Precisamente, el tenor "Medios adecuados de solución de controversias en vía no jurisdiccional" encabezaba el Título I del Proyecto de Ley de medidas de eficiencia procesal del servicio público de Justicia.

En primer lugar, cabe partir de la regulación del mentado art. 4 del Real Decreto 2756/1979 en virtud del cual con carácter general es preceptivo el intento de conciliación ante el Servicio de Mediación, Arbitraje y Conciliación previo a la tramitación de cualquier procedimiento laboral lo que deja a merced del art. 64 de la LRJS la tasación en de los procesos exentos de la obligatoriedad de este acto, en un precepto que debe de ser interpretado de tal suerte que cuantos supuestos no encuentren encaje en este artículo precisarán necesariamente conciliación previa. Por cuanto hace a la conciliación pre-procesal, la modificación operada en el art. 64.1 LRJS, excluye del requisito de intento de conciliación a los procesos monitorios[15], aquellos de reclamación sobre acceso, reversión y modificación del trabajo a distancia a los que se refiere el artículo 138 bis y aquéllos en que se ejerciten acciones laborales de protección contra la violencia de género. Continúa en esta línea la nueva redacción del art. 64.2.a) de la LRJS excluyendo de la mentada conciliación los procesos en los que la representación corresponda al abogado del Estado, al letrado o letrada de la Administración dc la Scguridad Social, a los representantes procesales de las Comunidades Autónomas o de las Administraciones Locales o al letrado o letrada de las Cortes Generales.

En lo atinente a la reforma del supuesto contenido en el art. 97.3 LRJS —que ha de ser necesariamente puesto en relación con el 66.3 LRJS que no sufre modificación alguna— refleja la posibilidad de sancionar pecuniariamente al litigante que no acuda injustificadamente al acto de conciliación ante el servicio administrativo correspondiente o a mediación tratando de evitar demoras innecesarias en la solución del conflicto. En la redacción primigenia la imposición de sanciones requería obrar de mala fe o con temeridad, así como la acción de no acudir al acto de conciliación injustificadamente; la novedad en el actual tenor radica en precisar que este último supuesto incluye la no asistencia injustificada "al acto de conciliación ante el servicio administrativo correspondiente o a mediación", procede a la introducción de una un nuevo supuesto al prever la posibilidad de que "motivadamente" sea impuesta una sanción pecuniaria cuando la sentencia condenatoria coincidiera esencialmente con la pretensión

---

15 Parece de cierta lógica la exclusión por cuanto su esencia es dotar de una protección rápida y eficaz al "crédito dinerario líquido de muchos justiciables y, en especial, de profesionales y empresarios medianos y pequeños". Por otro lado, es un procedimiento de base exclusivamente documental y dirigido a reclamaciones judiciales de cantidad. Esta reforma ha de completarse con la modificación producida en el art. 101 de esta misma norma.

contenida en la papeleta de conciliación o en la solicitud de mediación"[16], lo que parece tener por objetivo evitar la intencionalidad en la obtención de una dilación indebida en la solución propuesta y gravando al empresario cuando fuera el condenado al pago de los honorarios de los abogados y graduados sociales de la parte contraria que hubieren intervenido, hasta el límite de seiscientos euros.

En todo caso, la ansiada intervención normativa en el ámbito de la solución extrajudicial de conflictos laborales no solo se alinearía con las tendencias internacionales, sino que daría respuesta a una demanda creciente de los implicados de obtener resultados con mayor celeridad ante la constatación de que la configuración actual del marco legal, aunque suficiente en muchos aspectos, presenta lagunas significativas que limitan la eficacia de los mecanismos de mediación y arbitraje, y que podrían ser superadas mediante una revisión y ampliación legislativa cuidadosa y bien orientada y acompañada de políticas coherentes que promuevan la esencia de las soluciones extrajudiciales. La implementación de reformas debería contar con mecanismos de seguimiento y evaluación que permita ajustar las políticas y la práctica conforme a la evolución de las necesidades y las respuestas de los implicados labor en la cual la creación de un observatorio de la resolución extrajudicial de conflictos, que funcione tanto a nivel nacional como regional[17], podría desempeñar un papel crucial en este aspecto, proporcionando análisis de datos, informes de progreso y recomendaciones para futuras mejoras.

Lo relatado sustenta la imperativa necesidad de afrontar una estrategia integral de reforma que contemple tanto la revisión legislativa como la transformación cultural en la gestión de conflictos laborales. Primero, es esencial una revisión meticulosa de la legislación vigente para identificar

---

16 GOERLICH PESET, J.Mª.: "¿Implica el nuevo art. 97.3 LRJS la obligación de alcanzar un acuerdo en la conciliación previa?", *El Foro de Labos*, 2024. Recuperado el 25/04/2024. https://www.elforodelabos.es/2024/02/implica-el-nuevo-art-97-3-lrjs-la-obligacion-de-alcanzar-un-acuerdo-en-la-conciliacion-previa/

17 Algunas Comunidades Autónomas cuentan con este tipo de observatorio como es el supuesto de Madrid que veía en la creación del observatorio un medio para potenciar los modelos de resolución extrajudicial. La regulación, contenida en el Decreto 40/2020, de 20 de mayo, del Consejo de Gobierno, por el que crea y regula el Observatorio de Justicia y Competitividad de la Comunidad de Madrid (BOCAM de 25 de mayo de 2020), reconoce el impacto positivo que podrían tener en la economía las actuaciones de resolución extrajudicial, con especial incidencia en la mediación y el arbitraje, como alternativas para reducir las tasas de litigiosidad excesivas.

y eliminar ambigüedades que dificultan su aplicación efectiva lo que incluiría cierta clarificación en los procedimientos y requisitos para la conciliación y el arbitraje, asegurando que estos mecanismos no sólo estén claramente definidos, sino que también sean accesibles y atractivos para todas las partes involucradas. De otra parte, es preciso proceder al fortalecimiento de las disposiciones que favorecen la utilización de la mediación y el arbitraje sobre el uso abusivo de la vía de acceso a la resolución judicial, mediante, quizá, un sistema que incentive a las partes a la canalización del problema por esta vía entre los cuales podrían figurar beneficios fiscales, reducciones de tasas o incluso priorización en el tratamiento de procedimientos subsiguientes que requieran intervención judicial. Por la vía coercitiva, la norma podría establecer un sistema de sanciones desincentivador de rehuir la vía conciliadora sin justificación sólida, especialmente cuando el resultado del litigio no difiere significativamente de lo que se podría haber conseguido a través de métodos alternativos.

En suma, el marco de elaboración de propuestas para una intervención normativa efectiva que potencie efectivamente la resolución extrajudicial de conflictos laborales cabría proponer la necesaria intervención en varios ejes o direcciones fundamentales:

1. Fortalecimiento de los incentivos para acudir a la mediación y el arbitraje, lo que requiere una profunda reflexión sobre el estado actual de estos mecanismos. Sería precisa tanto la necesaria modificación legislativa como el cambio cultural y práctico en la gestión de conflictos laborales, redefiniendo el papel de la mediación y el arbitraje más allá de ser meras alternativas opcionales o secundarias al proceso judicial.
2. Modificación de la percepción actual de la mediación y el arbitraje como soluciones a emplear únicamente cuando los métodos tradicionales de resolución de conflictos están destinados a fallar o cuando se busca evitar el desgaste económico y emocional que conlleva un litigio prolongado, percepción ha limitado seriamente su eficacia y adopción y han relegado su uso a segundo plano. El cambio de esta visión supondría el empoderamiento de estos mecanismos no sólo como alternativas válidas, sino como preferentes dentro del marco legal laboral por constituir procesos más ventajosos, rápidos, económicos e igualmente legítimos y efectivos que el litigio judicial.
3. Proceder a una integración proactiva imbricando en el sistema judicial los medios de solución extrajudicial de tal suerte que la mediación y el arbitraje adquieran mayor proporción que la mera

situación de actos que deben de preceder al juicio. Para ello, las instancias judiciales deberían poder dirigir a las partes hacia la mediación y el arbitraje antes de permitir la prosecución de los procedimientos judiciales, especialmente en casos donde es previsible que un acuerdo extrajudicial sea viable y beneficioso para todas las partes involucradas.

4. Potenciar la cultura de resolución de conflictos como vía para favorecer el entendimiento mutuo y la cooperación sobre la confrontación. Ello requeriría programas de formación y sensibilización tanto para empleadores como para trabajadores, así como para profesionales que participan de la administración de justicia, destacando los beneficios prácticos y los principios subyacentes de la mediación y el arbitraje. La educación y la información pueden desempeñar un papel esencial en la modificación de las actitudes y prácticas establecidas, conduciendo a una adopción más amplia de estos métodos. La promoción de esta cultura que privilegie la resolución extrajudicial de conflictos laborales no solo es deseable, sino imprescindible en el contexto actual ya que el camino hacia una efectiva reforma normativa requiere un diálogo abierto entre todos los actores involucrados: legisladores, profesionales del derecho, empresarios y trabajadores. Solo a través de un compromiso compartido y una visión común se podrán superar los desafíos actuales y favorecer la transformación del sistema de solución de conflictos laborales hacia un modelo más eficiente y armonioso.

3. ASAC VI: UN AVANCE EN LA REGULACIÓN CONVENCIONAL DE LOS PROCEDIMIENTOS AUTÓNOMOS DE SOLUCIÓN DE CONFLICTO

El mantenimiento de la concordia y la paz social encuentra sustento en una idea de justicia que cabe situar en una de las parcelas objeto de la separación de poderes del Estado, y que pretende con ello evitar o corregir los abusos que el uso indiscriminado del poder puede causar. Como cauce de resolución de conflictos, la justicia se vale de un conjunto de organismos y sujetos a los que se les asigna poder para resolver disputas aplicando el marco normativo y procedimental establecido al efecto, siendo así la función de juzgar parte de la consagración de la separación de poderes. En este marco, la norma suprema confiere además a los sujetos colectivos la posibilidad de llegar a acuerdos que eviten acudir a la instancia judicial que obliga el sometimiento a la resolución unilateral dictada por un juez.

En el ámbito de las relaciones colectivas, la negociación colectiva es instrumento que constituye la máxima expresión del diálogo social bipartito entre las organizaciones empresariales —CEOE y CEPYME— y las sindicales — CC. OO. y UGT— y que, como eje fundamental en torno al cual gira el autogobierno las relaciones laborales, ha mostrado una extensa actividad en la cuestión de la solución autónoma de conflictos laborales; buena muestra de ello es el V Acuerdo para el Empleo y la Negociación Colectiva (V AENC)[18] que procede a engarzar el contenido de los anteriores AENC con los sucesivos acuerdos para la solución autónoma de conflictos laborales.

La participación colectiva dirigida a conseguir sostener vías parlamentadas de resolución de conflictos de trabajo tuvo su máximo exponente en el ámbito estatal con la firma del primer ASEC[19] —fruto del acuerdo entre las fuerzas sindicales más representativas (UGT y CC.OO.), y los principales representantes de la defensa de los intereses de las empresas españolas (CEOE y CEPYME) a nivel nacional— y la creación del Servicio Interconfederal de Mediación y Arbitraje (SIMA) como órgano administrativo y de gestión que actúa a nivel estatal y en cuantos conflictos afecten a centros del trabajo de diferentes Comunidades Autónomas, con el objetivo de construir un espacio de diálogo y negociación y promover las soluciones negociadas como alternativa eficaz. A nivel autonómico y con sustento en la descentralización territorial existente, se procedió a la creación de organismos propios de solución regionales que adquieren distintas denominaciones.

Desde el mentado primer acuerdo hasta la firma del vigente VI Acuerdo sobre Solución Autónoma de Conflictos Laborales[20] (VI ASAC) han transcurrido 25 años en los que se ha mantenido el propósito de avanzar en la consolidación y mejora de los sistemas de solución autónoma de conflictos laborales mediante la aplicación de medidas destinadas a mejorar la eficacia y eficiencia de los procedimientos entre las cuales destacan la

---

[18] Resolución de 19 de mayo de 2023, de la Dirección General de Trabajo, por la que se registra y publica el V Acuerdo para el Empleo y la Negociación Colectiva.

[19] Resolución de 29 de enero de 1996, de la Dirección General de Trabajo, por la que se dispone la inscripción en el Registro y posterior publicación del Acuerdo sobre Solución Extrajudicial de Conflictos Laborales (ASEC), firmado el 25 de enero de 1996.

[20] Resolución de 10 de diciembre de 2020, de la Dirección General de Trabajo, por la que se registra y publica el VI Acuerdo sobre Solución Autónoma de Conflictos Laborales (Sistema Extrajudicial). Su vigencia se extiende hasta el 31 de diciembre de 2024 y, a partir de dicha fecha, se prorrogará por sucesivos periodos de 4 años en el caso de no mediar denuncia expresa de ninguna de las partes.

creación de listas de mediadores y árbitros más diversas y representativas, la promoción del uso de la mediación y el arbitraje como mecanismos de solución de conflictos, y la mejora de la coordinación entre los diferentes sistemas de solución autónoma de conflictos laborales. Lo específico de esta materia supone, además, que forme parte de uno de los acuerdos que encuentran amparo en el art. 83.3 del Estatuto de los Trabajadores dotado por lo tanto de la naturaleza jurídica y eficacia que la Ley atribuye a estos, siendo de aplicación general y directa. La aportación vinculante que aporta este precepto a los acuerdos y por consiguiente su obligatoriedad ha llevado a la firma de acuerdos interprofesionales en el ámbito de todas las Comunidades Autónomas para poner en marcha medios extrajudiciales de solución de conflictos laborales; mientras algunos de ellos se declaran dotados de eficacia general y directa —como es el caso de Andalucía, Baleares, Navarra o País Vasco— en otros prevén mecanismos de adhesión o ratificación necesarios para su aplicación —como en Aragón, Castilla-La Mancha, Cataluña, Murcia— si bien las renovaciones de los acuerdos transitan hacia la ampliación de su ámbito funcional, o la inclusión conflictos excluidos de manera inicial[21].

Bajo la premisa de que la solución autónoma de conflictos laborales se sustenta sobre la existencia de acuerdos pactados en la negociación colectiva con el respeto a la autonomía de las partes —lo que, *a priori*, permitiría mediante los mecanismos previstos de la mediación y el arbitraje la vía más idónea y "amigable" de resolver controversias— el vigente ASAC (VI), parte del reconocimiento de la fuerza que la autonomía colectiva y el diálogo social tienen como elementos nucleares en el desarrollo y consolidación del Estado Social y Democrático de Derecho y fruto de las cuales ha sido posible conseguir conquistas en el ámbito de los compromisos sociales y de las relaciones laborales [22] siendo los propios interlocutores sociales los promotores de la creación de instituciones capaces de canalizar el conflicto dentro de un marco de garantías legales.

En todo caso, y ante cierto estancamiento de los procesos de solución extrajudicial el VI ASAC —como elemento diferenciador respecto de sus antecesores— otorga un papel preponderante al impulso de la negociación colectiva en la actividad negociadora[23] como pone de manifiesto en

---

21 RODRÍGUEZ-PIÑERO ROYO, M y SEPÚLVEDA GÓMEZ, M.: "Balance del sistema extrajudicial de resolución de conflictos de Andalucía (SERCLA)", *Temas Laborales*, núm. 154, 2020, p. 124.

22 Preámbulo ASAC VI.

23 Contenido incluido en el tenor del Capítulo I del Título I del ASAC VI.

el art. 1 —impulso de la negociación colectiva con pleno respeto de la autonomía de las partes—, y reafirma posteriormente en su art. 4 —manifestando la voluntad de las partes de impulsar la negociación colectiva y atribuyendo al SIMA la posibilidad de llevar a cabo iniciativas y actuaciones que estimulen la voluntad negociadora, siempre dentro del máximo respeto de la autonomía colectiva—. Este papel conferido al SIMA supone un importante impulso en pro de las funciones que está llamado a desempeñar. En mentado acuerdo marca una evolución significativa respecto a sus predecesores, subrayando una transición hacia un mayor empoderamiento y responsabilidad directa de las partes involucradas en la negociación y resolución de conflictos laborales como parte de un enfoque diseñado para fomentar un diálogo más constructivo y una participación activa en el sistema de autogestión de las relaciones laborales, implementando estructuras y procesos que permiten a las partes manejar sus conflictos de manera más independiente y adaptativa. A diferencia de los anteriores, donde la intervención de mecanismos externos aún jugaba un papel relativamente prominente, el VI ASAC enfatiza el papel de la negociación colectiva como vehículo primario para la solución de conflictos, evidencia que se exterioriza mediante la creación de plataformas y foros diseñados específicamente para facilitar la negociación colectiva, así como en el estímulo a las partes para que desarrollen sus propias soluciones antes de acceder a las instancias de mediación o arbitraje.

Otra de las cuestiones reseñables ha sido el cambio de paradigma que contiene; frente a un enfoque reactivo — centrado en intervenir una vez que los conflictos habían escalado más allá de la negociación inicial entre las partes— manifestado en la tendencia de acuerdos anteriores que establecían un marco generalista para la resolución de conflictos sin profundizar en mecanismos concretos para potenciar la autonomía de las partes y que, pese a reconocer la importancia de la autonomía colectiva, no proporcionaban tantas herramientas operativas ni un soporte claro para la autogestión de conflictos, el nuevo texto ofrece un importante contraste al introducir un elenco de medidas específicas para fortalecer esta autonomía; como ejemplo, la mejora de los recursos informativos y de capacitación para los representantes de trabajadores y empleadores, o la promoción de prácticas de negociación efectivas mediante talleres y seminarios, sin olvidar la transparencia y accesibilidad de los procedimientos de mediación y arbitraje que asegura un mejor conocimiento por las partes.

Como resultado de esta consolidación se espera una reducción de la dependencia de los sistemas judiciales tradicionales y aligerando su carga, al tiempo que promueve una cultura de resolución de conflictos más dinámica y participativa.

Procediendo a la conexión del contenido del acuerdo mencionado *supra* y el reciente pacto para el empleo y la negociación colectiva, es evidente el mantenimiento de la apuesta por el uso de sistemas de solución autónoma de conflictos laborales mejorado por las nuevas funciones incluidas en el VI ASAC a través de las cuales sería posible impulsar la negociación colectiva, lograr la mediación preventiva de conflictos e intervenir en los supuestos de bloqueo en el diálogo social. A tal fin, cabría adquirir un compromiso en la labor de potenciar el papel de los organismos de solución autónoma existentes a nivel estatal y en cada comunidad autónoma, estableciendo en los convenios colectivos compromisos concretos y remisiones expresas que dirijan al uso de procedimientos de mediación y/o arbitraje en los conflictos colectivos, incluyendo el pacto sobre arbitraje que pudiera producirse en los supuestos de inaplicación de un convenio colectivo y, en su caso, individuales, y que puedan suscitarse tanto a nivel sectorial o como empresarial. Entre estas novedades es posible destacar lo avanzado de la regulación del proceso de arbitraje que incluye entre sus innovaciones procedimentales aspectos que ya han mostrado eficacia en otros países como la combinación entre el procedimiento de mediación y de arbitraje, la reducción de plazos en el procedimiento cuando así lo acuerden las partes, o el arbitraje de "posiciones finales" que obliga al árbitro a escoger una de las posiciones últimas entre las presentadas con el fin de evitar el bloqueo en la negociación[24].

Sin embargo, y pese a la holgura mostrada para la resolución de conflictos los resultados no son los esperados. Cabría así una revitalización de un sistema —lo que supone la preexistencia de otro que muestra lentitud o carencias— que ha de ser mejorado si lo que se pretende es su pervivencia; en tal sentido, el VI ASAC introduce la prevención como elemento cualitativo en el tratamiento del conflicto laboral, valor que aparecía de manera residual en el anterior acuerdo vigente cuando permitía a las partes recurrir a la posibilidad de designar a un mediador para que pudiera desarrollar sus funciones de forma continuada en un determinado ámbito[25].

Un cambio significativo lo constituye la aparición de la terminología preventiva en la rúbrica del Título II "Procedimientos de prevención y

[24] DEL REY GUANTER, S.: "Efectividad del sistema de relaciones laborales y solución de conflictos: la asignatura pendiente del arbitraje laboral", *Briefs AEDTSS*, núm. 60, 2023, p. 3.

[25] Art 8.3, ASAC V.

solución de conflictos", apostando por la posibilidad de la vía preventiva frente a la reparadora. Pese a lo esperanzadora de esta línea de actuación, lo cierto es que el articulado no desciende posteriormente al tratamiento de los aspectos preventivos concretos que serían capaces de cercenar la aparición de conflictos, incidiendo de nuevo en medidas de actuación posteriores a la aparición del problema objeto de resolución. Así, las referencias al mantenimiento y desarrollo de un sistema autónomo de prevención y solución de los conflictos colectivos laborales surgidos entre las empresas y las trabajadoras y trabajadores, o sus respectivas organizaciones representativas, o la intervención del mediador sujeto protagonista en la labor de mediación, parecen apuntar a la posible actuación de éstos *ex ante* del desencadenamiento del conflicto propiamente dicho, si bien sus propuestas no exigen de aceptación obligada por las partes ni son en ningún caso vinculante en tanto el acuerdo no haya sido alcanzado. En todo caso, la apuesta por la prevención parece reafirmar la línea de la negociación frente a la judicialización.

Con todo, el balance después de sopesar los logros durante esta extensa vigencia del sistema extrajudicial permite afirmar que existe un amplio margen de mejora por lo que cabría repensar el uso que de los mismos se está haciendo. La revitalización del marco normativo español en materia de resolución extrajudicial de conflictos laborales es más que una necesidad jurídica; es un imperativo social y económico. Al abordar las deficiencias actuales y promover una cultura de resolución alternativa de conflictos, no solo se aliviará la carga sobre el sistema judicial, sino que se contribuirá a la creación de un entorno laboral más justo, eficiente y armonioso. Quizá, procede aquí rememorar aquellas palabras del ilustre hidalgo Don Quijote que invitaban a proceder a la "reflexión cabal y la solución pactada".

4. BIBLIOGRAFÍA

CASAS BAAMONDE, Mª E.: "La solución extrajudicial de los conflictos laborales", Relaciones Laborales, núm. 2, 1992.

DEL REY GUANTER, S.: "Efectividad del sistema de relaciones laborales y solución de conflictos: la asignatura pendiente del arbitraje laboral", *Briefs AEDTSS*, núm. 60, 2023.

GOERLICH PESET, J.Mª.: "¿Implica el nuevo art. 97.3 LRJS la obligación de alcanzar un acuerdo en la conciliación previa?", *El Foro de Labos*, 2024. Recuperado el 25/04/2024. https://www.elforodelabos.es/2024/02/implica-el-nuevo-art-97-3-lrjs-la-obligacion-de-alcanzar-un-acuerdo-en-la-conciliacion-previa/

LANTARÓN BARQUÍN, D.: "A vueltas sobre la solución extrajudicial del conflicto laboral", Información Laboral, núm. 10, 2003.

MERCADER UGUINA, J. R.: "Relaciones Laborales y solución extrajudicial de controversias", *Anuario de la Facultad de Derecho de la Universidad Autónoma de Madrid*, núm.11, 2007.

MUNUERA GÓMEZ, P y GIL DEL VAL, N.: "Procedimiento extrajudicial de resolución de conflictos socio-laborales; la mediación laboral", *Revista General de Derecho del Trabajo y de la Seguridad Social*, núm. 62, 2022.

OLARTE ENCABO, S.: "El papel de la administración autonómica andaluza a través de CARL en la resolución de conflictos colectivos de trabajo del SERCLA", *Temas Laborales*, núm. 160, 2021.

RODRÍGUEZ-PIÑERO ROYO, M y SEPÚLVEDA GÓMEZ, M.: "Balance del sistema extrajudicial de resolución de conflictos de Andalucía (SERCLA)", *Temas Laborales*, núm. 154, 2020.

Capítulo XII

Las mejoras voluntarias de la seguridad social en la obra del Profesor Barreiro González

ROBERTO FERNÁNDEZ FERNÁNDEZ
Profesor Titular de Universidad
Derecho del Trabajo y de la Seguridad Social
Universidad de León

ANA MARÍA CASTRO FRANCO
Contratada Predoctoral
Derecho del Trabajo y de la Seguridad Social
Universidad de León

SUMARIO: 1. INTRODUCCIÓN. 2. CONCEPTO DE MEJORAS VOLUNTARIAS. 3. INSTRUMENTOS DE GESTIÓN DE LAS MEJORAS VOLUNTARIAS. 4. BIBLIOGRAFÍA.

1. INTRODUCCIÓN

"Como parte del sistema de Seguridad Social, estas mejoras voluntarias o complementarias necesitan la existencia de una Seguridad Social pública sin la que no tienen razón de existir y a la que sirven de complemento en cuanto a la protección de los beneficiarios"[1].

Las palabras del Profesor Barreiro González hace ya treinta y cinco años ofrecen al intérprete la clave para abordar con éxito el análisis del régimen jurídico de esta institución; su justificación última consiste en suplementar la acción protectora concedida por el modelo básico. En consecuencia, la definición de los ámbitos subjetivo y objetivo efectuada para el último determinará también la extensión y los límites de las formas privadas de protección social[2], pues "lo complementario no tiene sustantividad propia

---

1 BARREIRO GONZÁLEZ, G.: "Mejora voluntaria de la Seguridad Social. Plazo de prescripción aplicable", *La Ley*, T. 4, 1989, p. 737.

2 CASAS BAAMONDE, Mª.E.: *Autonomía colectiva y Seguridad Social. (Un estudio sobre la contratación colectiva en materias de Seguridad Social y conexas)*, Madrid (Instituto de Estudios Fiscales), 1977, pp. 503 y ss.

sino en función de lo que complementa"[3] y, por tal razón, "cualquier régimen complementario voluntario tiene que partir de un mínimo cubierto por el régimen obligatorio que provea prestaciones suficientes, sólo a partir de las cuales puede hablarse de complementariedad"[4].

En este sentido, asumiendo las descritas benefactoras ocupaciones de Don Quijote basadas en la filantropía y la solidaridad, el sistema público de Seguridad Social pretende atender como conviene las situaciones de necesidad de los ciudadanos, sin que estas hayan de quedar, como en tiempos del hidalgo caballero, en manos del autoaseguramiento y las hermandades de socorro mutuo, dejando a un amplio espectro de la población en total desamparo, "en especial entre las clases más humildes, quienes únicamente podían acudir a la escasísima y mal organizada beneficiencia pública o privada para atender, siempre parcialmente sus urgencias vitales"[5].

Sin embargo, la expansión que su marco de actuación presentó desde la conclusión de la Segunda Guerra Mundial hasta finales de la década de los setenta, hasta el punto de llegar a considerarse que el desarrollo del Estado del Bienestar no llegaría nunca a su fin, ha sido puesta en entredicho como consecuencia de las sucesivas crisis económicas acaecidas desde aquel momento, surgiendo una fuerte corriente de opinión proclive a la desaparición de la intervención estatal y ferviente defensora del libre mercado y la aplicación hasta sus últimas consecuencias del "*laissez faire, laissez passer*".

Así, las corrientes neoliberales más radicales, consideran que la Seguridad Social es la causante última de todos los males de la Economía y no han dudado en plantear una reforma sin ambages de los modelos surgidos tras la contienda bélica, al punto de abogar por su conversión desde un sistema fuertemente intervenido y de clara naturaleza pública a otro en el cual las fuerzas del mercado puedan actuar libremente y la gestión haya de quedar atribuida totalmente a la iniciativa privada.

De esta manera, "en un entorno cultural caracterizado por la atracción y hasta en ocasiones la fascinación que el movimiento privatizador ha ejercido (y ejerce) sobre las políticas gubernamentales y sociales en los últimos años, parece inevitable que la reforma de las pensiones aparezca vinculada

---

3 VALDÉS DE LA VEGA, B.: *Mejoras voluntarias por edad de jubilación en la negociación colectiva*, Valencia (Tirant lo Blanch), 1999, p. 22.

4 APARICIO TOVAR, J.: *La Seguridad Social y la protección de la salud*, Madrid (Civitas), 1989, p. 117.

5 FERNÁNDEZ FERNÁNDEZ, R.: *Los antecedentes histórico-jurídicos de las mutualidades voluntarias de previsión social*, León (Universidad de León), 2005, p. 46.

a un debate amplio sobre la privatización y al papel más o menos extenso del Estado como garante del bienestar de sus ciudadanos"[6].

Con todo, las descritas fórmulas tan rupturistas no han sido las aplicadas por la mayor parte de los Estados occidentales, no en vano, y como ya advertía el Profesor BARREIRO GONZÁLEZ, no deben ser desdeñados los efectos de una privatización total pues "bajo la atracción inicial se esconden riesgos ciertos, a saber: los inherentes al propio asegurado (períodos durante los cuales no pueda cotizar y, en consecuencia, no sean valorados); los derivados de la gestión por diferentes 'cajas' (distinto, en principio; portador, por tanto y en potencia, de grandes desigualdades); los vinculados a incertidumbres económicas en una economía globalizada en la que ningún Estado está a salvo de las posibles crisis financieras internacionales (con la consiguiente imposibilidad de tener la menor certeza sobre el rendimiento o, incluso, la preservación de los capitales acumulados); los provenientes del envejecimiento demográfico; o los proporcionados por unos gastos de gestión superiores con respecto a los regímenes de reparto obligatorios (en los cuales el interesado no puede elegir el organismo asegurador y, por tanto, es posible obtener economías de escala)"[7].

Sobre las premisas anteriores, la tendencia dominante ha sido mantener un régimen público con carácter de mínimos y fomentar la aparición de herramientas privadas voluntarias, es decir, construir una Seguridad Social de naturaleza mixta en torno a tres niveles o pilares, dentro de los cuales tienen cabida tanto los instrumentos públicos como los privados[8]:

1°. Un nivel mínimo o asistencial, destinado a ofrecer ingresos a quienes carecen de otros medios para conseguirlos o no cumplen los requisitos exigidos para acceder a las prestaciones del nivel contributivo. El ámbito objetivo viene a estar integrado por la asistencia sanitaria, subsidios de desempleo y ayudas no contributivas financiadas y gestionadas con cargo a fondos públicos (vía impuestos preferiblemente) en cuantía suficiente para garantizar unas rentas mínimas y decorosas de subsistencia. La universalidad es una de sus notas características, alcanzando a todos los ciudadanos, si bien el

---

6 BARREIRO GONZÁLEZ, G.: "Previsión privada y Seguridad Social: un apunte", *Gacetilla Colegial del Colegio Oficial de Graduados Sociales de León*, núm. 56, 2001, p. 4.

7 BARREIRO GONZÁLEZ, G.: "Reflexiones sobre la consideración de lo privado en la previsión social", *Social mes a mes*, núms. 65-66, 2001, p. 72.

8 Siguiendo en la exposición un trabajo anterior, FERNÁNDEZ FERNÁNDEZ, R.: *Las mutualidades voluntarias de previsión social y sus conexiones con el sistema de Seguridad Social*, León (Universidad de León), 2004, pp. 34 y 35.

reconocimiento del derecho vendrá a quedar condicionado a la cortapisa de acreditar la escasez de recursos, es decir, el estado de necesidad de los solicitantes.

2º. Un nivel profesional y contributivo, como eje central del sistema, de naturaleza profesional, obligatorio y confiado a la gestión pública, aun cuando su financiación correrá a cargo de los trabajadores interesados y de sus empresas. Su finalidad consistirá en permitir a los operarios conservar el poder adquisitivo para la vejez o la incapacidad mediante prestaciones encargadas de dar cumplimiento satisfactorio a la sustitución de la renta percibida en activo.

3º. Un último nivel complementario, caracterizado por las notas de voluntariedad, libertad y gestión privada, dentro del cual el individuo toma la iniciativa de asegurar, para el final de su carrera profesional, ciertos ingresos adicionales sobre las bases de su ahorro individual o colectivo y de los mecanismos ofrecidos por el mercado de seguros privados; el vínculo con la Seguridad Social vendrá dado por tratarse de un ámbito suplementario al modelo público de protección social y aparecer investido, además, de ciertas garantías específicas en orden a evitar desigualdades.

Eso sí, con el transcurso de los años y la sucesión de reformas, cabe constatar continuos recortes en los auxilios garantizados a través del modelo básico, pues las modificaciones realizadas presentan unos marcados matices financieros, donde lo importante son los gastos y los ingresos y la rentabilidad en votos de una "eficaz" gestión de los servicios; también satisfacer una tendencia claramente abocada a procurar contener los gastos sociales, aún a costa de una reducción de las prestaciones[9]. Una actuación en dichos términos quizás "redunde en una mayor racionalización y saneamiento" de las cuentas del sistema, pero a la postre se traduce en una menor sensibilidad y una fuerte matización de principios tradicionales en los regímenes públicos de protección: el reparto y la solidaridad[10].

Ante el panorama descrito, trabajadores y empresarios muestran cada vez un mayor interés por la institución aquí analizada, habida cuenta de que, como recuerda el Profesor BARREIRO GONZÁLEZ, "las llamadas mejoras voluntarias de la Seguridad Social tienen su origen en la práctica

---

9 CHAPON, S. y EUZÉBY, Ch.: "¿Hacia una convergencia de los modelos sociales europeos?", *RISS*, Vol. 55, núm. 2, 2002, p. 47.

10 CABEZA PEREIRO, J.: "Convergencia entre regímenes de Seguridad Social", *TL*, núm. 66, 2002, pp. 46 y 47.

de las empresas y desde luego en la contratación colectiva, que es el sistema en que suelen plasmarse en la actualidad para luego ser recogidas y admitidas por la legislación"[11].

Para la parte obrera, la utilidad por aumentar las pensiones en un nivel cercano a las retribuciones percibidas en su etapa activa resulta evidente, más aún cuando, conforme consta, la tendencia camina hacia su recorte continuo y los auxilios garantizados por el sistema público no son suficientes para atender tantas necesidades; para el titular de la unidad productiva los auxilios garantizados en convenio han sido utilizados en determinadas ocasiones, en especial en aquellas compañías más grandes, como elemento para motivar a sus empleados y atraer y mantener en su seno a aquellos más cualificados[12] y en otras como moneda de cambio, pues "no pocas veces en el proceso negociador las reivindicaciones salariales de los trabajadores no atendidas en su totalidad por el empresario se palian o compensan con la introducción de mejoras en el ámbito de la seguridad social de visible y apreciable traducción económica"[13].

La instauración y fortalecimiento de sistemas privados de previsión puede traer consigo, por tanto, múltiples ventajas, pero siempre y cuando sus notas características no emprendan el camino de pretender sustituir a los instrumentos públicos, sino al contrario reforzar su cobertura. El objetivo

---

11 BARREIRO GONZÁLEZ, G.: "Accidente de trabajo y enfermedad profesional. Mejora voluntaria. Aplicación subsidiaria de la indemnización prevista para la situación de incapacidad permanente absoluta a la incapacidad permanente total no prevista en el convenio", *La Ley*, T. 2, 1995, p. 1155.

12 En efecto, "las empresas promocionan estos sistemas como elemento de motivación y seguridad para sus trabajadores, garantía de fidelización y fórmula destinada a atraer a los más cualificados, con la promesa de obtener unos ingresos superiores a los satisfechos por la Seguridad Social cuando se encuentren en situación de necesidad. El objetivo perseguido pasará, de este modo, por lograr un alto grado de implicación de aquéllos en el proceso productivo, lo cual revertirá en una mayor competitividad de la corporación en el mercado, así como en un fortalecimiento de su posición frente a las compañías concurrentes en la oferta de bienes y servicios". BARREIRO GONZÁLEZ, G. y FERNÁNDEZ DOMÍNGUEZ, J.J.: "Las mejoras voluntarias, fundaciones y entidades de previsión social", en AA.VV. (MONEREO PÉREZ, J.L.; MOLINA NAVARRETE, C. y MORENO VIDA, Mª.N., Coords.): *La Seguridad Social a la luz de sus reformas pasadas, presentes y futuras. Homenaje al Profesor José Vida Soria con motivo de su jubilación*, Granada (Comares), 2008, pp. 1378 y 1379.

13 BARREIRO GONZÁLEZ, G.: "La responsabilidad respecto de mejoras por riesgos profesionales introducidas por convenio colectivo. El aseguramiento mercantil y su omisión", *REDT*, núm. 60, 1993, p. 499.

debe pasar por crear un equilibrio entre ambos modelos capaz de garantizar, al tiempo, una cobertura lo más amplia posible, pero también cotas altas de redistribución de riquezas[14].

Con los mimbres reseñados, el Profesor BARREIRO GONZÁLEZ, a lo largo de su dilatada trayectoria investigadora, aborda los aspectos más complejos y problemáticos del régimen jurídico de esta institución, y lo hace con la pericia propia del buenhacer que caracteriza su obra, ofreciendo al mundo universitario y a los profesionales del Derecho las pautas necesarias para poder resolver con acierto cuantas dudas interpretativas les surjan en su actividad diaria.

Tratar todos ellos excedería con mucho la pretensión del presente escrito y, por tal razón, se ha optado por realizar una selección de aquellos asuntos más espinosos, aun cuando sea a riesgo de dejar en el tintero y no poder reflejar adecuadamente y en su justa medida las enseñanzas del maestro tantas veces puestas de manifiesto a través de la huella indeleble e imperecedera de sus escritos.

2. CONCEPTO DE MEJORAS VOLUNTARIAS

El artículo 41 CE, ubicado en el seno de los principios rectores de la política social y económica, establece que los poderes públicos deben mantener un régimen público de Seguridad Social para todos los ciudadanos destinado a garantizar la asistencia y prestaciones sociales suficientes ante situaciones de necesidad, especialmente en caso de desempleo. A continuación añade que la asistencia y prestaciones complementarias serán libres.

Dicho tenor permite diferenciar entre un modelo público, garantizado por los poderes del Estado, y unas prestaciones complementarias "basadas en una lógica contractual privada y, en consecuencia, financiables en principio con fondos privados y a cargo de los asegurados"[15], de manera que la Carta Magna ha tenido la pretensión de perfilar un "modelo de dos entradas"[16].

---

14 FERNÁNDEZ FERNÁNDEZ, R.: *Las mutualidades voluntarias de previsión social y sus conexiones con el sistema de Seguridad Social*, cit., p. 41.

15 STCo 208/1988, de 10 de noviembre.

16 GARCÍA BECEDAS, G.: "La Seguridad Social complementaria en España", en AA.VV.: *III Congreso Nacional de Derecho del Trabajo y de la Seguridad Social*, Valencia (Tirant lo Blanch), 1993, p. 31.

Eso sí, menester es reconocer que el precepto constitucional solamente fuerza a que las prestaciones complementarias sean libres, pero nunca cierra la puerta a la actuación de lo público sobre este particular, pues la voluntariedad no excluye su participación, sin poder apreciar ningún obstáculo en el ordenamiento para crear un régimen suplementario con tales características[17].

En consecuencia, el camino queda abierto a combinaciones varias, las cuales no enervan la facultad de que los poderes públicos cedan, sin perder totalmente su dominio, parcelas del campo obligatorio —como lo han hecho con la incapacidad temporal o la asistencia sanitaria— a la gestión privada, sin que por dicha circunstancia las prestaciones vinculadas a la colaboración pierdan su carácter originario; y al contrario, puedan libremente sostener regímenes privados de protección social, si bien, y hasta el momento, el legislador español no ha hecho uso de semejante prerrogativa[18].

En desarrollo de dicho precepto, los artículos 43 y 238 a 241 LGSS establecen el régimen jurídico básico de las mejoras voluntarias, completados por la Orden Ministerial de 28 de diciembre de 1966 ya obsoleta por su incapacidad para solucionar tantos problemas interpretativos surgidos al calor de dichos suplementos.

En cualquier caso, se echa en falta un concepto legal de las mismas, pudiendo ser definidas, como hace el Profesor BARREIRO GONZÁLEZ acudiendo a referentes clásicos como "aquellas obligaciones empresariales derivadas de la propia voluntad empresarial o fruto de la negociación colectiva que tienen como objeto complementar la acción protectora otorgada por el sistema público de Seguridad Social"[19].

Por otra parte, su estructura y caracteres, así como los requisitos y elementos que configuran las mismas han de venir determinados por las actuaciones que las crean[20], de manera tal que su régimen jurídico aparece conformado por las normas reseñadas y, además, por las disposiciones o acuerdos que las han implantado, tanto en cuanto a su reconocimiento

---

17 APARICIO TOVAR, J.: *La Seguridad Social y la protección de la salud*, cit., p. 116.

18 FERNÁNDEZ FERNÁNDEZ, R.: *Las mutualidades voluntarias de previsión social y sus conexiones con el sistema de Seguridad Social*, cit., p. 88.

19 BARREIRO GONZÁLEZ, G. y FERNÁNDEZ DOMÍNGUEZ, J.J.: "Las mejoras voluntarias, fundaciones y entidades de previsión social", cit., pág. 1379, remitiendo a la obra de MARTÍN VALVERDE, A.: *Las mejoras voluntarias de Seguridad Social*, Sevilla (Instituto García Oviedo), 1970, p. 48.

20 STSJ Andalucía/Sevilla 2 abril 2009 (AS 2009, 1619).

como en cuanto a la anulación o disminución de los derechos atribuidos a los auxilios garantizados[21], si bien "en lo no expresamente previsto, deben regirse, en principio, por las propias normas del sistema de la Seguridad Social básica, e incluso interrelacionándolas con las posibles normas de otro orden existentes sobre el tipo de mejora establecido, como la legislación sobre seguros"[22].

Sobre tales parámetros, el Profesor BARREIRO GONZÁLEZ sistematiza con acierto y precisión sus principales características[23]:

1ª. Voluntariedad genética, habida cuenta de que su implantación no podrá ser impuesta, sino que derivara, bien del acuerdo alcanzado por el empleador y los representantes de los trabajadores plasmado normalmente ora en convenio colectivo, ora en la cláusula incorporada al contrato individual, bien en la decisión unilateral del titular de la unidad productiva.

Así, "las mejoras voluntarias son, por su propia naturaleza, materia dispositiva para los agentes sociales que pueden establecerlas conforme al principio de libertad contractual y su corolario de '*pacta sunt servanda*'"[24].

2ª. Obligatoriedad, pues una vez establecidas dejan de ser voluntarias en cuanto a su administración, gestión y en lo relativo a su eventual supresión posterior, no en vano el artículo 239.2º LGSS prevé que "cuando al amparo de las mismas un trabajador haya causado el derecho a la mejora de una prestación periódica, ese derecho no podrá ser anulado o disminuido, si no es de acuerdo con las normas que regulan su reconocimiento".

---

21 Entre muchas, SSTS 20 marzo 1996 (RJ 1996, 2591), 17 y 20 marzo, 5 junio y 11 julio 1997 (RJ 1997, 2556, 2591, 4628 y 6258), 11 mayo y 13 julio 1998 (RJ 1998, 4644 y 7013), 14 octubre 2003 (RJ 2003, 6408), 10 mayo y 23 julio 2004 (RJ 2004, 4155 y 5821), 26 abril 2007 (RJ 2007, 4905), 3 noviembre 2008 (RJ 2008, 5880), 8 junio o 22 septiembre 2009 (RJ 2009, 4554 y 6182), 17 febrero y 6 octubre 2010 (RJ 2010, 4131 y 7805) y 18 enero 2011 (JUR 2011, 54240); SAN 3 abril 2008 (AS 2008, 1255) o SSTSJ Asturias 9 marzo 2007 (AS 2007, 2005), Cataluña 24 febrero 2009 (JUR 2009, 387152) y Madrid 30 septiembre 2009 (JUR 2010, 95263).

22 SSTS 8 marzo y 14 abril 2010 (RJ 2010, 1480 y 2485) o 17 enero 2011 (JUR 2011, 46217).

23 BARREIRO GONZÁLEZ, G. y FERNÁNDEZ DOMÍNGUEZ, J.J.: "Las mejoras voluntarias, fundaciones y entidades de previsión social", cit., pp. 1380 y 1381.

24 STSJ Madrid 20 octubre 2009 (JUR 2010, 95035).

Sea como fuere, nada impide utilizar los cauces legalmente establecidos en aras a modificar, suprimir o extinguir el régimen de mejoras previsto con anterioridad, pues fruto de la libertad negocial de las partes es posible empeorar o eliminar los compromisos precedentes, abocando a un modelo en cierto modo precario y no exento de múltiples inseguridades[25].

3ª. Complementariedad, pues no pretenden sustituir las prestaciones básicas, sino únicamente incrementar la protección dispensada por estas, unas veces aumentando la cuantía ofrecida por aquellas, otras atendiendo situaciones de necesidad no cubiertas por el sistema obligatorio.

Estas últimas mejoras, denominadas de "carácter autónomo"[26], traen causa en la necesidad de adaptación de quienes pretenden gestionarlas a las nuevas utilidades demandadas por la sociedad, pretendiendo atender los modernos riesgos mediante tratamientos no dispensados por el sistema público. De ahí el progresivo alejamiento en algunos aspectos de los esquemas propios de la Seguridad Social obligatoria, dada la amplia libertad y flexibilidad a disposición de los sujetos para instaurarlas, permitiéndoles ofrecer así una respuesta más rápida a los problemas inherentes a cada momento histórico.

4ª. Irrenunciabilidad una vez causadas, quedando incluidas en el ámbito de prohibición de transacción o conciliación en merma de derechos de los beneficiarios.

5ª. Carácter colectivo o individual, en atención a un destinatario general, plural o singular.

6ª. Gestión privada, al mediar un amplio margen para la voluntad negocial o autónoma, una financiación por lo habitual con cargo a fondos particulares y una administración por entidades de tal naturaleza.

7ª. Atribución de los caracteres propios de las prestaciones del modelo público (art. 1.3 Orden Ministerial de 28 de diciembre de 1966), si bien dicha afirmación debe ser matizada, por cuanto compartirán algunos de ellos (incluso los fundamentales), pero no todos, en tan-

---

25 SSTS 16 julio 2003 (RJ 2003, 7256), 10 febrero 2005 (RJ 2005, 3677) o 30 marzo 2006 (RJ 2006, 3307) y STSJ Madrid 27 febrero 2009 (JUR 2009, 262005).

26 BARREIRO GONZÁLEZ, G.: "Reflexiones sobre la consideración de lo privado en la previsión social", cit., p. 76.

to la identificación no puede resultar absoluta con las concedidas por aquél.

En efecto, "el que dichas mejoras estén integradas en ese ámbito protector y ostenten los aludidos caracteres, no supone que les sean de aplicación todas las disposiciones reguladoras de las prestaciones propias e imperativas de la Seguridad Social. Y así... a las mejoras voluntarias no les alcanza la responsabilidad subsidiaria del INSS, que entra en juego en determinadas situaciones en relación a aquellas prestaciones, ni tampoco las normas sobre revalorización o incrementos de prestaciones que prescriben anualmente las Leyes de Presupuestos Generales del Estado y los decretos que las desarrollan. A lo que se ha de añadir que no son aplicables a dichas mejoras voluntarias buena parte de las disposiciones específicas que regulan las prestaciones propiamente dichas de la Seguridad Social, como son las que determinan el período de carencia exigible, el importe de la prestación y su base reguladora, la Entidad Gestora o colaboradora responsable de su pago, etc.; tampoco rige en cuanto a tales mejoras el principio de automaticidad de las prestaciones, ni consiguientemente puede entrar en juego, con respecto a ellas, la obligación de anticipo que caracteriza a este principio"[27].

En cuanto a sus clases, aun cuando el artículo 238.1 LGSS haga referencia a dos tipos: las directas y el establecimiento de tipos de cotización adicionales, solamente las primeras han sido utilizadas en el caso español, pues el recurso a las segundas es hoy en día inexistente.

Finalmente, de conformidad con el artículo 239.1° LGSS "su coste se sufraga por las propias empresas que deseen instaurarlo, si bien, excepcionalmente, podrá establecerse una aportación económica a cargo de los trabajadores, bajo determinadas condiciones"[28], fundamentalmente visto bueno del Ministerio de Inclusión, Seguridad Social y Migraciones y posibilidad concedida a los empleados de acogerse o no, individual y voluntariamente, a los beneficios concedidos bajo tal parámetro; si bien, no faltan pronunciamientos que llegan a considerar cómo "el incumplimiento de estos dos concretos requisitos, el de financiación exclusiva a cargo de las empresas, y el derecho de libertad de acogimiento por parte del trabajador que ha de cooperar en su pago, puede estimarse que carece de trascendencia, teniendo en cuenta la legislación sobre convenios colectivos, tanto en

27 STSJ Castilla-La Mancha 2 abril 2009 (AS 2009, 1616).

28 STS 5 noviembre 2003 (RJ 2003, 8954) y STSJ Cantabria 7 abril 2008 (AS 2008, 1681).

la regulación dada por la Ley de 1973, como la establecida por el Estatuto de los Trabajadores..., en las cuales se reconoce su carácter normativo y la fuerza de obligar a todos los empresarios y trabajadores incluidos dentro del ámbito de aplicación"[29].

3. INSTRUMENTOS DE GESTIÓN DE LAS MEJORAS VOLUNTARIAS

El artículo 240 LGSS abre la posibilidad a que las mejoras voluntarias sean gestionadas de muy heterogéneos modos y maneras, y esta variedad en la instrumentación "ha dado lugar a la llamada Seguridad Social complementaria y a la normativa sobre instrumentación de los compromisos por pensiones asumidos por las empresas"[30].

Dicho precepto permite, por tanto, la administración de dichos auxilios por las propias unidades productivas o acudiendo a herramientas externas, ya sea la Administración de Seguridad Social, las fundaciones laborales, montepíos y mutualidades de previsión social o entidades aseguradoras de cualquier clase.

Ahora bien, el cumplimiento por parte del Estado español de las obligaciones impuestas a nivel comunitario fuerza a matizar el literal del precepto, pues el ámbito de actuación de los denominados fondos internos quedó ciertamente limitado a partir de la promulgación de la ya derogada Ley 30/1995, de Ordenación y Supervisión de los Seguros Privados (LOSSP), hasta el punto de llegar a ser afirmado sin ambages cómo "tal previsión supone así, en la práctica, 'el canto de sirena' de la primera de las opciones contempladas por el legislador social y, al tiempo, el incremento —al punto de 'monopolio' futuro— de la importancia cualitativa y cuantitativa de la gestión a través de instrumentos ajenos a la empresa, los conocidos 'fondos externos'"[31].

A este respecto, el antiguo artículo 8 de la Directiva 80/987/CEE, de 20 de octubre, relativa a la protección de los trabajadores frente a la insolvencia del empresario, y hoy en día el artículo 8 de la Directiva 2008/94/CE, de 22 de octubre, que lo sustituye, obligan a los Estados miembros a garan-

---

29 STSJ País Vasco 3 mayo 1994 (AS 1994, 2272).

30 STSJ Cataluña 28 julio 2009 (JUR 2009, 464054).

31 FERNÁNDEZ DOMÍNGUEZ, J.J.: *Protección social complementaria de accidentes de trabajo y enfermedades profesionales*, Valencia (Tirant lo Blanch), 1999, págs. 71 y 72.

tizar a los empleados sus derechos en materia de previsión complementaria cuando la unidad productiva presente serios problemas económicos.

La experiencia ha demostrado que los fondos internos no han cumplido su cometido cuando la empresa ha tenido que afrontar importantes dificultades financieras y de liquidez, pues en la mayor parte de los casos no constituían un patrimonio separado, corriendo idéntico destino que el resto de los bienes del empleador, sin que los trabajadores pudieran acceder a los beneficios pactados al no existir dinero con el que hacerles frente.

La situación descrita, y el cumplimiento del acervo comunitario, llevó al legislador a prohibir, en determinados casos, la existencia de fondos internos empresariales con el fin de hacer frente a sus compromisos por pensiones, obligándole a acudir a sistemas de gestión externos a la propia empresa.

Semejante medida legislativa pretendía alcanzar dos objetivos fundamentalmente: de una parte, "establecer una mayor garantía respecto del cumplimiento de las obligaciones contraídas por las empresas en materia de mejoras voluntarias de la acción protectora de la Seguridad Social, evitando que el cumplimiento de estas pudiera quedar al albur de la marcha económica de aquellas, para lo que establece ese deber de externalización del compromiso, mediante la suscripción de contratos de seguro o de planes de pensiones"[32]; de otra, "evitar la insolvencia futura de la empresa que paga las primas del seguro o hace aportaciones al plan de pensiones que se van imputando al trabajador, lo que facilita su movilidad laboral, al cambiar de empresa llevándose los derechos adquiridos, sin que peligre para los mismos en caso de que quiebre la empresa, pues las cantidades ya pagadas han ido a un fondo externo"[33].

En el momento presente, la disposición adicional 1ª del Real Decreto Legislativo 1/2002, de 29 de noviembre, por el que se aprueba el Texto Refundido de la Ley de Planes y Fondos de Pensiones (TRLPFP), establece con rotundidad cómo "los compromisos por pensiones asumidos por las empresas, incluyendo las prestaciones causadas, deberán instrumentarse, desde el momento en que se inicie el devengo de su coste, mediante contratos de seguros, incluidos los planes de previsión social empresariales y los seguros colectivos de dependencia, a través de la formalización de un plan de pensiones o varios de estos instrumentos".

---

32 STSJ País Vasco 2 noviembre 1999 (AS 1999, 4211).
33 STSJ Cataluña 28 julio 2009 (JUR 2009, 464054).

En consecuencia, y a partir del mandato legal, "la efectividad de los compromisos por pensiones y del cobro de las prestaciones causadas quedarán condicionados a su formalización en los instrumentos referidos"[34], siempre y cuando la externalización sea realizada como conviene, pues "no es factible desconocer el derecho a una mejora prestacional reconocida en una disposición convencional escudándose en el formal cumplimiento de la obligación legal de externalización de unos compromisos de pensiones asumidos por una empresa, ya que... esta es una obligación complementaria y no autónoma que trae causa de otra precedente y a cuyo cumplimiento se dirige, de ahí que no pueda invocarse aisladamente algún aspecto de la póliza o del documento de adhesión formalizado por el causante ni postularse su interpretación desconectada de todo lo demás con la pretensión de que prevalezca sobre lo convenido colectivamente, pues ello supondría limitar o reducir los términos y el contenido de un derecho anterior a cuya efectividad precisamente obedece el proceso de externalización"[35], de manera que "cuando se produce inadecuación entre el seguro pactado por la empresa y la prestación establecida en el convenio, no puede pretenderse que se amplíen los términos del contrato de seguro pactado para dar cobertura, en contra de lo previsto en el art. 1283 del Código Civil, a una contingencia que no quiso asegurar, pues eso rompería el necesario equilibrio de las prestaciones y contraprestaciones contractuales, que fue el determinante del pacto que las estableció y cuyo respeto impone nuestro ordenamiento"[36]; todo ello sin perjuicio de que la empresa haya de responder directamente en caso de que el proceso de externalización dispense menor o distinta protección a la pactada en la fuente reguladora del compromiso.

Eso sí, "una vez instrumentados [correctamente], la obligación y responsabilidad de las empresas por los referidos compromisos por pensiones se circunscribirán exclusivamente a las asumidas en dichos contratos de seguro y planes de pensiones"[37].

---

34 STSJ Andalucía/Sevilla 23 abril 2009 (JUR 2009, 257605).

35 STSJ Asturias 9 marzo 2007 (AS 2007, 2005); en el mismo sentido, SSTS 21 octubre 2003 (RJ 2004, 1223), 23 julio 2004 (RJ 2004, 5821) y 22 septiembre 2009 (RJ 2009, 6182), SAN 3 abril 2008 (AS 2008, 1255) y SSTSJ Cataluña 31 enero 2007 (JUR 2007, 219330) y 24 febrero y 28 julio 2009 (JUR 2009, 387125 y 464054), Castilla-La Mancha 2 abril 2009 (AS 2009, 1616) o Madrid 30 septiembre 2009 (JUR 2010, 95263).

36 STSJ Extremadura 16 diciembre 2010 (JUR 2011, 58914).

37 SSTSJ Madrid 2 febrero 2007 (JUR 2007, 155138), Castilla-La Mancha 11 y 12 noviembre 2009 (JUR 2010, 8406 y 77989) y Castilla y León/Valladolid 23 diciembre

Ahora bien, la obligación de externalizar no alcanza a todas y cada una de las situaciones de necesidad objeto de complemento por una mejora voluntaria, habida cuenta de que tanto la disposición adicional 1ª TRLPFP como el artículo 7 RD 1588/1999 extienden el deber únicamente a los compromisos por pensiones, considerando como tales los derivados de obligaciones legales o contractuales de la empresa con el personal de la misma, recogidas en convenio colectivo o disposición equivalente, que tengan por objeto realizar aportaciones u otorgar prestaciones vinculadas a las contingencias establecidas en el artículo 8.6 TRLPFP, a saber:

1. Jubilación, para cuya determinación cabrá estar a lo previsto en el Régimen de Seguridad Social correspondiente.
2. Incapacidad laboral total y permanente para la profesión habitual o absoluta y permanente para todo trabajo, y la gran invalidez, determinadas conforme al Régimen correspondiente de Seguridad Social.
3. Muerte del partícipe o beneficiario, que puede generar derecho a prestaciones de viudedad, orfandad o a favor de otros herederos o personas designadas.
4. Dependencia severa o gran dependencia del partícipe regulada en la Ley de Promoción de la Autonomía Personal y Atención a las Personas en Situación de Dependencia.

En consecuencia, "la obligación de externalizar el compromiso nace en la medida en que este esté vinculado a las contingencias establecidas en el apartado 6 del RDL 1/2002, traiga causa, es decir surja o nazca, en íntima conexión con la jubilación, invalidez o muerte y supervivencia de causahabientes del trabajador cuando éste pasa a situación post-empleo"[38].

Además, únicamente afecta a las obligaciones de carácter dinerario vinculadas a las contingencias reseñadas y no a cuantos auxilios resulten satisfechos en especie. Respecto a los primeros, la inclusión se hace "con independencia de la forma que revistan (capital, renta —actuarial o financiera, de cuantía constante o variable en función de un índice o parámetros de referencia predeterminado, y vitalicias o temporales—, mixtas —combinando rentas de cualquier tipo con un pago en forma de capital— o prestaciones distintas de las anteriores en forma de pagos sin

---

2009 (AS 2010, 548).

38 SAN 2 febrero 2010 (AS 2010, 108).

periodicidad regular)... y cualquiera que sea su denominación, así como su importe"[39].

De esta manera, la previsión no se extiende al resto de contingencias susceptibles de cobertura y no abarca todo el amplio abanico de mejoras voluntarias al alcance del empresario, dejando fuera los auxilios vinculados a incapacidad temporal, maternidad, asistencia sanitaria, prestaciones familiares o recuperación profesional, sobre los cuáles no existe ningún impedimento para su garantía a través de fondos internos, si bien nada impide que así se haga pues en manos del empleador se encuentra acudir a semejante posibilidad.

En este sentido, la externalización de todas las mejoras pactadas se ha conformado en práctica habitual, pues al empresario le resultará menos oneroso —tanto económicamente como en términos organizativos— mantener un solo instrumento de aseguramiento, y no varios en función de los riesgos protegidos; además, tampoco le resultará sencillo adscribir los fondos dotados a los diferentes conceptos, optando al final por externalizar todos ellos, sin distinguir entre las contingencias cubiertas.

En cuanto a las instituciones encargadas de gestionar esas mejoras voluntarias, es necesario reseñar que en la práctica el recurso a la Administración de Seguridad Social, conforme ya se adelantó, resulta inexistente en el caso español; la utilización de las fundaciones laborales "ha sido realmente excepcional, limitándose, en su caso, a administrar cuantas 'no consistan en pensiones (prestaciones temporales e indemnizaciones)'..., o auxilios por permanencia en el sector... [y] únicamente en el marco de las empresas y sociedades participadas por entidades públicas han presentado cierta relevancia"[40]; el recurso a las mutualidades de previsión empresarial tampoco se encuentra demasiado extendido en la realidad interna, a salvo ciertos espacios territoriales dada sus singularidades, como Cataluña y País Vasco, o determinados sectores profesionales, con fuerte raigambre histórica en los mismos; en fin, los cauces más utilizados han sido los contratos de seguro colectivo de vida y los planes y fondos de pensiones, pudiendo constatar como "estadísticamente a criterio y estudio del suscribiente en la mayoría de las empresas medianas y pequeñas sus convenios han optado por la formalización de contratos de seguros, al entenderlos de más fácil

---

39 ROQUETA BUJ, R.: "La instrumentación de los compromisos por pensiones mediante planes y fondos de pensiones", *RL*, núm. 10, 2010, pág. 15.

40 BARREIRO GONZÁLEZ, G. y FERNÁNDEZ DOMÍNGUEZ, J.J.: "Las mejoras voluntarias, fundaciones y entidades de previsión social", cit., pág. 1384.

tramitación o formalización y sólo las grandes empresas han acudido a la constitución de planes de pensiones (sin perjuicio de las ventajas que tienen estos últimos, máxime en el tratamiento fiscal)"[41].

Finalmente, cabe constatar cómo en esta materia "se produce un fenómeno de coordinación entre distintos sectores del ordenamiento: el convenio colectivo, como norma laboral, define los compromisos del empresario y de los trabajadores... [la normativa de Seguridad Social actúa como referente y resulta de aplicación subsidiaria] pero esos compromisos en la medida en que deben someterse a una instrumentación determinada a través de una institución propia del Derecho Mercantil han de regirse en este plano por las reglas de ese sector del ordenamiento"[42].

4. BIBLIOGRAFÍA

APARICIO TOVAR, J.: *La Seguridad Social y la protección de la salud,* Madrid (Civitas), 1989.

BARREIRO GONZÁLEZ, G. y FERNÁNDEZ DOMÍNGUEZ, J.J.: "Las mejoras voluntarias, fundaciones y entidades de previsión social", en AA.VV. (MONEREO PÉREZ, J.L.; MOLINA NAVARRETE, C. y MORENO VIDA, Mª.N., Coords.): *La Seguridad Social a la luz de sus reformas pasadas, presentes y futuras. Homenaje al Profesor José Vida Soria con motivo de su jubilación,* Granada (Comares), 2008.

BARREIRO GONZÁLEZ, G.: "Accidente de trabajo y enfermedad profesional. Mejora voluntaria. Aplicación subsidiaria de la indemnización prevista para la situación de incapacidad permanente absoluta a la incapacidad permanente total no prevista en el convenio", *La Ley,* T. 2, 1995.

BARREIRO GONZÁLEZ, G.: "La responsabilidad respecto de mejoras por riesgos profesionales introducidas por convenio colectivo. El aseguramiento mercantil y su omisión", *REDT,* núm. 60, 1993.

BARREIRO GONZÁLEZ, G.: "Mejora voluntaria de la Seguridad Social. Plazo de prescripción aplicable", *La Ley,* T. 4, 1989.

BARREIRO GONZÁLEZ, G.: "Previsión privada y Seguridad Social: un apunte", *Gacetilla Colegial del Colegio Oficial de Graduados Sociales de León,* núm. 56, 2001.

BARREIRO GONZÁLEZ, G.: "Reflexiones sobre la consideración de lo privado en la previsión social", *Social mes a mes,* núms. 65-66, 2001.

CABEZA PEREIRO, J.: "Convergencia entre regímenes de Seguridad Social", *TL,* núm. 66, 2002.

41 STSJ País Vasco 20 noviembre 2007 (AS 2008, 503).

42 STSJ Madrid 17 octubre 2008 (JUR 2009, 36476).

CASAS BAAMONDE, Mª.E.: *Autonomía colectiva y Seguridad Social. (Un estudio sobre la contratación colectiva en materias de Seguridad Social y conexas)*, Madrid (Instituto de Estudios Fiscales), 1977.

CHAPON, S. y EUZÉBY, Ch.: "¿Hacia una convergencia de los modelos sociales europeos?", *RISS*, Vol. 55, núm. 2, 2002.

FERNÁNDEZ DOMÍNGUEZ, J.J.: *Protección social complementaria de accidentes de trabajo y enfermedades profesionales*, Valencia (Tirant lo Blanch), 1999.

FERNÁNDEZ FERNÁNDEZ, R.: *Las mutualidades voluntarias de previsión social y sus conexiones con el sistema de Seguridad Social*, León (Universidad de León), 2004.

FERNÁNDEZ FERNÁNDEZ, R.: *Los antecedentes histórico-jurídicos de las mutualidades voluntarias de previsión social*, León (Universidad de León), 2005.

GARCÍA BECEDAS, G.: "La Seguridad Social complementaria en España", en AA.VV.: *III Congreso Nacional de Derecho del Trabajo y de la Seguridad Social*, Valencia (Tirant lo Blanch), 1993.

MARTÍN VALVERDE, A.: *Las mejoras voluntarias de Seguridad Social*, Sevilla (Instituto García Oviedo), 1970.

ROQUETA BUJ, R.: "La instrumentación de los compromisos por pensiones mediante planes y fondos de pensiones", *RL*, núm. 10, 2010.

VALDÉS DE LA VEGA, B.: *Mejoras voluntarias por edad de jubilación en la negociación colectiva*, Valencia (Tirant lo Blanch), 1999.

Capítulo XIII

La enfermedad como contingencia protegida en convenio colectivo y la función cuasi-normativa asumida por el Tribunal Supremo a través de un ejemplo emblemático

JUAN JOSÉ FERNÁNDEZ DOMÍNGUEZ
Catedrático de Derecho del Trabajo y de la Seguridad Social
Universidad de León

SUMARIO: 1. INTRODUCCIÓN. 2. LA "REFORMULACIÓN HISTÓRICA" DEL HECHO CAUSANTE EN EL ACCIDENTE DE TRABAJO. 3. LA PERMANENCIA DE CRITERIO SOBRE EL HECHO CAUSANTE DE LA ENFERMEDAD PROFESIONAL EN LOS TRIBUNALES SUPERIORES DE JUSTICIA. 4. LA FECHA DEL HECHO CAUSANTE EN LA JURISPRUDENCIA SOBRE ENFERMEDAD COMÚN. 5. REFLEXIÓN FINAL. 6. BIBLIOGRAFÍA

1. INTRODUCCIÓN

Hace más de treinta años, y reflexionando sobre la responsabilidad por riesgos profesionales cubiertos a través de convenio, advertía el maestro sobre el terreno de arenas movedizas que suponía la cobertura de las contingencias profesionales a través de negociación colectiva y su obligada exteriorización mediante un contrato de seguro, al pender la solución de muchos de sus conflictos de las funciones "cuasi normativas" asumidas por el Tribunal Supremo, no en vano la seguridad jurídica quedaba en manos del mudable criterio de tan cualificado órgano en función de la concreta composición de sus miembros en un momento dado[1].

En aquella ocasión momento daba cuenta del criterio que había adoptado, de entender que "la expresión accidente de trabajo, cuando se emplea en los convenios colectivos sin otra especificación, para referirse a

[1] BARREIRO GONZÁLEZ, G.: "La responsabilidad respecto de mejoras por riesgos profesionales introducidos por convenio colectivo. El aseguramiento mercantil y su omisión", *Revista Española de Derecho del Trabajo*, núm. 60, 1993, p. 519.

contingencias protegidas por la Seguridad Social, es una expresión que abarca los conceptos de accidentes de trabajo y enfermedad profesional"[2]. Aventuraba, además —y acertaba—, que no sería de extrañar el cambio de un día para otro sin modificación alguna del convenio o del contrato de trabajo o de seguro[3].

Y así ocurrió, en efecto, pues en una rectificación capital se pasa a considerar, por el contrario, que la regulación legal "entraña diferencias esenciales en la acción protectora entre ambas contingencias"; y a sus resultas, que "no cabe extender las mejoras a situaciones no previstas en convenio, sobre la base de que son contingencias de la misma naturaleza"[4].

Similar es cuanto aconteció con la determinación del hecho causante, pues en 1996 parecía haberse decantado, por fin, el criterio de hacerlo coincidir con la fecha de la emisión del dictamen-propuesta del Equipo de Valoración Médico (EVI)[5]; sin embargo, apenas cuatro años después, y con un giro radical, en el supuesto de accidentes de trabajo se pasó a considerar como tal la fecha en la cual acaece el siniestro[6]. En principio, para entender que la pauta también debería de ser aplicada a la enfermedad profesional[7], aun cuando pronto se demostró que esta pretensión mostra-

---

2 Sirva el literal que figura en las SSTS 7 y 15 julio 1992 (recs. 1747 y 2106/1991).

3 BARREIRO GONZÁLEZ, G.: "Extensión del riesgo de accidentes para el caso de enfermedad profesional. Indemnización pactada en convenio", *Diario La Ley*, T. III, 1991, pp. 317 y 328.

4 El cambio de criterio en dos SSTS 15 mayo 2000 (recs. 1477 y 1803/1999).

5 En la serie de pronunciamientos integrada por las SSTS 12 julio 1996 (rec. 4089/1995), 28 enero y 12 julio 1997 (recs. 2666 y 2203/1996), 18 marzo 1998 (rec. 2222/1996) o 2 febrero 1999 (rec. 1886/1996).

6 En doctrina que encabeza la STS 7 febrero 2000 (rec. 109/1990) y viene a quedar consolidada a través de las SSTS 14, 21 y 27 marzo 2000 (recs. 3259, 2445 y 1464/1999).

7 Así lo entendía, para defender tal tesis, DESDENTADO BONETE, A.: "Nuevas orientaciones jurisprudenciales en la Seguridad Social complementaria: la vigencia de la cobertura y la consideración de la enfermedad profesional", *Diario La Ley*, T. IV, 2000, p. 1957 o, del mismo autor, "Una noción enigmática: el hecho causante en las prestaciones de Seguridad Social", en AA.VV.: *Aspectos complejos en materia de Seguridad Social*, Madrid (Consejo General del Poder Judicial), 2001, p. 274. Contrarios a tal extensión, como lo fueron a la tesis de cambio, MARÍN CORREA, J. M.: "La mejora de la invalidez permanente y la enfermedad profesional", *Actualidad Laboral*, núm. 48, 2000, p. 4856 o FERNÁNDEZ DOMÍNGUEZ, J. J.: "Mejoras voluntarias y enfermedad profesional", *Alcor de mgo*, núm. 12, 2008, pp. 162 y 163.

ba importantes carencias[8]. A tal punto de forzar a una nueva rectificación, de manera que, al menos para la enfermedad común, el hecho causante siguió fijado en la fecha del dictamen del EVI o de la Unidad de Valoración Médica de Incapacidades, admitiendo como única excepción la retroacción al momento en el cual las secuelas se revelan como permanentes o irreversibles[9].

Según cabe comprobar, en dos aspectos fundamentales obra una enorme incertidumbre jurídica que, si en alguna contingencia destaca sobremanera —y todos los casos reseñados versarán sobre ella—, resulta ser en la de incapacidad permanente. A ello contribuye, sin duda, su compleja configuración en atención no solo al origen, sino a la estructura en grados y a la falta de precisión con la cual quedan reflejados los factores legales que la definen, tanto cuando aparecen configurados en el convenio, como cuando son recibidos en el contrato de seguro[10].

A este dato crucial procederá unir el repaso a la trabada evolución del hecho causante en cuanto se abandona el accidente de trabajo (y hasta en su propia consideración por algunos Tribunales Superiores de Justicia), pues cuanto nació en medio de una grave controversia[11], y pese a su constante reiteración, no ha dejado de poner en evidencia la fragilidad de los cimientos sobre los cuales se alza.

2. LA "REFORMULACIÓN HISTÓRICA" DEL HECHO CAUSANTE EN EL ACCIDENTE DE TRABAJO

El año que abre el siglo sirvió para asistir a dos cambios trascendentales en el contexto propuesto. En primer lugar, y como factor llamado a

---

8 STS 30 abril 2007 (rec. 618/2006).

9 STS 14 abril 2010 (rec. 1813/2009). Un comentario sobre su significado en FERNÁNDEZ DOMÍNGUEZ, J. J.: "El hecho causante y las mejoras voluntarias tras la STS de 14 de abril de 2010", *Aranzadi Social*, T. III, 2011, pp. 11-22.

10 Por extenso, FERNÁNDEZ DOMÍNGUEZ, J. J.: *Protección social complementaria de accidentes de trabajo y enfermedades profesionales*, Valencia (Tirant lo Blanch), 1999, pp. 119-133.

11 FERNÁNDEZ DOMÍNGUEZ, J. J. y FERNÁNDEZ FERNÁNDEZ, R.: "Responsabilidad empresarial ante siniestro profesional por insuficiencia del seguro para cubrir una mejora voluntaria. O sobre la polémica en torno a la determinación del hecho causante y las obligaciones de las partes en un contrato de seguro (Comentario a la STS de 24 de septiembre de 2008)", *Tribuna Social*, núm. 222, 2009, pp. 62-64.

culminar una obra de reformulación iniciada tres meses antes, quiebra la doctrina sobre la equiparación entre accidente de trabajo y enfermedad profesional en los supuestos donde falta la exclusión expresa de esta última en el pacto constitutivo de la mejora voluntaria. Hasta ese momento, y con respeto siempre al principio de autonomía de la voluntad recogido en el art. 41 CE, por referencia a la libertad de establecimiento de prestaciones complementarias, el Tribunal Supremo había venido sosteniendo una noción "omnicomprensiva" del concepto de accidente, a la cual no dejaba de ser ajena, ni la falta de culminación en el proceso de separación entre las contingencias profesionales, ni la frecuencia con la cual aparecen enfermedades directa e inmediatamente derivadas del accidente, o patologías y defectos fisiológicos preexistentes que el accidente desencadena o agrava[12]. En su virtud, y si la exclusión de la enfermedad profesional no fuera "expresa" o "específica", habrían de ser tomadas las contingencias profesionales como una entidad unitaria a los efectos de interpretar la cláusula de mejora voluntaria cuando hiciera referencia en exclusiva al accidente de trabajo; a resultas de lo cual, su mención incorporaría, siempre, la incapacidad o muerte derivada de enfermedad profesional[13].

Sin modificación legal alguna, y al calor tan solo de los cambios en la composición de los miembros en el Tribunal Supremo, quienes hasta entonces habían constituido una minoría discrepante alcanzaron un número suficiente para imponer el nuevo criterio, asentado sobre la necesaria separación entre contingencias profesionales[14]. Sin negar los lazos existentes entre accidente y enfermedad de origen laboral, que siguen y han de hacerse patentes[15], promueven otro enfoque obediente a una triple idea destinada a cobrar fortuna: razones de seguridad jurídica, interpretación de los contratos conforme a la normativa de Derecho Privado y reconocimiento de un diferente trato legislativo del accidente de trabajo y de la enfermedad profesional.

---

12 ALONSO OLEA, M.: "Accidente común y accidente de trabajo", en AA.VV.: *Comentario a la Ley de Contratos de Seguro,* Madrid (Colegio Universitario de Estudios Financieros), 1982, p. 1076.

13 BARREIRO GONZÁLEZ, G.: "Extensión del riesgo de accidentes para el caso de enfermedad profesional. Indemnización pactada en convenio", cit., p. 328.

14 La referencia lo es a las dos, ya mencionadas, SSTS, Sala General, 15 mayo 2000 (rec. 1477 y 1803/1999).

15 LIMÓN LUQUE, M. A.: "Determinación de la profesión habitual cuando la enfermedad profesional causante estuvo latente durante largo tiempo", *Actualidad Laboral,* núm. 16, 2007, p. 1923.

Una afirmación de base late como piedra axial en el nuevo patrón: la regulación del accidente de trabajo y de la enfermedad profesional "entraña diferencias esenciales en la acción protectora entre ambas contingencias". Otras dos razones adicionales fueron invocadas como aval para no seguir considerando incluida la enfermedad profesional dentro del concepto de accidente de trabajo:

En primer lugar, la Sala reconoce la extrema dificultad para que las empresas de seguros asuman el riesgo de hacerse cargo de esta contingencia más allá de los límites de la duración de la concreta relación laboral: "si ese sistema de reparto [entre dos o más aseguradoras distintas] no se puede imponer en relación con las mejoras voluntarias, difícilmente tales entidades mercantiles aceptarían cubrir esa mejora".

En segundo término, y mientras durante mucho tiempo se salió al paso de la argumentación civilista utilizada por ciertos órganos judiciales (los cuales reiteradamente fundamentaron la exclusión de la cobertura de las enfermedades profesionales en las normas sobre la validez e interpretación de los contratos, aplicándolas a los convenios colectivos por participar de la naturaleza contractual[16]), ahora "se vuelve, sin ambages, a su seno"[17], entendiendo que "extender las mejoras a situaciones no previstas en convenio, sobre la base de que son contingencias de la misma naturaleza (...), altera los términos del pacto, ampliando la cobertura o beneficio de mejora previsto por los contratantes en contra de lo previsto en el art. 1283 CC".

Ha lugar, así, a un tránsito de doctrina jurisdiccional, por algunos considerado como el paso desde una "visión jurídica y tuitiva", en esencia "positiva", a otra susceptible de "ser calificada de regresiva y de poco acorde con la seguridad jurídica"[18]. En sustancia, y en resumen, mientras antes era preciso pactar expresa y explícitamente la exclusión de la enfermedad profesional si se pretendía evitar su incorporación al concepto de accidente de trabajo cubierto por la mejora, ahora ocurre justamente lo contrario: de no acordar de modo claro y preciso la cobertura de la enfermedad profesional, será menester entender que no ha sido asegurada.

---

16 BARREIRO GONZÁLEZ, G.: "Extensión del riesgo de accidentes de trabajo para el caso de enfermedad profesional. Indemnización pactada en convenio", cit., p. 327.

17 SALINAS MOLINA, F.: "Indemnización pactada en convenio colectivo para accidente de trabajo. ¿Comprende la enfermedad profesional?", *Información Laboral (Jurisprudencia)*, T. III, 2000, p. 5179.

18 MARÍN CORREA, J. M.: "La mejora de la invalidez permanente y la enfermedad profesional", cit., p. 4856.

Pero, conforme ya consta, este cambio vino precedido de otro que lo preparó convenientemente, aprovechando la coyuntura para "reformular" toda una teoría en un ámbito tan fundamental de la Seguridad Social, relativo a cuanto su propio impulsor calificó como una "expresión pésimamente elegida"[19]: el hecho causante en los accidentes de trabajo. Así, tras unos años de jurisprudencia vacilante[20], en 1996 el Tribunal Supremo parecía haberse decantado a favor del dictamen-propuesta del EVI[21]; sin embargo, a comienzos de 2000 (y no son firmes discrepancias internas), mudó radicalmente su parecer atendiendo a tres argumentos, luego reiterados en innumerables ocasiones[22]:

1°. Habida cuenta de que la protección de accidentes de trabajo en el sistema español de Seguridad Social viene establecida bajo una técnica próxima a la existente en el ámbito mercantil, organizada a partir de la distinción entre las contingencias determinantes que regulan en los arts. 156 a 156 TRLGSS y las situaciones protegidas y prestaciones del art. 42 TRLGSS, preciso será estar a la perspectiva de aquel ordenamiento sobre la cobertura del riesgo, por más que lo indemnizado venga referido a determinadas secuelas derivadas del mismo. "Esto queda claro en el art. 100 LCS: (...) lo importante es la relación de causalidad entre el accidente y sus secuelas; no la fecha en la cual se manifiestan éstas, ni mucho menos la de su constatación administrativa o médica. La cobertura viene a ser establecida en función del riesgo cubierto, si bien lo protegido es el daño indemnizable derivado de éste, cuya manifestación pueda tener lugar con posterioridad a la del siniestro".

2°. Cualquier otra solución diferente a la ofrecida "sería, además, imposible de articular, pues conforme a los arts. 1 y 4 LCS el contrato de seguro es nulo (...) si en el momento de su conclusión no existía el riesgo o había ocurrido el siniestro. Lo cual quiere decir que, si el accidente ha

---

19 DESDENTADO BONETE, A.: "Nuevas orientaciones jurisprudenciales en la Seguridad Social complementaria: la vigencia de la cobertura y la consideración de la enfermedad profesional", cit., p. 1957 y, del mismo autor, "Una noción enigmática: el hecho causante en las prestaciones de Seguridad Social", cit., especialmente p. 274.

20 FERNÁNDEZ DOMÍNGUEZ, J. J.: *Protección social complementaria de accidentes de trabajo y enfermedades profesionales*, cit., p. 144 y ss.

21 En la serie de pronunciamientos integrada por las SSTS 12 julio 1996 (rec. 4089/1995), 28 enero y 12 julio 1997 (recs. 2666 y 2203/1996), 18 marzo 1998 (rec. 2222/1996) o 2 febrero 1999 (rec. 1886/1996).

22 En doctrina que, según ha quedado expuesto, encabeza la STS 7 febrero 2000 (rec. 109/1990).

acaecido en una determinada fecha, no cabrá asegurar su cobertura con posterioridad a la misma, aun cuando una determinada secuela venga a ser constatada administrativamente después".

3º. Por último, "la situación contraria lleva, incluso, a consecuencias prácticas inconvenientes, las cuales se han manifestado con claridad en la experiencia anterior y han de ser tomadas en cuenta en una interpretación sensible de la realidad social: dificultad de protección de los trabajadores temporales cuando la extinción del contrato tiene lugar con anterioridad a la constatación de la incapacidad permanente o de la producción de la muerte, imposibilidad o extrema dificultad de las empresas para suscribir pólizas respecto a este riesgo al ser previsible el daño derivado del mismo, o facilidad para promover conductas estratégicas e incluso fraudulentas por depender la cobertura de un hecho o una actuación posterior a la producción de la contingencia determinante".

La tesis se afirma como doctrina indiscutida desde entonces, con escrupuloso respeto a la autonomía de la voluntad (incluida la tácita[23]) respecto a la capacidad de determinar este dato esencial[24], pero firmeza indudable a la hora de situar en la fecha del accidente la data a considerar a falta de tal previsión expresa por las partes[25].

---

23 STSJ Galicia, 16 octubre 2020 (rec. 832/2020).

24 SSTS 19 marzo 2001 (rec. 1573/2000), 20 noviembre 2003 (rec. 3238/2003), 19 enero, 28 abril y 21 y 23 diciembre 2004 (recs. 2807/2002, 2346/2003, 549/2004 y 3356/2003), 24 mayo 2006 (rec. 210/2005), 29 septiembre 2008 (rec. 526/2007) o 23 septiembre 2009 (rec. 2248/2008). Implícito tal respeto en el contenido de las resoluciones de inadmisión que contienen los AATS 21 diciembre 2000 (auto inadmisión 4293/1999), 16 enero y 19 febrero 2002 (autos inadmisión 1433 y 2708/2001), 19 septiembre 2005 (rec. 2678/2004), 9 septiembre 2010 (rec. 23/2010), 5 julio 2011 (rec. 336/2011), 17 mayo 2017 (rec. 1877/2016) o 13 noviembre 2018 (rec. 1886/2018).

25 SSTS 1 y 7 febrero, 21, 23 y 27 marzo, 3, 10 y 18 abril, 24 mayo, 20 julio y 21 septiembre 2000 (recs. 200, 435, 2445, 1500, 1404, 2352, 2355, 1476, 1549, 3153 y 2021/2002); 25 junio, 11 julio y 4 octubre 2001 (recs. 2202, 3813 y 3902/2000); 10 junio 2002 (rec. 713/2002); 15 enero, 26 mayo y 30 septiembre 2003 (recs. 1648, 1846 y 1163/2002); 24 febrero y 2 marzo 2004 (recs. 2801 y 2820/2003); 25 septiembre y 15 noviembre 2006 (recs. 1609 y 2926/2005); 30 abril, 6 junio y 13 noviembre 2007 (recs. 829, 1899 y 4908/2006); 22 enero 2008 (rec. 3998/2006); 19 enero y 8 junio 2009 (recs. 1172 y 2873/2008); 10 junio 2010 (rec. 4394/2008); 19 mayo 2016 (rec. 3637/2014); 20 julio 2017 (rec. 3748/2015); 8 —dos— y 9 septiembre 2020 (recs. 2552/2019, 4103/2019 y 4094/2019) o 23 septiembre 2021 (rec. 1302/2020).

Lo hace, no obstante, sin despejar las dudas antaño formuladas y que tantos problemas siguen acarreando. En síntesis, la oposición al cambio, y la preferencia por el dictamen-propuesta del órgano administrativo especializado *ratione materiae*, se asentaba en cinco aspectos que pacientemente habían ido decantando los Tribunales[26]: 1ª. Lo que a este respecto interesa no es ya proteger "daños diferidos", sino "daños autónomos"; en concreto, las secuelas actualizadas bajo la forma de incapacidad permanente o muerte. Al lado existen, siempre, otros remedios de Seguridad Social, y hasta —en numerosas ocasiones— otras mejoras voluntarias independientes. 2º. Permite distinguir —precisamente por lo expuesto— las situaciones previas y transitorias, generadoras de las correspondientes prestaciones de asistencia sanitaria y/o incapacidad temporal, de aquellas otras de incapacidad definitiva. 3º. Confiere la necesaria seguridad jurídica, en tanto solo con la declaración de incapacidad permanente (o de fallecimiento) la lesión de cualquier tipo puede ser considerada como la circunstancia protegida en convenio o en contrato de trabajo. Voluntad primigenia, y plenamente laboral o social, cuya exteriorización a través de un contrato de seguro no subvierte la lógica del ordenamiento donde surge, ni tampoco requiere la analogía "forzada" de la Seguridad Social con la norma reguladora del seguro privado cuando dispone de una lógica propia, perfectamente asentada en el Sistema básico. 4º. Aporta al tráfico jurídico la necesaria certeza a la hora de atribuir (y distribuir, si procede) las responsabilidades sobre prestaciones sociales complementarias. 5º. En fin, confiere a quienes negocian el convenio, firman el contrato de trabajo o son partes en el de seguro, la facultad de solventar por sí mismos problemas puntuales[27].

3. LA PERMANENCIA DE CRITERIO SOBRE EL HECHO CAUSANTE DE LA ENFERMEDAD PROFESIONAL EN LOS TRIBUNALES SUPERIORES DE JUSTICIA

Hasta la nueva tesis del Tribunal Supremo, y aun cuando transitando por caminos argumentales parcialmente distintos, el hecho causante de las contingencias profesionales venía a coincidir en la fecha del dictamen

---

26 Sobre este proceso de sedimentación en el tiempo, FERNÁNDEZ DOMÍNGUEZ, J. J.: *Protección social complementaria de accidente de trabajo y enfermedades profesionales*, cit., pp. 169-175.

27 FERNÁNDEZ DOMÍNGUEZ, J. J. y FERNÁNDEZ FERNÁNDEZ, R.: *Incumplimientos empresariales en los actos de encuadramiento y responsabilidad de las mutuas*, Valencia (Tirant lo Blanch), 2007, pp. 92-94.

propuesta del organismo competente para calificar la incapacidad; en el caso de la enfermedad profesional, matizando que tal conclusión lo era (y es) con independencia de si subsiste o no el contrato de trabajo, sigue en vigor el convenio o ha mudado (o desaparecido) el contrato de seguro[28]. Dato capaz de llevar a afirmar que, en la práctica, cabía (y cabe) localizar "verdaderos efectos retroactivos" respecto a la regla general, pues solía (y suele) ser común su eficacia hacia atrás, para coincidir con el momento en el cual se manifiesta el proceso patológico[29].

Las argumentaciones conducentes a tal resultado fueron dos fundamentales: "por una parte, responde a la experiencia de que las secuelas de una dolencia o de un hecho lesivo no están por regla general predeterminadas en el momento del advenimiento, sino que dependen de múltiples factores de desarrollo incierto. Por otra, la fijación temporal del hecho causante en el momento de la declaración de invalidez en el sentido indicado es, sin duda, la que aporta mejor seguridad al tráfico jurídico, permitiendo atribuir con certidumbre las responsabilidades de prestaciones de Seguridad Social asumidas e identificar también con facilidad a los empresarios o entidades aseguradoras precedentes"[30].

Tras aquel pronunciamiento del Tribunal Supremo del año 2000, no han faltado intentos en los Tribunales Superiores de Justicia de extrapolar la tesis del accidente de trabajo a la enfermedad profesional. Sin muchos argumentos, se vino a afirmar la aplicación de aquella pauta hermenéutica "por analogía"[31], buscando un nuevo tratamiento homogéneo pero de distinto signo. Lo forzado de tal criterio hizo que el tratamiento igual bajo el nuevo norte interpretativo no acabara consolidándose. Antes bien, y además de cuantos pronunciamientos repudian de manera expresa tal extensión sin perjuicio de admitir la primacía del hecho causante establecido en el título constitutivo de la mejora[32], así como de los autos del Tribunal Supremo que la niegan cuando inadmiten la equiparación en los recursos para unificación de doctrina[33], la mayor parte de los Tribunales Superiores

---

28 SSTS 21 diciembre 1983 (s/n rec.), 11 junio 1987 (s/n rec.) y 20 marzo 1990 (s/n rec.).

29 SSTS 29 junio 1988 (s/n rec.) y 20 y 25 abril 1994 (recs. 1780 y 2799/1993).

30 SSTS 20 y 25 abril 1994 (recs. 1780 y 2799/1993), 24 octubre 1994 (rec. 3127/1993) y 23 junio 1995 (rec. 2253/1994).

31 STSJ La Rioja 10 diciembre 2002 (rec. 302/2002).

32 SSTSJ Castilla y León/Burgos 9 junio 2004 (rec. 354/2004), Asturias 14 junio 2013 (rec. 843/2013) —con invocación de la tesis convertida en jurisprudencia para las enfermedades comunes— o Galicia 21 marzo 2014 (rec. 413/2012).

33 AATS 15 noviembre 2006 (rec. 2926/2005), 3 julio y 11 octubre 2007 (recs. 1956/2006 y 639/2007), 5 noviembre 2008 (rec. 2846/2007), 22 octubre 2014

de Justicia siguen perseverando, como criterio de mayor seguridad jurídica, en aquella perspectiva clásica a cuyas resultas "para las mejoras derivadas de incapacidad que tiene su causa en la enfermedad profesional (...) el hecho causante se entenderá producido, en general, en la fecha en la que se haya extinguido la incapacidad temporal (...), porque, en principio, en dicha fecha se configuran como definitivas, irreversibles e irrecuperables las lesiones del trabajador, admitiéndose una fecha anterior en el tiempo cuando se acredite que con anterioridad ya se presentaban las lesiones objetivas en que consiste la invalidez"[34]. Así pues, "coincidirá, en general, con la fecha del dictamen del EVI o con la que corresponda con la comunicación de las lesiones como permanentes e invalidantes, o lo que es igual, cuando los padecimientos quedaron objetivados y consolidados con carácter irreversible, es decir, sin posibilidad de curación en fecha anterior al referido dictamen (...), pues en estos casos la fecha del hecho causante es necesariamente esa fecha anterior"[35].

(rec. 941/2014), 13 noviembre 2018 (rec. 1886/2018), 27 febrero 2019 —dos— (recs. 2869/2018 y 3710/2018); 9 septiembre 2020 (rec. 4094/2019), 24 febrero y 23 marzo 2021 (recs. 2427/2020 y 1587/2020), 26 octubre 2022 (rec. 151/2022), 9, 23 y 31 mayo 2023 (rec. 1243/2022, 2433/2022 y 3999/2022) o 8 mayo 2024 (rec. 3355/2023).

34 Con expresa negativa a poder mantener el mismo criterio para accidente y enfermedad precisamente a la luz de la separación que efectúa el propio Tribunal Supremo, STS 12 marzo 2002 (rec. 6476/2001).

35 Por la utilización de ese exacto literal, SSTSJ Galicia 27 mayo y 25 junio 2013 (recs. 4759/2011 y 413/2012), 21 marzo, 27 junio y 3 julio 2014 (rec. 413, 4607 y 3914/2012). Este Tribunal ha sido, sin duda, el que en más ocasiones conocidas ha afirmado el criterio con rotundidad, según cabe comprobar, también, en SSTSJ Galicia 15 mayo 2014 (rec. 3695/2012), 28 abril 2015 (rec. 1174/2013), 20 enero 2017 (rec. 278/2016), 22 enero 2018 (rec. 3825/2017), 30 septiembre 2019 (rec. 1846/2019), 30 septiembre 2020 (rec. 5769/2019) o 15 mayo 2023 (rec. 342/2023). En su justificación final se sigue aludiendo a un tenor habitual en el siglo pasado: "el fundamento de esta línea jurisprudencial es doble. Por una parte, responde a la experiencia de que las secuelas resultantes de una dolencia o de un hecho lesivo no están, por regla general, predeterminadas en el momento de su acaecimiento, sino que dependen de múltiples factores de desarrollo incierto. Por otra parte, la fijación temporal del hecho causante en el momento de la declaración de invalidez es sin duda la que aporta mayor seguridad al tráfico jurídico, permitiendo atribuir con certidumbre las responsabilidades de prestaciones complementarias de Seguridad Social asumidas, e identificar también con facilidad a los empresarios o entidades aseguradoras responsables", SSTSJ Cataluña 6 junio y 26 julio 2011 (recs. 127/2011 y 6013/2010) o Galicia 31 julio 2013 (rec. 1444/2011) y 27 junio 2014 (rec. 4607/2012). Asturias 22 junio 2021 (rec. 1262/2021), Madrid 26 mayo 2022 (rec. 331/2023), Andalucía/Sevilla 10 junio

4. LA FECHA DEL HECHO CAUSANTE EN LA JURISPRUDENCIA SOBRE ENFERMEDAD COMÚN

Con igual incertidumbre que en cuanto hacía a la enfermedad profesional, en la común también existió la tentación de acoger el criterio para la determinación del hecho causante que había restablecido el Tribunal Supremo para el accidente de trabajo[36], si bien hubo lugar a idéntica reacción destinada a mantener la tesis clásica y coincidente con la establecida para contingencias profesionales antes de la nueva doctrina unificada para accidente de trabajo; por tanto, cuanto cabría considerar como doctrina compartida con independencia de la contingencia[37].

En el caso de la enfermedad común se va un paso más allá de cuanto ocurre con la enfermedad profesional, y tras un primer "descuelgue" de la doctrina elaborada para el accidente de trabajo que tiene lugar en 2007[38], se fija definitivamente doctrina en 2010[39], para sentar con contundencia que "salvo en supuestos excepcionales en los cuales las secuelas apreciadas en la fecha de la incapacidad temporal evidencien sin ningún género de dudas que el trabajador se verá afectado por una incapacidad permanente, no se tomará en cuenta aquella fecha cuando el efecto invalidante es en tal momento incierto". E indicar, acto seguido, que "la fijación del hecho causante en el momento de la declaración de la incapacidad permanente en el sentido indicado [dictamen-propuesta del organismo evaluador de las incapacidades] es, sin duda, el que aporta mayor seguridad jurídica". Este último pronunciamiento tiene la importancia de afirmar un criterio frente al parecer mantenido desde el año 2000 sobre el hecho causante en el accidente de trabajo. Por tanto, de construir en un sentido tan opuesto como para motivar el voto particular de quien fue ponente en aquel pronunciamiento de comienzos de siglo.

2020 (rec. 3305/2018), 11 febrero 2021 (rec. 3005/2019), 1 diciembre 2022 (rec. 780/2021), Canarias/Las Palmas 19 mayo 2023 (rec. 415/2022). La doctrina, por otra parte, se asume de manera pacífica al aplicar la responsabilidad derivada del contrato de seguro en STS, Civil, 10 octubre 2023 (rec. 5358/2019).

36 SSTSJ Canarias/Las Palmas 18 julio y 27 noviembre 2003 (recs. 393 y 852/2001), 24 junio y 28 diciembre 2004 (recs. 578 y 1207/2002), 29 septiembre 2005 (rec. 160/2003) o 9 febrero 2007 (rec. 519/2004).

37 SSTSJ Extremadura 13 febrero 2003 (rec. 45/2003), Comunidad Valenciana 13 mayo y 27 septiembre 2005 (recs. 3386/2004 y 475/2005) y 11 mayo 2006 (rec. 3885/2005) o Andalucía/Málaga 22 marzo 2007 (rec. 3062/2006).

38 STS 30 abril 2007 (rec. 618/2006).

39 STS 10 abril 2010 (rec. 1813/2009).

Recuerda (citando numerosos precedentes), como punto de partida, el postulado clásico y nunca discutido de conformidad con el cual "cuando una mejora contiene una regulación específica en orden a fijar el momento en que se tiene por establecida la cobertura o en que ha de determinarse el régimen aplicable, tal regulación tiene que prevalecer en la medida en que no se oponga a una norma de superior rango. Y a tal solución ha de estarse, pues, aunque pudiera considerarse inconveniente de acuerdo con criterios técnicos de protección, lo cierto es que una inconveniencia o un desajuste no equivale a una infracción de alguno de los otros límites de la autonomía de la voluntad a que se refiere el art. 1255 CC, especialmente teniendo en cuenta que se trata además de una materia esencialmente disponible"[40]. Acto seguido, sin embargo, recupera la doctrina anterior al cambio acaecido en 2000, sentando que, "en lo no expresamente previsto, deben regirse [tales mejoras voluntarias] por las propias normas del sistema de Seguridad Social". Añade, empero, para tratar de ser congruente, que "incluso interrelacionadas con las posibles normas de otro orden existentes sobre el tipo de mejora establecido, como la legislación sobre seguros".

Así lo admite ahora el Tribunal Supremo, pero sólo para la enfermedad. Recuerda, a tal efecto, cuanto fue objeto de debate en Sala General: "en cuanto 'perturbación del estado de salud', presenta más dificultades de determinación temporal que el accidente, en tanto éste opera como consecuencia de una acción 'violenta, súbita y externa' que es fácilmente observable en su principio y fin. El carácter más difuso de la enfermedad complica los problemas de inclusión del siniestro en el ámbito de la cobertura, pues, por una parte, puede fomentar la denominada 'antiselección de riesgos' con respecto a enfermedades anteriores al seguro y, por otra, en sentido contrario, genera dificultades en orden a la fijación del límite de la cobertura respecto a las secuelas de la enfermedad que se manifiesta después de terminada la vigencia del contrato, en especial en las enfermedades en que el efecto propiamente invalidante se proyecta en el tiempo a partir de una evolución a veces muy lenta o del desencadenamiento de una crisis".

A partir de tal consideración, ratifica cuanto ya sentara tres años antes: como pauta general, y para contingencias comunes, en defecto de regulación específica en la norma o pacto constitutivo de la mejora, la fecha de su hecho causante, y la subsiguiente responsabilidad en cuanto a su abono,

---

40 En este sentido, excelente la STSJ Comunidad Valenciana 7 noviembre 2019 (rec. 3933/2018).

vendrá determinada por la norma sobre prestaciones obligatorias de Seguridad Social, que la fija en la fecha del dictamen del EVI; como excepción, dicha data puede retrotraerse al momento en el cual las secuelas se revelen como permanentes e irreversibles.

Lo hace acudiendo a cuanto era una constante (y baste remitir a la copiosísima jurisprudencia que cita) antes del cambio de criterio del Tribunal Supremo, compendiando los seis argumentos fundamentales que una generación entera conoció de memoria y arriba han sido enunciados de manera abreviada:

1. "Las consecuencias derivadas de los seguros privados que garanticen mejoras a favor de los trabajadores siguen la misma suerte que las prestaciones básicas de la Seguridad Social a las que sirven de complemento". Principio axial llamado a impregnarlo todo, comenzando con el sistema de fuentes en el sentido arriba reseñado, y que debería mover al legislador a no dejar al arbitrio judicial cuestión tan importante.
2. "Las mejoras no se establecen en función de la 'contingencia' [enfermedad], sino para ser aplicadas a las consecuencias de tal contingencia, es decir, a la incapacidad permanente o la muerte, y de ahí que en la generalidad de los convenios colectivos se fijen indemnizaciones variables en relación directa con el resultado definitivo de la enfermedad".
3. "Por eso mismo, salvo en supuestos excepcionales en que las secuelas apreciadas en la fecha evidencien sin ningún género de dudas que el trabajador se verá afectado por una incapacidad temporal, como regla general, no se toma en cuenta aquella fecha cuando al efecto invalidante es en tal momento incierto, tanto en su realidad como en el alcance que pueda apreciarse al causar alta, lo que puede ocurrir después de que el trabajador haya cesado en la empresa por motivos diferentes a la invalidez y se declare esta cuando haya desaparecido la cobertura de la póliza".
4. "La experiencia de que las secuelas resultantes de una dolencia o de un hecho lesivo no están por regla general predeterminadas en el momento de su acaecimiento, sino que dependen de múltiples factores de desarrollo incierto".
5. La solución propugnada "no rompe en un seguro de grupo la aleatoriedad de las operaciones aseguradoras exigidas en los arts. 1 y 4 de la Ley 50/80, porque una cosa es la aparición del agente lesivo,

que coincidirá normalmente con la situación de incapacidad temporal, y otra cosa es la objetivación de una lesión como invalidez de forma definitiva e irreversible".

6. En fin, y concluyente, "la fijación temporal del hecho causante en el momento de la declaración de incapacidad permanente en el sentido indicado es, sin duda, la que aporta mayor seguridad en el tráfico jurídico, permitiendo atribuir con certidumbre las responsabilidades de prestaciones complementarias de la Seguridad Social, e identificar también con facilidad a los empresarios o entidades aseguradoras responsables".

Argumento, el anterior, discutido en el voto particular (como el precedente, en aquel caso por entender que la protección ha de alcanzar tanto a los daños instantáneos como a los diferidos, y no sólo a los primeros), considerando que la menor complejidad o simplicidad aplicativa no debe ser un criterio para resolver conflictos sobre la selección de normas. Además, afirma que tales notas solo se lograrían de aplicar el criterio del hecho formal sin corrección alguna; pero, desde el momento en el cual se admite que, aun cuando sea excepcionalmente, el hecho causante material pueda desplazar al formal, la simplicidad deja de ser tal, al trasladar al beneficiario la dificultad de acreditar que el hecho causante material precede al formal y es anterior a la póliza. Según cabe constatar, justo la discusión en el punto que llevó a cambiar doctrina en el 2000, y ahora situada en minoría.

Dejando a salvo siempre la presencia de previsión expresa sobre la fecha del hecho causante en el título constitutivo de la mejora[41], y afirmada por tercera vez la existencia de jurisprudencia sólida sobre cuál debe ser la regla y su excepción[42], a diferencia de cuanto ocurre con la enfermedad profesional el panorama resulta ser bastante pacífico en los órganos judiciales encargados de fijar criterio en las distintas Comunidades Autónomas. Sirve para mostrar, en grado cuantitativamente comparable[43], la separación con

---

41 Conforme recuerda la STSJ Cataluña 5 octubre 2017 (rec. 3768/2017).

42 STS 21 junio 2012 (rec. 1603/2011).

43 SSTSJ Andalucía/Granada 26 mayo 2010 (rec. 2142/2009), 26 enero 2012 (rec. 2470/2011), 16 mayo, 6 junio y 17 octubre 2013 (recs. 1254/2012 y 789 y 1518/2013) o 1 febrero 2018 (rec. 1546/2017); Andalucía/Sevilla 8 julio 2010 (rec. 1993/2009), 15 septiembre 2011 (rec. 3831/2010), 16 mayo 2013 (rec. 1524/2012), 24 septiembre 2015 (rec. 3132/2014), 21 julio y 22 septiembre 2016 (recs. 2206 y 2435/2015), 7 septiembre y 8 noviembre 2017 (recs. 2367 y 3612/2016), 4 octubre 2018 (rec. 2892/2017), 10 junio 2020 (rec. 3305/2018) y 11 febrero 2022 (rec. 3005/2019); Comunidad Valenciana 23 septiembre 2010

la incapacidad surgida de accidente; por ende, la distorsión susceptible de ocasionar en el propio contrato de seguro suscrito para dar cobertura a una mejora convencional cuyos autores difícilmente pudieron imaginar, al concebirla, tamaño desafuero de dos hechos causantes distintos debidos al parecer de una jurisprudencia inestable.

5. REFLEXIÓN FINAL

Réplica y dúplica, criterio jurisdiccional y su discusión interna, para mostrar la ruptura definitiva en la doctrina sobre el hecho causante en función de la naturaleza de la contingencia; sin embargo, y curiosamente, utilizando para afirmar en una cuanto se niega en la otra, conduciendo así a una seguridad jurídica harto precaria.

Panorama de inestabilidad que clama por la intervención del legislador para aclarar las fuentes de las mejoras y arrojar luz sobre el oscuro concepto del hecho causante; de lo contrario, la actuación cuasi legislativa del Tribunal Supremo seguirá pendiendo de su aleatoria composición y variedad de opinión, sembrando este extenso campo hermenéutico de la sal de la duda.

Y, como decía aquel a cuyo recuerdo aparece dedicado el ensayo: el jurista vive permanentemente en la duda; no precisa fuentes que la alimenten de manera innecesaria. Con todo mi aprecio allí donde estés, maestro y amigo.

(rec. 35/2010), 17 enero 2012 (rec. 1805/2011) y 11 abril 2017 (rec. 1598/2016); Castilla-La Mancha 2 diciembre 2010 (rec. 1213/2010), 17 enero 2012 (rec. 1389/2011) y 16 octubre 2019 (rec. 1137/2018); Extremadura 14 diciembre 2010 (rec. 534/2010), 3 abril y 20 noviembre 2014 (recs. 88 y 474/2014); Canarias/Las Palmas 28 noviembre 2011 (rec. 1571/2009), 14 septiembre 2012 (rec. 1014/2010), 29 abril 2014 (rec. 1095/2012), 24 y 27 marzo, 19 junio y 17 julio 2015 (recs. 671 y 1352/2014 y 341 y 559/2015), 30 junio 2016 (rec. 306/2016), 27 marzo y 22 diciembre 2017 (recs. 1229/2016 y 129/2017) o 19 mayo 2023 (rec. 415/2022); Asturias 2 diciembre 2011 (rec. 2448/2011), 27 abril 2012 (rec. 682/2012), 19 junio 2015 (rec. 1123/2015) y 22 junio 2021 (rec. 1262/2021); Galicia 21 junio, 22 octubre y 2 noviembre 2012 (recs. 1603/2011 y 4112 y 5064/2009), 25 septiembre 2013 (rec. 2204/2011), 22 septiembre 2014 (rec. 2494/2014), 18 diciembre 2019 (rec. 2748/2019), 30 septiembre 2020 (rec. 5769/2019) o 15 mayo 2023 (rec. 342/2023); Madrid 21 junio 2012 (rec. 129/2019), 27 octubre 2014 (rec. 505/2014) o 26 octubre 2018 (rec. 174/2018); Navarra 5 septiembre 2012 (rec. 198/2012); País Vasco 3 noviembre 2015 (rec. 1744/2013) y 12 enero 2017 (rec. 2228/2016) o Andalucía/Málaga 14 febrero 2018 (rec. 1787/2017).

6. BIBLIOGRAFÍA

ALONSO OLEA, M.: "Accidente común y accidente de trabajo", en AA.VV.: *Comentario a la Ley de Contratos de Seguro,* Madrid (Colegio Universitario de Estudios Financieros), 1982.

BARREIRO GONZÁLEZ, G.: "Extensión del riesgo de accidentes para el caso de enfermedad profesional. Indemnización pactada en convenio", *Diario La Ley,* T. III, 1991.

BARREIRO GONZÁLEZ, G.: "La responsabilidad respecto de mejoras por riesgos profesionales introducidos por convenio colectivo. El aseguramiento mercantil y su omisión", *Revista Española de Derecho del Trabajo,* núm. 60, 1993.

DESDENTADO BONETE, A.: "Nuevas orientaciones jurisprudenciales en la Seguridad Social complementaria: la vigencia de la cobertura y la consideración de la enfermedad profesional", *Diario La Ley,* T. IV, 2000.

DESDENTADO BONETE, A.: "Una noción enigmática: el hecho causante en las prestaciones de Seguridad Social", en AA.VV.: *Aspectos complejos en materia de Seguridad Social,* Madrid (Consejo General del Poder Judicial), 2001.

FERNÁNDEZ DOMÍNGUEZ, J. J.: *Protección social complementaria de accidentes de trabajo y enfermedades profesionales,* Valencia (Tirant lo Blanch), 1999.

FERNÁNDEZ DOMÍNGUEZ, J. J.: "Mejoras voluntarias y enfermedad profesional", *Alcor de mgo,* núm. 12, 2008.

FERNÁNDEZ DOMÍNGUEZ, J. J.: "El hecho causante y las mejoras voluntarias tras la STS de 14 de abril de 2010", *Aranzadi Social,* T. III, 2011.

FERNÁNDEZ DOMÍNGUEZ, J. J. y FERNÁNDEZ FERNÁNDEZ, R.: *Incumplimientos empresariales en los actos de encuadramiento y responsabilidad de las mutuas,* Valencia (Tirant lo Blanch), 2007.

FERNÁNDEZ DOMÍNGUEZ, J. J. y FERNÁNDEZ FERNÁNDEZ, R.: "Responsabilidad empresarial ante siniestro profesional por insuficiencia del seguro para cubrir una mejora voluntaria. O sobre la polémica en torno a la determinación del hecho causante y las obligaciones de las partes en un contrato de seguro (Comentario a la STS de 24 de septiembre de 2008)", *Tribuna Social,* núm. 222, 2009.

LIMÓN LUQUE, M. A.: "Determinación de la profesión habitual cuando la enfermedad profesional causante estuvo latente durante largo tiempo", *Actualidad Laboral,* núm. 16, 2007.

MARÍN CORREA, J. M.: "La mejora de la invalidez permanente y la enfermedad profesional", *Actualidad Laboral,* núm. 48, 2000.

SALINAS MOLINA, F.: "Indemnización pactada en convenio colectivo para accidente de trabajo. ¿Comprende la enfermedad profesional?", *Información Laboral (Jurisprudencia),* T. III, 2000.

Capítulo XIV

El proceso social como garantía crucial de los derechos laborales: una mirada al pasado, al presente y al porvenir

RODRIGO TASCÓN LÓPEZ
Catedrático de Derecho del Trabajo y de la Seguridad Social
Universidad de León

SUMARIO: 1. LA INSOPORTABLE LEVEDAD DE LA TUTELA DISPENSADA POR LOS TRIBUNALES LABORALES EN LA ACTUALIDAD. 2. LAS REFORMAS OPERADAS EN LA LRJS POR EL RD 6/2023, DE 19 DE DICIEMBRE: RESMISIÓN. 3. VALORACIÓN CONCLUSIVA Y CRÍTICA SOBRE LOS CAMBIOS INCORPORADOS AL PROCESO SOCIAL. 3.1. Lo que el viento se llevó: aspectos que no fueron reformados (y algunos debieron serlo). 3.2. Algunas ideas para la mejora del funcionamiento del orden social de la jurisdicción. 4. BIBLIOGRAFÍA

"Instruye D. Quijote a Sancho sobre los deberes, virtudes y cualidades que debe mostrar en su condición de juez y gobernador de la Ínsula Barataria: responsabilidad, imparcialidad, libertad e independencia para juzgar, diligencia, prudencia, misericordia y equidad",

Germán Barreiro González, *Ius Quijotescum*, p. 40

1. LA INSOPORTABLE LEVEDAD DE LA TUTELA DISPENSADA POR LOS TRIBUNALES LABORALES EN LA ACTUALIDAD

Como la propia Ínsula Barataria, el juez descrito por el caballero de la triste figura no existe en la realidad; y, sin embargo, en ese sublime juego cervantino que mezcla inextricablemente la ficción con la realidad misma[1], se describe un personaje al que el magistrado de trabajo se le debiera

[1] Como describe el Premio Nobel de Literatura en un ensayo que sirvió para prologar, junto con otros, el centenario de la primera parte del Quijote, el gran tema de la novela cervantina es la ficción, puesto que el ingenioso hidalgo no es que quiera recuperar un tiempo pretérito en el que los caballeros andantes impartían justicia (pues tal época, de hecho, nunca existió), sino que, en realidad, quiere recrear la realidad conforme a los ficticios deseos de ideal de justicia que el hidalgo había leído en los libros de caballería. VARGAS LLOSA, M.: "La ficción y la vida",

de parecer mucho. Sobre aquél recae el deber de mantener la Justicia en un territorio que no existe; sobre éste, por el contrario y dentro de la más cruda y estricta realidad, han recaído, a lo largo de la historia de la legislación social, las tareas de mediador y conciliador (en parte, sólo en parte, transferidas a la figura del letrado de la administración de justicia), los deberes de ecuanimidad y clemencia, su carácter tuitivo, "imparcial pero no neutral"[2], investigador incansable de la verdad real (frente al formalismo enervante del proceso común civil durante décadas —o siglos—); un hacendoso jurista y, en definitiva y en toda su extensión, una persona buena.

No hace tanto tiempo el iuslaboralista hablaba orgulloso de la rapidez y eficacia de los Tribunales Laborales, estandarte de un todavía joven sector del ordenamiento jurídico necesitado como ninguno de eficacia real. En estos días de esplendor, el Prof. Germán Barreiro González lideró una memorable obra enciclopédica, el ya célebre Diccionario Procesal Social, que aquilató los conceptos más importantes de la aún joven disciplina rituaria social[3].

El contraste con lo que ocurre hoy, la era de la tecnología aplicada a la Justicia, en la que hay sedes absolutamente colapsadas citando para la celebración del acto del juicio para dentro de varios años, es realmente tan descorazonador como difícil de explicar[4]. Intentar hacerlo exige dar cuenta de la "crónica de un colapso anunciado", por parafrasear al Colombiano universal, indagando y describiendo cómo se ha llegado a esta

---

en *Don Quijote de la Mancha, edición preparada por la Real Academia Española de la lengua con motivo de la conmemoración del IV centenario del Quijote*, Madrid (Alfaguara), 2006, pp. XV y ss.

2 Un discurso imprescindible en APARICIO TOVAR, J. y RENTERO JOVER, J.: "El juez laboral, imparcial pero no neutral", *RDS*, núm. 4, 1998, p. 55.

3 BARREIRO GONZÁLEZ, G., *et alii* (GERMÁN BARREIRO, G., Dir.; FERNÁNDEZ DOMÍNGUEZ, J.J., Coord.): *Diccionario Procesal Social*, Madrid (Civitas), 1997.

4 Permítase la anécdota: en unas Jornadas celebradas hace poco más de un año en la Universidad de León, reflexionaba el Magistrado Martínez Illade, tantos años Profesor asociado cuando era titular de uno de los Juzgados de lo Social de León y hoy Magistrado del TSJ Castilla y León, en su sede de Valladolid, sobre la extrañeza que le producía (verdadero estupor compartido por todos) que hace alrededor de 40 años, cuando tomó su primer destino en Ponferrada, en una época convulsa socialmente (tiempo de reconversión en zona minera) y ayuna aún la Administración de Justicia de ayuda informática de cualquier clase, se dictaban las sentencias en aproximadamente tres meses desde la presentación de la demanda. MARTÍNEZ ILLADE, J.M.: "Una visión desde la magistratura de las reformas del Orden Social por la Ley de Eficiencia Procesal", en la Jornada de Estudio sobre Orden Social de la Jurisdicción y Eficiencia Procesal, León, noviembre, 2022.

situación. Desde luego, la norma rituaria social vigente, del año 2011, es muy completa y técnicamente rigurosa. Podría mejorarse, como cualquier quehacer humano, pero no han de buscarse ahí, al menos a juicio de quien esto escribe (y a la de algunos reputados juristas a los que ha de remitirse a lo largo del presente discurso), los orígenes del problema que padece hoy el orden social.

Un fugaz vistazo a la Historia más reciente permite constatar que, tanto la LPL de 1990, como su sucesora de 1995, tras la intensa reforma laboral del año 94 del siglo pasado, deslumbraron al mundo jurídico e hicieron que el proceso social se convirtiera en orgullo y estandarte del iuslaboralistmo triunfante, y sirviera, además, de modelo, para las reformas procesales ocurridas en el año 1998 en el marco de la Jurisdicción contenciosa y en el año 2000 en la norma de ritos civil[5].

Ese deslumbramiento no fue óbice para reconocer que a lo largo de las dos décadas siguientes el proceso social vivió un "envejecimiento prematuro"[6], provocado principalmente por la innovación ínsita a las nuevas leyes de procedimiento contencioso-administrativa y civil, que hicieron que algunas instituciones contenidas en la LPL quedaran desfasadas; era inevitable que se empezara hablar de la "crisis del proceso social"[7] y apuntar las "claves para su reforma"[8].

Distintas normas efectuaron alguna aportación o reforma, destacando entre ellas la bastante profunda realizada por la Ley 13/2009, de creación de la Oficina Judicial, que amplió las funciones del entonces llamado Se-

---

5 MONTOYA MELGAR, A.: "Los procesos laborales y el sistema de Derecho del Trabajo", *REDT*, núm. 38, 1989, p. 220 o VALDÉS DAL-RÉ, F.: "La Ley de Bases de Procedimiento Laboral. Aspectos más sobresalientes de una reforma procesal anunciada", en CRUZ VILLALÓN, J. y VALDÉS DAL-RÉ, F.: *Lecturas sobre la reforma del proceso laboral*, Madrid (Ministerio de Justicia), 1991, p. 130.

6 TASCÓN LÓPEZ, R.: "Del éxito del proceso social a su envejecimiento prematuro", *RTSS (CEF)*, núm. 315, 2009, pp. 67 y ss.

7 CACHÓN VILLAR, P. y DESDENTADO BONETE, A.: *Reforma y crisis del proceso social*, Pamplona (Aranzadi), 1996, pp. 22 y ss.; DESDENTADO BONETE, A.: "Notas para un debate sobre la crisis del proceso social", *RDS*, núm. 4, 1998, p. 223 o SEMPERE NAVARRO, A.V.: "Competencia de la jurisdicción social tras los cambios en la LOPJ, LJCA y LPL", *AS*, T. V, 1998, pp. 132 y ss.

8 Elaborando un completo listado de tales defectos, RODRÍGUEZ ESCANCIANO, S.: *Deficiencias del proceso social y claves para su reforma*, Madrid (Marcial Pons), 2001, pp. 24 y ss.

cretario Judicial, potenció las garantías del justiciable e incorporó diversas mejoras procesales como la grabación de las vistas[9].

Con todo, el producto resultante no era plenamente coherente ni satisfactorio, así que el legislador optó por la solución más drástica de elaborar una nueva norma de ritos social: la Ley 36/2011, reguladora de la Jurisdicción Social, que, si no revolucionaria, sí al menos fue lo suficientemente completa y profunda para conseguir la mejora técnica que la realidad social requería. Como bien es sabido, entre otras cosas porque lo declara expresamente su propia exposición de motivos, esta norma trató de lograr 2 grandes objetivos[10]:

De un lado, una ampliación notable del ámbito competencial del orden social, en el anhelo de ampliar y racionalizar (hasta su pretendida completitud) la materia contenciosa laboral[11]. Ampliación que, en pura dogmática jurídica, resultaba saludable, en tanto que llevaba la competencia de los Tribunales Laborales prácticamente hasta sus fronteras naturales; pero, a la vez, con un reverso peligroso ("de aquellos polvos, estos lodos" cabría afirmar con el siempre certero refranero castellano), sobre todo por no haberse aportado los refuerzos jurisdiccionales necesarios para abordar la carga de trabajo adicional que tal asunción competencial suponía. La advertencia efectuada por la doctrina laboralista, cual profecía de Casandra, no fue entendida ni atendida, y fue el punto de partida de un camino que ha conducido a otro de arribada nada satisfactorio[12].

---

9 PEDRAJAS MORENO, A.: "Reforma del proceso laboral: la implantación de la oficina judicial y otras medidas procesales complementarias", *AL*, núm. 10, 2010, pp. 1 y ss.; SERRANO ESPINOSA, G.M.: "La reforma del proceso laboral en el marco de la nueva oficina judicial", *Revista Xurídica Galega*, núm. 62, 2009, pp. 35 y ss.; GONZÁLEZ GONZÁLEZ, C.: "Novedades principales introducidas en el proceso laboral por la Ley de reforma de la legislación procesal para la implantación de la nueva oficina judicial", *Revista Aranzadi Doctrinal*, núm. 10, 2009, pp. 55 y ss. o MARÍN MADRAZO, M.J.: "Análisis de la reforma de la Ley de Procedimiento Laboral para la nueva oficina judicial", *Información Laboral. Jurisprudencia*, núm. 4, 2010, pp. 2 y ss.

10 *Vid.* Párrafos II y III Preámbulo Ley 36/2011, reguladora de la Jurisdicción Social (BOE 11 de octubre de 2011).

11 Inevitable la referencia a ALONSO OLEA, M.: *La materia contencioso-laboral. Extensión y límites de la jurisdicción de trabajo*, Sevilla (Mergablum), 1959, pp. 13 y ss.

12 Memorable releer ahora aquel trabajo de MOLINA NAVARRETE, C.: "Reforma procesal social ¿De la 'modernización burocrática' al 'desbordamiento de la jurisdicción'?", *RTSS (CEF)*, núm. 345, 2011, pp. 6 y ss.

En segundo término, el otro gran objetivo pretendido por la nueva norma de ritos social consistió en proceder a una modernización de los cauces procedimentales propios del Orden Social de la Jurisdicción (continuando y profundizando la labor iniciada con la ya mentada Ley 13/2009). En este sentido, las pequeñas y no tan pequeñas modificaciones e innovaciones incorporadas resultaban casi innúmeras y ofrecían como resultante final un producto acabado, una norma de ritos rigurosa y completa, que respondía a las necesidades de enjuiciamiento habidas en la rama social del Derecho.

Item más, la LRJS continúa siendo una norma rituaria suficientemente completa y técnicamente adecuada para regir con precisión los procesos que en el orden social han de darse; lo era en 2011, cuando fue promulgada y, si bien mejorable (como todo quehacer humano y ahí está la labor de investigación que en este campo puede desempeñar el iuslaboralista) lo sigue siendo en la actualidad[13].

Y, sin embargo, la situación del orden social hoy dista mucho de ser ideal: los retrasos son generalizados, en algunas sedes se puede hablar de verdadero colapso, y el Tribunal Constitucional ha tenido que declarar que tal situación de retraso en procesos "no especialmente complejos" resulta lesiva del derecho fundamental consagrado en el art. 24 CE, para sonrojo del iuslaboralismo[14].

Y esto, seguramente, sea sólo la punta del *iceberg*: cuántas personas trabajadoras se estarán aquietando en sus derechos ante el desalentador panorama de un proceso largo y tortuoso; cuántas otras se estarán conformando con acuerdos conciliatorios rayanos en lo abusivo bajo el manido argumento de que más vale pájaro en mano que ciento volando; conciliaciones que, por cierto y de forma esperpéntica, en algunas sedes, ya ni se llegan a celebrar, porque no da tiempo virtual en los 15 o 30 días que prevé el art. 65 LRJS para la reactivación de los plazos, según se trate de caducidad o prescripción: los héroes clásicos siguen paseando una y otra vez delante de los espejos cóncavos del callejón del gato.

---

13 SEMPERE NAVARRO, A.V.: "Protección de los derechos fundamentales en el proceso social: un enfoque desde la jurisprudencia", AA.VV.: *Retos de la Jurisdicción Social en los nuevos escenarios de trabajo: balance y perspectivas de futuro. Liber amicorum en homenaje al magistrado D. Fernando Salinas Molina*, Madrid (CEF), 2023, p. 106 o SALINAS MOLINA, F.: "Una visión general de los desafíos de la jurisdicción social: propuestas de reforma legislativa a partir de una experiencia práctica crítica", *RTSS (CEF)*, núm. 474, 2023, p. 23.

14 STCo 125/2022, de 10 de octubre.

Cuáles son, entonces, las razones que han llevado a esta lamentable situación, que está provocado esta "insoportable levedad" —si se permite tomar la expresión del genial escritor checo recientemente fallecido—, de la tutela judicial dispensada por los tribunales del Orden Social. A juicio de quien firma estas líneas, podría aludirse, al menos, a las siguientes causas[15]:

1. Un aumento significativo de las cuestiones atribuidas al Orden Social de la Jurisdicción —en número además creciente—, que no ha ido acompañada de una correlativa dotación de juzgados y tribunales, como ya se ha indicado páginas atrás.

2. Una ineficacia generalizada de los medios de solución extrajudicial de controversias, entre la dejadez de los funcionarios actuantes (que apenas reservan unos minutos escasos e insuficientes), y la carencia de fe de las partes en conflicto, que muchas veces ni siquiera acuden al acto, sabedoras de que la amenaza de la multa de temeridad y mala fe es apenas un rumor lejano, y no una verdadera espada de Damocles.

3. El exceso de litigiosidad, a lo que contribuyen de forma decisiva ciertas instituciones del proceso social, como la gratuidad de la instancia y la ausencia de costas, que, si bien características de este especializado orden, abocan a que en no pocas ocasiones lleguen a juicio cuestiones que jamás deberían de haberlo hecho.

4. Las sucesivas huelgas del personal de justicia que, de manera natural, han afectado al funcionamiento del servicio[16] y que incluso llevaron a plantear un interesante debate acerca de cuál era el derecho fundamental que había de prevalecer: ora el de huelga consagrado en el art. 28, ora el de tutela judicial efectiva del art. 24 de nuestro texto constitucional[17].

---

15 TASCÓN LÓPEZ, R.: *Hacia la eficiencia procesal en el Orden Social de la Jurisdicción*, Pamplona, Aranzadi, 2023, pp. 24 y ss.

16 MOLINA NAVARRETE, C.: "Retos de la jurisdicción social en la nueva sociedad del trabajo 5.0: claves para una necesaria nueva modernización", AA.VV.: *Retos de la Jurisdicción Social en los nuevos escenarios de trabajo: balance y perspectivas de futuro. Liber amicorum en homenaje al magistrado D. Fernando Salinas Molina*, Madrid (CEF), 2023, p. 15.

17 Auto JS núm. 1 León 28 febrero 2023, admitiendo la celebración de la vista aún sin el concurso del LAJ, con el argumento de que en realidad no interviene en el acto del juicio, sino en un momento posterior (cuando firma electrónicamente la grabación) y, por tanto, no le es aplicable la causa de nulidad automática prevista en el art. 238.5 LOPJ, sino, a lo sumo, la causa prevista en el art. 238.3 LOPJ respecto a la infracción de normas de procedimiento, pero, en tal caso, es necesaria

5. La crisis institucional, que encuentra uno de sus ejemplos señeros más sangrantes en la Administración de Justicia, degenerando en una evidente pérdida de vigor y de prestigio de los tribunales en nuestro país, con prolongadas vacantes y faltas de renovación de órganos cruciales en su funcionamiento.

En fin, en un tan poco halagüeño contexto, era poco menos que inevitable que acaeciera una reacción en busca de la reforma. En este sentido, procede recordar que ya en el 2020, tras el estado de alarma (y las contundentes medidas de urgencia adoptadas por el RD 16/2020, primero, y la subsiguiente Ley 3/2020, después), el CGPJ abrió un debate en el que participaron diversas instituciones y entidades cuyos resultados se recogen en el documento titulado "*Medidas organizativas y procesales para el plan de choque en la administración de justicia tras el estado de alarma*", que para el Orden Social proponía un buen puñado de medidas —casi todas ellas lamentablemente olvidadas en las iniciativas legislativas posteriores[18]— para la mejora de su funcionamiento[19].

En la legislatura anterior se inició un paquete de reformas procesales que se vieron frustradas por el fin abrupto de la legislatura, gestada por el legislador en las conocidas como leyes de eficiencia, dentro del Plan Justicia 2030 y en el marco del Plan de transformación, recuperación y resilencia, con el inevitable objetivo de lograr una mejora integral del funcionamiento de la Administración de Justicia en España, a través de un conjunto de hasta tres proyectos de normas con rango de ley (de eficiencia procesal, digital y organizativa) que tuvieron una tramitación parlamentaria más o menos simultánea y, sin duda, azarosa, hasta el punto de que, como ya ha-

---

la efectiva indefensión de la parte perjudicada [tal y como recuerda, por cierto, la Sala IV en un reciente pronunciamiento, respecto a los defectos en la grabación de la vista, STS 10 enero 2023 (Rec. 4071/2019)], algo que se descarta en el acto en presencia si ambas partes han aceptado voluntariamente celebrar el juicio.

18 Queja amarga de MARTÍNEZ MOYA, J.: "La posición del Consejo General del Poder Judicial ante las reformas normativas que afectan al Orden Jurisdiccional Social", en AA.VV. (SALINAS MOLINA, F., Dir.): *Sobre propuestas de reforma de la Ley Reguladora de la Jurisdicción Social. Cuadernos monográficos de formación. Núm. 38,* Madrid (CGPJ), 2021, pp. 57 y ss.

19 ESTEVE SEGARRA, A.: "El plan de choque del Consejo General del Poder Judicial: ¿una solución al desuso del procedimiento monitorio laboral?", en AA.VV. (NORES TORRES, E., Coord.): *Problemas actuales del proceso laboral. Homenaje al Prof. José Mª. Goerlich Peset con ocasión de sus 25 años como catedrático de Derecho del Trabajo y de la Seguridad Social,* Valencia (Tirant lo Blanch), 2020, pp. 403 y ss.

bía previsto quien se detuvo en el estudio del particular[20], no pudieron ver la luz tras el abrupto fin de la anterior legislatura[21].

Todos, en general (y unos más que otros[22]), resultaban interesantes y la doctrina confiaba en que —si la legislatura recién estrenada transcurriera con un mínimo de normalidad— fueran retomadas por el legislador, añadiéndose algunas otras medidas que se habían ido proponiendo a lo largo de los últimos años[23] y que, humildemente, quien esto escribe había tratado de ovillar recientemente para elaborar con ellos un hilo de Ariadna que pudiera servir de ayuda en este intrincado laberinto en el que se ha convertido el Orden Social de la Jurisdicción[24].

El ejecutivo sorprendió a todos en un alarde más de su carácter legiferante y, mediante el RD 6/2023, de 19 de diciembre, aprobó con rango de Ley y, se supone, que por razones de extraordinaria y urgente necesidad (parece que más vinculadas a la necesidad de librar nuevos fondos europeos que a la mejora del servicio de Justicia) una norma (intitulada como *por el que se aprueban medidas urgentes para la ejecución del Plan de Recuperación, Transformación y Resiliencia en materia de servicio público de justicia, función pública, régimen local y mecenazgo)*, en la que realizaba un "remix" (si se permite la expresión) de los anteriores Proyectos de Ley de Eficiencia digital y procesal del servicio públicos de Justicia, incorporando algunas de las medidas proyectadas a las normas de ritos, pero incurriendo también en ciertos

---

20 GARCÍA MURCIA, J.: "Las Leyes de eficiencia del servicio público de Justicia: visión general y posible incidencia en la Jurisdicción Social", *RTSS (CEF)*, núm. 474, 2023, pp. 59 y ss.

21 MOLINA NAVARRETE, C.: "¿Nueva modernidad para una jurisdicción social estancada?: retos en los entornos de una sociedad digital del trabajo y justicia multinivel", *RTSS (CEF)*, núm. 474, 2023, p. 14.

22 Un repaso sistemático a las reformas previstas por el PLMEP para el Orden Social de la Jurisdicción en, entre otros, SALINAS MOLINA, F.: "Proyecto de Ley de Medidas de Eficiencia Procesal: ámbito social", *Jurisdicción Social*, núm. 234, junio, 2022, p. 25 o MOYA AMADOR, R.: "El Proyecto de Ley de Eficiencia Procesal y las reformas previstas en el Proceso Laboral", *Trabajo y Derecho*, núm. 102, 2023, pp. 5 y ss.

23 Un análisis sistemático imprescindible, desde la experiencia práctica, en SALINAS MOLINA, F.: "Una visión general de los desafíos de la jurisdicción social: propuestas de reforma legislativa a partir de una experiencia práctica crítica", en AA.VV.: *Retos de la jurisdicción social en los nuevos escenarios del trabajo: balance y perspectivas de futuro. Liber amicorum en homenaje al magistrado D. Fernando Salinas Molina*, Madrid (CEF), 2023, pp. 397 y ss.

24 Elaborando hasta quince propuestas de reforma concreta, TASCÓN LÓPEZ, R.: *Hacia la eficiencia procesal en el Orden Social de la Jurisdicción*, cit., pp. 146 y ss.

olvidos, pretericiones que, al menos por cuanto hace al Orden Social de la Jurisdicción, no quedan debidamente justificados[25].

El Libro I del mentado RD 6/2023 lleva por rúbrica *Medidas de Eficiencia Digital y Procesal del Servicio Público de Justicia.* Su principal objetivo, confesado en la Exposición de Motivos, es lograr avanzar en la digitalización de la Justicia, efectuando una profunda modificación en aras a lograr que las actuaciones procesales sean "preferentemente" telemáticas, la cual, si bien afecta a todos los órdenes jurisdiccionales, se deja sentir con especial intensidad en el Civil[26]. Además, se incorpora un copioso elenco de medidas procesales en los diversos órdenes, de entre las cuales el presente discurso (al igual que, sin duda, otro ingente volumen de trabajos de la siempre inquieta doctrina laboralista[27]) se va a centrar en las operadas en la LRJS.

2. LAS REFORMAS OPERADAS EN LA LRJS POR EL RD 6/2023, DE 19 DE DICIEMBRE: REMISIÓN

Como ya se ha insinuado, el art. 104 del RD 6/2023, de 19 de diciembre, de forma específica, ha incorporado un buen puñado de reformas puntuales a la LRJS que entraron en vigor el 20 de marzo de 2024, según establece su disposición final 9.2.

No han sido todas las que cabría esperar, pero, desde luego, si vistas en su conjunto, suponen una reforma de cierto calado de la norma rituaria social y la causa próxima del presente discurso.

---

25 NORES TORRES, E.: *Configuración y reforma del proceso social,* Valencia (Tirant lo Blanch), 2024, pp. 23 y ss.

26 No puede el discurso detenerse, por razones de tiempo y espacio, en la ingente cantidad de modificaciones que, en este sentido, incorpora el RD 6/2023, de 19 de diciembre, en la norma de ritos civil. Sí se debe, al menos, remitir a un pequeño estudio sobre la influencia que tal apuesta por la tecnología puede tener en la realización de las actuaciones procesales en el Orden Social de la Jurisdicción. TASCÓN LÓPEZ, R.: "Sobre la posibilidad de realizar actuaciones procesales telemáticas (en particular las vistas) en el Orden Social de la Jurisdicción tras los últimos cambios normativos", *LABOS Revista De Derecho Del Trabajo Y Protección Social,* Vol. 5, 2024, pp. 247-265.

27 Así, al tiempo de escribirse estas líneas ya han aparecido algunos trabajos, que seguro sólo serán los primeros, sobre el particular asunto planteado. *V. gr.*, DE LAMO RUBIO, J.: "La reforma sobre eficiencia procesal en el orden social: aproximación crítica", La Ley, núm. 10431, 2024 o AA.VV. (VILA TIERNO, F., Dir.): *La reforma del proceso en el Orden Social derivada del RDL 6/2023, de 19 de diciembre. Comentario de Urgencia,* Murcia (Laborum), 2024.

No es este breve ensayo (homenaje al maestro Barreiro) el foro adecuado para glosar todas las reformas, sirviendo la remisión a un reciente trabajo en el que quien estas líneas firma tuvo ocasión de analizarlas con mayor amplitud. Baste decir ahora, en apretadísima síntesis y como mero recordatorio, que se ha ampliado el ámbito del Orden Jurisdicción Social con la incorporación a su acervo competencial de las cuestiones relativas a la dependencia; se ha sistematizado y ampliado el elenco de situaciones en las que es posible la acumulación de acciones (cuidando también de evitar las fallidas en aquellos supuestos en los que se pudiera atentar contra los derechos de alguna de las partes); se ha equiparado el régimen de las actuaciones procesal al previsto en el régimen civil común (con una evidente tendencia a la digitalización); se ha remozado el proceso monitorio, para intentar que sea más operativo en la práctica; y, sobre todo, se han incorporado las figuras procesales del procedimiento testigo y la extensión de efectos, para abordar de forma ágil el fenómeno de la litigación en masa en el orden social de la jurisdicción[28].

3. VALORACIÓN CONCLUSIVA Y CRÍTICA SOBRE LOS CAMBIOS INCORPORADOS AL PROCESO SOCIAL

No es posible terminar el presente ensayo, hasta ahora netamente descriptivo y de glosa, sin efectuar una valoración crítica (por tanto, ya, por fuerza, subjetiva) de la reforma operada en el ámbito del Proceso Social por el tantas veces mencionado RD 6/2023, de 19 de diciembre.

Esta tarea se realizará desde un doble plano; de un lado, reflexionando sobre lo que pudo haber sido y no fue, esto es, las otras posibles reformas que, incluso previstas en los referidos PLMEP y PLMED o detectados por la doctrina científica, al final no han sido incorporados al tenor de la norma de ritos social; de otro, efectuando algunas consideraciones generales sobre cómo podría mejorarse el funcionamiento del Orden Social de la Jurisdicción.

3.1. Lo que el viento se llevó: aspectos que no fueron reformados (y algunos debieron serlo)

Como ya se ha indicado a lo largo de las páginas precedentes, la reforma operada por el RD 6/2023, de 19 de diciembre, en la norma de ritos so-

[28] Sobre todas estas cuestiones, se insiste, baste la remisión a TASCÓN LÓPEZ, R.: "El Proceso Social tras la reforma en aras de la eficiencia procesal y digital: crónica de una tarea inconclusa", *Revista Española de Derecho del Trabajo*, 2024, pp. 3 y ss.

cial, con ser significativa, no ha sido todo lo completa que cabía esperar. Al margen de la mayor o menor importancia que cada quien quiera darles de forma concreta, lo cierto es que (por diversas vías) estaban sobre el tapete algunas otras reformas que han caído, ya en el olvido, ya en el desprecio, del legislador de urgencia y que, quizá de forma más reposada, pudieran tener su interés. A saber:

I. El ya mencionado conjunto de "*Medidas organizativas y procesales para el plan de choque en la administración de justicia tras el estado de alarma*", de mayo de 2020, proponía para el Orden Social un buen puñado de medidas —casi todas ellas lamentablemente olvidadas en las iniciativas legislativas posteriores[29]— para la mejora de su funcionamiento[30].

No sería ocioso releer aquel texto para aprovechar algunas de las muy buenas ideas que allí se contenían, *v. gr.*: ampliar los plazos preprocesales de suspensión de la caducidad, pasando de quince a treinta días, o de reactivación de la prescripción, pasando de treinta a sesenta días (art. 65.1 y 2 LRJS); reducir el número de supuestos excluidos de conciliación preprocesal (art. 64.1 LRJS); declarar urgentes aquellos procesos de extinción del contrato de trabajo instados en virtud del art. 50 ET; permitir que, en los procesos de Seguridad Social (incluido el desempleo), y como excepción al principio de oralidad, la contestación a la demanda pueda ser escrita (arts. 141 y 143 LRJS); en fin, y por no seguir, Aumentar hasta los 120 días el plazo que debe transcurrir desde la presentación de la demanda hasta la fecha que por primera vez declara la improcedencia del despido, como lapso temporal a partir del cual surge la responsabilidad del Estado por los salarios de tramitación en los casos de despido improcedente (art. 116.1 LRJS).

II. Los Proyectos de Ley de Eficiencia Procesal y Digital del Servicio Público de Justicia contemplaban más cambios en la LRJS de las que finamente ha incorporado el RD 6/2023 de 19 de diciembre, sin que en ningún momento se haya explicado el motivo que llevó al legislador a suprimirlos.

---

29 Queja amarga de MARTÍNEZ MOYA, J.: "La posición del Consejo General del Poder Judicial ante las reformas normativas que afectan al Orden Jurisdiccional Social", en AA.VV. (SALINAS MOLINA, F., Dir.): *Sobre propuestas de reforma de la Ley Reguladora de la Jurisdicción Social. Cuadernos monográficos de formación. Núm. 38*, Madrid (CGPJ), 2021, pp. 57 y ss.

30 ESTEVE SEGARRA, A.: "El plan de choque del Consejo General del Poder Judicial: ¿una solución al desuso del procedimiento monitorio laboral?", en AA.VV. (NORES TORRES, E., Coord.): *Problemas actuales del proceso laboral. Homenaje al Prof. José Mª. Goerlich Peset con ocasión de sus 25 años como catedrático de Derecho del Trabajo y de la Seguridad Social*, Valencia (Tirant lo Blanch), 2020, pp. 403 y ss.

Así, por ejemplo, quien estas líneas firma, encuentra especialmente extraño, las siguientes omisiones:

1. Se ha eliminado cualquier modificación del régimen jurídico de las sentencias orales (previsto con carácter general en el art. 50 LRJS), sobre las que el PLMEP claramente apostaba por potenciar su utilización (eliminando la limitación —que queda, por tanto, vigente— de que sólo pudiera recurrir a esta sentencia *in voce* cuando el asunto fuera susceptible de recurso de suplicación) como una vía para contribuir a la agilidad procesal[31].
2. No se ha incorporado la reforma del art. 65 LRJS que, de un lado, mejoraba dogmáticamente la redacción del precepto (al distinguir acertadamente entre la suspensión del plazo de caducidad y la interrupción de la prescripción) y transformaba en "hábiles" los 30 días que integraban el plazo de reanudación de la prescripción, lo que la práctica vendría, saludablemente, a ampliarlo, facilitando así que el intento de conciliación se llegara a realizar en la práctica.
3. Se ha suprimido cualquier referencia a la separación de los actos de conciliación y juicio que el PLMEP incorporaba a los arts. 82 y 84 LRJS. Tal omisión resulta especialmente llamativa, habida cuenta de que era una de las medidas "más trascendentes"[32] de entre las esperadas en materia procesal laboral. Es cierto que su empaque se había ido diluyendo, pues si bien el Anteproyecto planteaba que dicha separación de actos fuera la regla general, el texto del PLMEP ya sólo lo permitía cuando el letrado o letrada de la Administración de Justicia tuviera expectativas de éxito en la conciliación, lo que obligaba a juicios cabalísticos un tanto exorbitantes[33].

   Desde luego, esta medida podría ser muy interesante de cara a aprovechar los "huecos" que quedan en la práctica de los Tribunales Laborales cuando se producen acuerdos en el intento de conciliación ante el letrado de la Administración de Justicia, lo que podría redundar en una mayor celeridad procesal. Con todo, y como puso de manifestó quien estudió a fondo la cuestión, para que tal cambio pudiera ser

---

31 Al respecto, MOYA AMADOR, R.: "El Proyecto de Ley de Eficiencia Procesal y las reformas previstas en el Proceso Laboral", cit., pp. 5 y ss.

32 SALINAS MOLINA, F.: "Proyecto de Ley de Medidas de Eficiencia Procesal: ámbito social", cit., p. 16.

33 TASCÓN LÓPEZ, R.: *Hacia la eficiencia procesal en el Orden Social de la Jurisdicción*, cit., p. 147.

eficiente es necesario que, además del doble trámite (separación en días distintos de los actos de conciliación y juicio, con un lapso de al menos 30 días entre ellos), se instrumentara también una "doble citación", una primera para el acto de conciliación y, fracasado el intento, una segunda para el acto de juicio, pues sólo así se podrían aprovechar efectivamente los espacios vacantes de los litigios conciliados para la realización de otras actuaciones judiciales[34].

4. Se ha eliminado la posibilidad contemplada en el PLMEP de que las partes pudieran "adelantar" el acuerdo de conciliación por vía telemática, el cual, si venía firmado digitalmente por ambas partes, podía ser directamente aprobado por el letrado o letrada de la Administración de Justicia, poniendo fin al litigio. Desde luego, era una opción muy ágil, que favorecía y potenciaba la solución concertada y que podría además encontrar campo abonado para que la negociación colectiva incluyera alguna previsión que facilitara y concienciara de la necesidad de alcanzar acuerdos rápidos y eficaces que eviten la cronificación del conflicto y el colapso de los tribunales[35].

III. En fin, la doctrina científica había formulado también numerosas propuestas para un buen puñado de potenciales cambios en la norma de ritos social que el legislador ha ignorado casi al completo. Así, entre otras muchas que no es posible relacionara a riesgo de hacer el discurso interminable[36], es posible dar cuenta de las siguientes: potenciar la utilización de las medidas cautelares en el Orden Social[37]; adicionar una nueva modalidad procesal (o al menos declarar urgentes tales actuaciones) en materia

---

34 DE LAMO RUBIO, J.: "La conciliación intraprocesal social en el Anteproyecto de Ley de Eficiencia Procesal", *La Ley*, núm. 9767, 2021, p. 3 o DÍAZ SÁEZ, R.: "La convocatoria a los actos de conciliación y/o juicio en la Ley Reguladora de la Jurisdicción Social ¿Fin de la única pero sucesiva citación?", *La Ley*, 9753, 2020, p. 3.

35 Con mayor extensión, TASCÓN LÓPEZ, R.: "Sobre la posibilidad de realizar actuaciones procesales telemáticas (en particular las vistas) en el Orden Social de la Jurisdicción tras los últimos cambios normativos", *Revista Labos*, Vol. 5, núm. 1, 2024.

36 Baste la remisión a un elenco más amplio efectuado en TASCÓN LÓPEZ, R.: *Hacia la eficiencia procesal en el Orden Social de la Jurisdicción*, cit., pp. 146 y ss.

37 MARCOS GONZÁLEZ, J. y MOLINA NAVARRETE, C.: "La justicia cautelar en el orden social: ¿una asignatura de modernización aún pendiente?", en AA.VV.: *Retos de la jurisdicción social en los nuevos escenarios de trabajo: balance y perspectivas de futuro. Liber amicorum en homenaje al magistrado D. Fernando Salinas Molina*, Madrid (CEF), 2023, p. 363.

de extinción del contrato de trabajo por la vía del art. 50 ET[38]; remozar el proceso de conflictos colectivos (para adecuarlo a la realidad jurídica)[39]; establecer un trámite de contestación escrita a la demanda (que, por cierto, podría facilitar, de forma también escrita, la conciliación intraprocesal pero antes del juicio, agilizando actuaciones)[40]; habilitar algún mecanismo (diferente y más eficaz que el de la casación para unificación de doctrina a instancia del Ministerio Fiscal) para lograr una rápida solución por parte de la Sala IV TS de aquellos asuntos que estén generando fuerte litigiosidad[41]; o, en fin, dotar a la Administración de Justicia de medios ejecutivos "no menores" de los que dispone la Agencia Tributaria[42].

Por todo cuanto se ha dicho, queda justificado el título del presente ensayo, que alude a una tarea inconclusa, en la que ha el legislador ha de profundizar en los próximos tiempos, para incorporar algunas de las modificaciones normativas ahora propuestas a la norma de ritos social, en aras de seguir construyendo esa tan anhelada eficiencia procesal.

3.2. Algunas ideas para la mejora del funcionamiento del Orden Social de la Jurisdicción

Antes de dar por concluido el presente discurso, procede efectuar unas consideraciones generales, probablemente innecesarias, por obvias, pero que conviene tener presente como brújula en cualquier reflexión adicional que se efectúe sobre el particular: de un lado, que los problemas del Orden Social no se arreglan exclusivamente con reformas normativas ("la

38 QUIRÓS HIDALGO, J.G.: *La extinción del contrato de trabajo por voluntad unilateral del trabajador*, León (Eolas), 2019, pp. 123 y ss. Al respecto, permítase también humildemente la remisión a TASCÓN LÓPEZ, R.: *La acumulación procesal de los asuntos de despido y extinción del contrato de trabajo*, Pamplona (Aranzadi), 2021, pp. 23 y ss.

39 SALINAS MOLINA, F.: "Proyecto de Ley de Medidas de Eficiencia Procesal: ámbito social", cit., p. 27.

40 DE LAMO RUBIO, J.: "La reforma sobre eficiencia procesal en el orden social: aproximación crítica", cit., p. 21.

41 SEGOVIANO ASTABUROAGA, M.L.: "El recurso de casación para la unificación de doctrina en el orden social: balance crítico y propuestas de reforma", en AA. VV.: *Retos de la jurisdicción social en los nuevos escenarios del trabajo: balance y perspectivas de futuro. Liber amicorum en homenaje al magistrado D. Fernando Salinas Molina*, Madrid (CEF), 2023, pp. 275 y ss.

42 SALINAS MOLINA, F.: "Proyecto de Ley de Medidas de Eficiencia Procesal: ámbito social", cit., p. 27.

celeridad procesal no se consigue por mucho que lo diga el BOE" [43]). Estas son necesarias, y agilizarán un tanto el proceso; pero no serán el bálsamo de fierabrás (por buscar una figura quijotesca que hubiera hecho las delicias del maestro Barreiro) que se erija en el remedio a todos sus males.

Entre otras cosas, porque la norma vigente ya es muy completa técnicamente. De hecho, las reformas previstas en los frustrados proyectos de las Leyes de eficiencia, algunas de las cuales han visto la luz ahora a través del mentado RD 6/2023, no eran (ni son) revolucionarias, ni van a suponer un cambio sistémico; mejorarán, quizá, el desenvolvimiento práctico de algunos aspectos y agilizarían algo los trámites rituarios. Pero en modo alguno resolverán el retraso crónico y la sobrecarga de trabajo de los órganos judiciales.

Un intento de solución realista y sincero exige dotar a este especializado Orden jurisdiccional de más medios materiales y humanos. La planta del Orden Social está infradimensionada. Hacen falta (muchos) más juzgados de lo Social. En España ahora mismo hay 368 Juzgados de lo Social que se revelan a todas luces insuficientes, habiéndose estimado que, al menos, sería necesaria la dotación de otros 32 órganos unipersonales de instancia[44].

De otro lado, que la litigiosidad que padece el Orden Social es excesiva, y hay que tratar de ponerla remedio de algún modo: bien potenciando los sistemas de solución extrajudicial de conflictos, caracterizados hoy por su habitual ineficacia, donde la negociación colectiva ha de jugar un papel más intenso de cuanto hasta ahora ha desempeñado[45]; bien recurriendo

---

43 DE LAMO RUBIO, J.: "La reforma sobre eficiencia procesal en el orden social: aproximación crítica", cit., p. 15.

44 El propio CGPJ ha advertido de la necesidad de crear hasta 32 nuevos Juzgados de lo Social por los lugares más necesitados de la geografía patria (aquellos en los que el tiempo de respuesta judicial en la instancia es superior a un año) y, al tiempo, urge a los Tribunales de Justicia a tratar de dotar sistemas de refuerzo hasta que tal provisión sea llevada a cabo, *Acuerdo de la Comisión Permanente del CGPJ de 22 de diciembre de 2022.*

45 Sobre esta idea han insistido, en los últimos tiempos, MARTÍN VALVERDE, A.: "Medios no judiciales de solución de conflictos laborales", *Revista del Ministerio de Empleo y Seguridad Social,* núm. 123, 2016, pp. 15 y ss.; MOLINA NAVARRETE, C.: "Procedimientos autonómicos de solución extrajudicial de conflictos: balance de convergencias y divergencias 30 años después", *Temas Laborales,* núm. 154, 2020, pp. 79 y ss.; ARESTEY SAHÚN, M.L.: "Medidas alternativas de solución de conflictos laborales: estado de la cuestión y perspectivas de futuro", en AA.VV.: *Procedimientos alternativos de solución de conflictos. Perspectiva interdisciplinar,* Pamplona (Aranzadi), 2020, pp. 45 y ss. o MIÑARRO YANINI, M.: "El impulso oscilante a los

a otros mecanismos antaño impensables, pero hogaño quizá necesarios, como incorporar la condena en costas por vencimiento objetivo en el pleito en el Orden Social o, al menos, facilitar el uso decidido de la multa por temeridad o mala fe (art. 74 LRJS)[46].

En fin, una tercera y última reflexión, que resulta necesario intentar optimizar el uso de las nuevas tecnologías en el contexto procesal en general y, por cuanto ahora importa, en el Orden Social de la jurisdicción, pues su uso puede redundar en un mejor aprovechamiento de recursos y, en paralelo, en una mayor celeridad de actuaciones.

Si bien la tecnología no ha de ser vista como la "piedra filosofal"[47] que vaya a convertir en oro todo lo atañedero al desenvolvimiento procesal y en su implementación habrá de partirse de criterios humanistas de respeto a las posiciones subjetivas individuales, la incorporación de todas las potencialidades tecnológicas al proceso (incluida la IA) puede permitir, en el corto plazo, una interconexión de procesos y una mayor agilidad en labores puramente formales que podrían tener un efecto positivo en la burocratizada y a veces decimonónica Administración de Justica española.

No se trata, al menos no en el corto plazo, de que la IA sustituya al juez o al resto de operadores jurídicos togados, pero sí de que se pueda utilizar para realización de tareas farragosas que hoy en día ralentizan la dinámica procesal, tales como numerado de expedientes, remisión de asuntos al archivo, generación de copias, cálculo automático de plazos o indemnizaciones legales, envío de notificaciones y avisos (en particular, cuando es entre el órgano judicial y un órgano administrativo, especialmente el FOGASA), estereotipación de resoluciones judiciales… lo que, en sentido amplio, el art. 35 del RD 6/29023 llama la "tramitación electrónica orientada al dato"[48].

En este punto sí la reciente reforma ha supuesto un importante paso adelante, con múltiples modificaciones de la norma de ritos común, apostando por la realización preferente de las actuaciones procesales a través de medios infotelemáticos y, al tiempo, permitiendo una mejor gestión de

medios de solución extrajudicial de conflictos laborales efectuado en las últimas reformas laborales", *Actualidad Laboral*, núms. 19/20, 2012, pp. 5 y ss.

46 En este sentido, entre otros, DE LAMO RUBIO, J.: "La reforma sobre eficiencia procesal en el orden social: aproximación crítica", cit., p. 10.

47 NORES TORRES, E.: "El proceso de digitalización en la jurisdicción social: algunos avances y perspectivas", *Lex Social*, Vol, 13, núm. 2, 2023, pp. 9 y ss.

48 SAN CRISTÓBAL VILLANUEVA, J.M.: "La tramitación del proceso social por medios telemáticos y sus problemas", *Trabajo y Derecho*, núm. 12, 2020, pp. 4 y 22.

todos los trámites del proceso a través de la tecnología, algo que, evidentemente y dado su carácter supletorio, tendrá una notable influencia en el desenvolvimiento del proceso social.

Con todo ello, quizá pueda llegar a mejorarse el desenvolvimiento de los Tribunales Laborales, alcanzando la tan anhelada eficiencia procesal, algo imprescindible para contribuir a la efectividad del Ordenamiento Social y a la adecuada tutela de los derechos e intereses, tanto, por supuesto, de las empresas, como, sobre todo (y en un sentir genético que late en los intersticios del ordenamiento laboral) de las personas que prestan servicios por cuenta ajena. Todo lo dicho, a la memoria del maestro Barreiro: hasta siempre.

4. BIBLIOGRAFÍA

ALONSO OLEA, Manuel: *La materia contencioso-laboral. Extensión y límites de la jurisdicción de trabajo,* Mcgablum, Scvilla, 1959.

ÁLVAREZ CUESTA, Henar: "El graduado social en la construcción del Estado Social y Democrático de Derecho", en Vv.Aa.: *Historia de los Graduados sociales,* Civitas, Madrid, 2011.

ARESTEY SAHÚN, María Lourdes: "Medidas alternativas de solución de conflictos laborales: estado de la cuestión y perspectivas de futuro", en Vv.Aa.: *Procedimientos alternativos de solución de conflictos. Perspectiva interdisciplinar,* Aranzadi, Pamplona, 2020.

BAJO GARCÍA, Irene.: *La acumulación en la Jurisdicción Social,* Tirant lo Blanch, Valencia, 2013.

CACHÓN VILLAR, Pablo y DESDENTADO BONETE, Aurelio: *Reforma y crisis del proceso social,* Aranzadi, Pamplona, 1996.

DE LAMO RUBIO, Jaime: "Citación telemática a juicio y nulidad de actuaciones judiciales en el orden social", *Diario La Ley,* núm. 9181, 2018.

-"La conciliación intraprocesal social en el Anteproyecto de Ley de Eficiencia Procesal", *La Ley,* núm. 9767, 2021.

— "La reforma sobre eficiencia procesal en el orden social: aproximación crítica", *La Ley,* núm. 10431, 2024 .

DESDENTADO BONETE, Aurelio: "Notas para un debate sobre la crisis del proceso social", *RDS,* núm. 4, 1998.

DÍAZ SÁEZ, Raúl: "La convocatoria a los actos de conciliación y/o juicio en la Ley Reguladora de la Jurisdicción Social ¿Fin de la única pero sucesiva citación?", *La Ley,* 9753, 2020.

ESTEVE SEGARRA, Amparo: "El plan de choque del Consejo General del Poder Judicial: ¿una solución al desuso del procedimiento monitorio laboral?", en Vv.Aa. (NORES TORRES, Enrique, Coord.): *Problemas actuales del proceso laboral. Homenaje al Prof. José Mª. Goerlich Peset con ocasión de sus 25 años como catedrático de Derecho del Trabajo y de la Seguridad Social*, Tirant lo Blanch, Valencia, 2020.

FERNÁNDEZ DOMÍNGUEZ, Juan José: *Graduados Sociales y Jurisdicción Social. Historia de una relación compleja e inacabada*, Aranzadi, Pamplona, 2019.

GARCÍA MURCIA, Joaquín: "Las Leyes de eficiencia del servicio publico de Justicia: visión general y posible incidencia en la Jurisdicción Social", *RTSS (CEF)*, núm. 474, 2023.

MARTÍN VALVERDE, Antonio: "Medios no judiciales de solución de conflictos laborales", *Revista del Ministerio de Empleo y Seguridad Social*, núm. 123, 2016.

MIÑARRO YANINI, Margarita: "El impulso oscilante a los medios de solución extrajudicial de conflictos laborales efectuado en las últimas reformas laborales", *Actualidad Laboral*, núms. 19/20, 2012.

MOLINA NAVARRETE, Cristóbal: "Reforma procesal social ¿De la 'modernización burocrática' al 'desbordamiento de la jurisdicción'?", *RTSS (CEF)*, núm. 345, 2011.

— "Retos de la jurisdicción social en la nueva sociedad del trabajo 5.0: claves para una necesaria nueva modernización", Vv.Aa.: *Retos de la Jurisdicción Social en los nuevos escenarios de trabajo: balance y perspectivas de futuro. Liber amicorum en homenaje al magistrado D. Fernando Salinas Molina*, CEF, Madrid, 2023.

— "¿Nueva modernidad para una jurisdicción social estancada?: retos en los entornos de una sociedad digital del trabajo y justicia multinivel", *RTSS (CEF)*, núm. 474, 2023.

MONTOYA MELGAR, Alfredo: "Los procesos laborales y el sistema de Derecho del Trabajo", *REDT*, núm. 38, 1989.

MOYA AMADOR, Rosa: "El Proyecto de Ley de Eficiencia Procesal y las reformas previstas en el Proceso Laboral", *Trabajo y Derecho*, núm. 102, 2023.

NORES TORRES, Enrique: "El proceso de digitalización en la jurisdicción social: algunos avances y perspectivas", *Lex Social*, Vol, 13, núm. 2, 2023.

NORES TORRES, E.: *Configuración y reforma del proceso social*, Valencia (Tirant lo Blanch), 2024.

ROCA MARTÍNEZ, José María: *El proceso monitorio laboral*, Lex Nova, Valladolid, 2016.

RODRÍGUEZ ESCANCIANO, Susana: *Deficiencias del proceso social y claves para su reforma*, Marcial Pons, Madrid, 2001.

SALINAS MOLINA, Fernando: "Proyecto de Ley de Medidas de Eficiencia Procesal: ámbito social", *Jurisdicción Social*, núm. 234, junio, 2022.

— "Una visión general de los desafíos de la jurisdicción social: propuestas de reforma legislativa a partir de una experiencia práctica crítica", *RTSS (CEF)*, núm. 474, 2023.

SAN CRISTÓBAL VILLANUEVA, José María.: "La tramitación del proceso social por medios telemáticos y sus problemas", *Trabajo y Derecho*, núm. 12, 2020.

SEGOVIANO ASTABUROAGA, María Luisa: "El recurso de casación para la unificación de doctrina en el orden social: balance crítico y propuestas de reforma", en Vv.Aa.: *Retos de la jurisdicción social en los nuevos escenarios del trabajo: balance y perspectivas de futuro. Liber amicorum en homenaje al magistrado D. Fernando Salinas Molina*, CEF, Madrid, 2023.

SEMPERE NAVARRO, Antonio Vicente.: Protección de los derechos fundamentales en el proceso social: un enfoque desde la jurisprudencia", Vv.Aa.: *Retos de la Jurisdicción Social en los nuevos escenarios de trabajo: balance y perspectivas de futuro. Liber amicorum en homenaje al magistrado D. Fernando Salinas Molina,* CEF, Madrid, 2023.

TASCÓN LÓPEZ, Rodrigo: "Del éxito del proceso social a su envejecimiento prematuro", *RTSS (CEF),* núm. 315, 2009.

— *Hacia la eficiencia procesal en el Orden Social de la Jurisdicción,* Aranzadi, Pamplona, 2023.

— "Sobre la posibilidad de realizar actuaciones procesales telemáticas (en particular las vistas) en el Orden Social de la Jurisdicción tras los últimos cambios normativos", *Foro de Labos,* en prensa, 2024.

VALDÉS DAL-RÉ, Fernando: "La Ley de Bases de Procedimiento Laboral. Aspectos más sobresalientes de una reforma procesal anunciada", en CRUZ VILLALÓN, Jesús y VALDÉS DAL-RÉ, Fernando: *Lecturas sobre la reforma del proceso laboral,* Ministerio de Justicia, Madrid, 1991.

VV.AA. (VILA TIERNO, Francisco, Dir.): *La reforma del proceso en el Orden Social derivada del RDL 6/2023, de 19 de diciembre. Comentario de Urgencia,* Laborum, Murcia, 2024.

Epílogo

El telón ha caído sobre la vida de nuestro querido Germán, un jurista apasionado y un devoto de las joyas literarias del Siglo de Oro. Su partida deja un vacío en nuestros corazones, pero también nos brinda la oportunidad de recordar su legado y celebrar su amor por la literatura, una herencia imborrable de amistad, bondad y alegría. Nos acordaremos de tus risas, tus palabras sabias que guiaban nuestros pasos y tu presencia reconfortante.

Tus sueños, tus aspiraciones y tus pasiones seguirán viviendo en nosotros, alimentando nuestro espíritu y recordándonos que la vida es un regalo precioso que debemos aprovechar al máximo.

Nos reconforta saber que, aunque ya no estés físicamente entre nosotros, tu memoria perdurará en cada sonrisa que compartimos, en cada historia que contamos y en cada momento que vivimos.

En el último capítulo de la vida del entrañable amigo, el libro del destino cerró sus páginas, dejando tras de sí un testamento imperecedero e impregnado de la esencia de la literatura cervantina. Su pluma, fiel compañera de innumerables aventuras y reflexiones, ahora descansa en la quietud de la eternidad, pero su espíritu sigue danzando entre las líneas del Quijote, como un personaje más de esa historia que tanto amaba.

Cada palabra que brotaba de su mente era un homenaje al genio de Cervantes, una reverencia a la imaginación desbordante que pobló de vida los campos de La Mancha y los corazones de sus lectores. Sus escritos eran un viaje emocional, una odisea literaria que invitaba a perderse en los meandros de la mente humana y a descubrir la belleza oculta en las páginas de un libro.

Su recuerdo permanece en cada línea escrita, en cada historia compartida y en cada corazón que tocó con su pasión por la palabra escrita. Porque, aunque su presencia física ya no nos acompañe, su herencia vive en cada libro que abre sus páginas, en cada lector que se sumerge en la magia de la literatura, y en cada alma que encuentra en las palabras de Cervantes un consuelo, una alegría y una razón para seguir soñando.

Germán, como un moderno caballero andante, se sumergió en las páginas de la obra magna de Cervantes. Siguió los pasos de Don Quijote y

Sancho Panza, encontrando en sus aventuras una fuente inagotable de inspiración. Como el ingenioso hidalgo, Germán luchó contra los molinos de la injusticia y defendió la verdad con pasión y valentía.

Pero su amor por la literatura no se limitó a la novela por antonomasia. Se sumergió en las obras de Lope de Vega, Calderón de la Barca y otros maestros del Siglo de Oro. Cada verso, cada diálogo, resonaba en su alma como un eco de tiempos pasados. Su biblioteca estaba llena de tesoros literarios, y su mente de personajes inolvidables.

Como un buen jurista, aplicó la misma meticulosidad al estudio de las leyes que al análisis de los versos. Su mente afilada y su corazón compasivo lo convirtieron en un defensor incansable de la Justicia. Siempre buscó la verdad, incluso cuando las sombras amenazaban con oscurecerla.

Se cierra, tras su fallecimiento, el capítulo de su brillante producción editorial que, además de las obras publicadas con la Editorial Eolas, completó con las que le llevaron a crear, primero, el sello editorial propio *Lucus Augusti Ediciones*, para la publicación de los denominados "opúsculos"; más tarde, en 2022, de la *Legio VII Gemina Editora* con el mismo fin.

Así, en este epílogo silencioso, pero lleno de significado, escrito con lágrimas de gratitud, admiración y nostalgia, honramos la vida y el legado de nuestro amigo, un escritor apasionado del Quijote y de Cervantes y que encontró en sus páginas un refugio y un compañero de vida.

Adiós querido amigo. Que continúe tu luz brillando en el firmamento, guiándonos desde lo alto y recordándonos el valor de la amistad y el amor verdadero. Tu espíritu seguirá cabalgando por las páginas de la historia, como un Quijote moderno en busca de la verdad y la belleza.

Que estas palabras sean un tributo sincero a la memoria de Germán, un hombre cuya pasión por la Justicia y la Literatura dejó una huella imborrable en nuestras vidas.

Hasta que nos encontremos de nuevo, te recordaremos con cariño y gratitud en cada paso que demos. Adiós por ahora, pero nunca olvido.

Siempre en nuestros corazones, Germán Barreiro González, maestro de muchos, amigo de todos. Descansa en paz, noble caballero.

José Manuel Santos Blanco